Das Chakren-System
mit den Nebenchakren

Die komplexe Struktur und schlichte Dynamik
des gesamten Chakren-Systems

1

Bücher von Harry Eilenstein:

- Astrologie (496 S.)
- Photo-Astrologie (428 S.)
- Horoskop und Seele (120 S.)
- Tarot (104 S.)
- Handbuch für Zauberlehrlinge (408 S.)
- Physik und Magie (184 S.)
- Der Lebenskraftkörper (230 S.)
- Die Chakren (100 S.)
- Das Chakren-System mit den Nebenchakren (296 S.)
- Meditation (140 S.)
- Reinkarnation (156 S.)
- Drachenfeuer (124 S.)
- Krafttiere – Tiergöttinnen – Tiertänze (112 S.)
- Schwitzhütten (524 S.)
- Totempfähle (440 S.)
- Muttergöttin und Schamanen (168 S.)
- Göbekli Tepe (472 S.)
- Hathor und Re 1: Götter und Mythen im Alten Ägypten (432 S.)
- Hathor und Re 2: Die altägyptische Religion – Ursprünge, Kult und Magie (396 S.)
- Isis (508 S.)
- Die Entwicklung der indogermanischen Religionen (700 S.)
- Wurzeln und Zweige der indogermanischen Religion (224 S.)
- Der Kessel von Gundestrup (220 S.)
- Der Chiemsee-Kessel (76 S.)
- Cernunnos (690 S.)
- Christus (60 S.)
- Odin (300 S.)
- Die Götter der Germanen (Band 1 – 80)
- Dakini (80 S.)
- Kursus der praktischen Kabbala (150 S.)
- Eltern der Erde (450 S.)
- Blüten des Lebensbaumes 1: Die Struktur des kabbalistischen Lebensbaumes (370 S.)
- Blüten des Lebensbaumes 2: Der kabbalistische Lebensbaum als Forschungshilfsmittel (580 S.)
- Blüten des Lebensbaumes 3: Der kabbalistische Lebensbaum als spirituelle Landkarte (520 S.)
- Über die Freude (100 S.)
- Das Geheimnis des inneren Friedens (252 S.)
- Von innerer Fülle zu äußerem Gedeihen (52 S.)
- Das Beziehungsmandala (52 S.)
- Die Symbolik der Krankheiten (76 S.)

- König Athelstan (104 S.)

Kontakt: www.HarryEilenstein.de / Harry.Eilenstein@web.de
Herstellung und Verlag: BoD - Books on Demand, Norderstedt   **ISBN:** 9783746011738

Inhaltsverzeichnis

I Die Erforschung der Nebenchakren

Die sieben Hauptchakren sind eines der am besten bekannten Elemente in dem heutigen spirituellen Allgemeinwissen. Sie haben eine einfache innere Struktur, aus der heraus sie sich gut verstehen lassen.

Diese sieben Chakren und ihre innere Struktur habe ich in meinem Buch „Die Chakren" ausführlich beschrieben – sie sind nicht das primäre Thema dieses Buches. Im dritten Kapitel des vorliegenden Buches findet sich eine kurze Zusammenfassung der Eigenschaften der sieben Hauptchakren.

Die Chakren sind die Organe des Lebenskraftkörpers – so wie Herz- Milz, Leber, Dickdarm, Gehirn usw. die Organe des physischen Körpers sind. Da die Lebenskraft eng mit der eigenen Lebendigkeit, mit den inneren Bilden, den Gefühlen, den Gedanken und Erinnerungen verbunden ist, sind die Chakren auch die „Organe der Psyche". Störungen in den Chakren, also im Bereich der Psyche, führen langfristig auch zu physischen Störungen, d.h. zu Krankheiten.

Die Zusammenhänge zwischen der Psyche und den Krankheiten habe ich in „Die Symbolik der Krankheiten" beschrieben – sie sind jedoch ebenfalls nicht das Hauptthema in dem vorliegenden Buch, in dem vor allem die Nebenchakren erforscht werden.

Schließlich gibt es in dem Lebenskraftkörper auch so etwas wie einen Blutkreislauf, der allgemein als „Kundalini" bekannt ist. Dieser Lebenskraft-Kreislauf ist zum Verständnis der Chakren ebenfalls sehr hilfreich.

Die Kundalini habe ich in meinem Buch „Drachenfeuer" in ihren vielen verschiedenen Aspekten dargestellt.

Dann gibt es auch noch übergeordnete Strukturen, in die sich die Chakren, die Nebenchakren und der Lebenskraft-Kreislauf einfügen.

Diese Strukturen und Dynamiken habe ich in „Der Lebenskraftkörper" geschildert. Sie spielen auch in diesem Buch eine große Rolle, da sie eine große Hilfe für das Verständnis der Chakren und der Nebenchakren sind.

Während diese vier Bereiche (Chakren, Lebenskraft-Kreislauf der Kundalini, Struktur des Lebenskraftkörpers, Krankheiten) relativ gut erforscht sind, sind die Nebenchakren zwar schon lange bekannt, aber in vielen Fällen lassen sich kaum verläßliche Informationen über sie finden. Es gibt nicht einmal eine halbwegs sicher bekannte Anzahl von Nebenchakren.

In einigen indischen und tibetischen Texten von 72.000 bis 340.000 Nebenchakren die Rede. Das sind sehr viel mehr, als ein Mensch wirklich kennen kann … In diesem

Buch werden nur die Nebenchakren betrachtet, die noch relativ große „Organe" des Lebenskraftkörpers sind und deren Funktion man daher noch einigermaßen klar erkennen kann. Es wird jedoch nicht jede „Zelle" des Lebenskraftkörpers untersucht – wie sollte man das auch verläßlich durchführen?

In Indien gibt es ein System von 107 größeren Lebenskraft-Strukturen, die den Akupunkturpunkten gleichen und „Marma" genannt werden – sie werden noch durch einige „inoffizielle Punkte" ergänzt. In diesem System werden auch die Hauptchakren zu den „Marmas" gerechnet.

Die winzigen Lebenskraft-Strukturen, die kleiner als die „Marmas" sind, sind nicht das Thema dieses Buches – die Untergrenze der hier betrachteten „Lebenskraft-Organe" sind Strukturen in der Lebenskraft, die in etwa die Größe eines Akupunkturpunktes haben, von denen es 365 gibt.

Der benötigte Differenzierungsgrad des Verständnisses der Strukturen und der Dynamik der Lebenskraft im menschlichen Körper hängt davon ab, was man erreichen will:

> - für das Erlangen von ein wenig mehr Gelassenheit sind Grundkenntnisse ausreichend (die sieben Hauptchakren);
> - für das Erwecken der Kundalini sind etwas genauere Kenntnisse sinnvoll (die Haupt- und Nebenchakren);
> - und für eine Behandlung mithilfe von Akupunktur sollte man den Lebenskraftkörper schon recht gründlich studiert haben (die Haupt- und Nebenchakren sowie die 107 Marnas bzw. die 365 Akupunkturpunkte).

Aufgrund der hier beschriebenen Situation bezüglich des Wissensstandes über die Nebenchakren ist dieses Buch in weit größerem Maße als die weiter oben genannten vier Bücher ein Forschungsprojekt.

Es ist daher zu Beginn dieses Buches eine Betrachtung der Methoden angebracht, mit deren Hilfe die Nebenchakren gefunden, erkannt und beschrieben werden können, sodaß sie dann in der Meditation, bei der Heilung und ähnlichem genutzt werden können.

Dieses Buch ist keine endgültige und vollkommen sichere Beschreibung der Nebenchakren, sondern eher ein Forschungsbericht. Die in ihm dargestellten Ergebnisse sind zwar schon durch eigene Versuche bestätigt worden, aber es wäre wünschenswert, wenn diese Ergebnisse noch durch andere Forscher oder Anwender bestätigt, korrigiert und differenzierter beschrieben werden würden, sodaß schließlich allen Interessierten eine gesicherte Beschreibung des gesamte Chakrensystems zur Verfügung steht.

1. Methoden zur Erforschung der Nebenchakren

a) die Hauptchakren

Die Kenntnis der sieben Hauptchakren ist die Grundlage der Erforschung der Nebenchakren. Die sieben Hauptchakren sind die wichtigsten „Organe" des Lebenskraftkörpers des Menschen.

Die Nebenchakren lassen sich am besten in ihrem Bezug zu den Hauptchakren verstehen.

b) gut bekannte Nebenchakren

Einige Nebenchakren wie die beiden Handchakren, die beiden Fußchakren, der Wunschbaum und das Gaumenchakra sind bereits seit langer Zeit (und nicht nur aus Indien) recht gut bekannt und können daher relativ einfach beschrieben und genauer erforscht werden.

c) Akupunktur-Punkte

Das gut bekannte chinesische System der Akupunktur-Punkte, die auf den Akupunktur-Linien („Meridiane") liegen, können in manchen Fällen ebenfalls Hinweise auf den Charakter der Nebenchakren geben. Diese Akupunktur-Meridiane sind auch die Grundlage des Shiatsu.

d) Die „Kshetrams"

Die fünf Nebenchakren auf der Körpervorderseite vor den fünf mittleren Hauptchakren sind aus dem Yoga bekannt und werden dort „Kshetrams" genannt.

Das mittlere hintere Nebenchakra auf dem Rücken wird von den Yaqui-Indianern beschrieben. Es wird von Carlos Castaneda „Montagepunkt" genannt. Dieses Chakra ist auch den Hopis bekannt, die ja nicht allzuweit von den Yaquis entfernt leben. Die Hopis kennen auch die vier unteren Hauptchakren, also das Wurzelchakra, das Hara, das Sonnengeflecht und das Herzchakra. Die fünf hinteren Kshetrams sind vor allem aus der indischen Medizin bekannt.

e)   Gesamtstruktur und Eigendynamik des Lebenskraftkörpers

Das Erkennen der Gesamtstruktur und der inneren Dynamik des Lebenskraftkörpers ermöglicht es, den Charakter der einzelnen Nebenchakren aufgrund ihrer Lage innerhalb dieses Systems und innerhalb des physischen Leibes in ihrer Grundstruktur zu erfassen. Dabei spielt vor allem die Herzchakra-Symmetrie des Lebenskraftkörpers eine große Rolle.

f)   Zwischenchakren

Der Charakter einiger Nebenchakren ergibt sich daraus, daß sie genau zwischen zwei der sieben Hauptchakren liegen und zugleich deren Trennung und Verbindung bilden.

g)   die Hauptverbindungen nach außen

Die sechs Chakren, die die Hauptverbindungen nach außen sind, können durch Meditationen, Rituale, Familienaufstellungen u.ä. erlebt und erkannt werden. Sie entsprechen von ihrer Funktion her den Körperöffnungen und den Sinnesorganen des physischen Körpers.

h)   die astrologischen Häuser

Die Zuordnung der Körperteile zu den 12 astrologischen Häusern ist eine weitere Möglichkeit, um zumindestens Anregungen zu den Qualitäten der Nebenchakren in diesen 12 Körperbereichen, die in der Astrologie unterschieden werden, zu erhalten.

i)   der kabbalistische Lebensbaum

Der kabbalistische Lebensbaum mit seinen zehn bzw. elf Sephiroth enthält zwar auch die sieben Chakren, aber es läßt sich aus ihnen nur etwas über den Charakter des Wunschbaum-Nebenchakras ableiten. Diese Analogie zwischen dem Wunschbaum und einer der Strukturen auf dem Lebensbaum ist dafür aber sehr aufschlußreich.

j)   Analogien aus den Wissenschaften

Es gibt eine ganze Reihe von Analogien zu den Chakren aus der Physik, der Biologie, der Psychologie usw. Sie werden in gesonderten Kapiteln angeführt. Sie bereichern die übrigen Betrachtungen und liefern wichtige Anregungen. Da sie bisweilen aus eher unbekannteren Wissensgebieten stammen, ist ein gewisses Eindenken in die Zusammenhänge notwendig.

Diese Analogien sind zum Verstehen des Aufbaus des Chakrensystems jedoch nicht unbedingt notwendig und können (wenn man möchte) auch übersprungen oder erst anschließend gelesen werden.

k)   Meditation

Die eigene Erfahrung in der Meditation mit diesen Nebenchakren ist letztlich unerläßlich, da nur die eigene Erfahrung ein wirklich verläßliches Fundament bildet. Hier spielt das Lenken der Lebenskraft im eigenen Körper die größte Rolle.

l)   Traumreisen

Traumreisen sind eine spezielle Methode, um Informationen über die verschiedensten Dinge zu erhalten. Sie kann auch auf die Nebenchakren angewandt werden.

m)   Beratungen und Heilungen

Eine der ergiebigsten Quelle für die Erkenntnis der Nebenchakren sind Beratungen und Traumreisen mit Menschen, die eine Neigung zu einer multiplen Persönlichkeit haben und die daher ohne Mühe in der Lage sind, lebhafte Gespräche mit den eigenen Körperteilen und Chakren zu führen. Dabei zeigt sich oft der Charakter der Körperteile und auch der Chakren und Nebenchakren sowie die Kundalini-Dynamik.

Die Benutzung der Chakren und Nebenchakren bei Beratungen und Heilungen sowie die dadurch erzielten Heilerfolge sind letztlich das, was zeigt, ob man das Wesen der Chakren und Nebenchakren wirklich erfaßt hat.

n) die Symbolik der Krankheiten

Die Betrachtungen von Krankheiten und von deren psychischen Ursachen sind eine weitere ergiebige Quelle für das Verständnis der Nebenchakren. Der zu einem Körperteil gehörende Aspekt der Psyche läßt sich dadurch erkennen, daß man die Funktion dieses Körperteil möglichst genau erfaßt. Eine Krankheit ist zunächst eine Störung dieses Aspekts der Psyche, der sich schließlich als Krankheit dieses Körperteiles manifestiert. Dieser Zusammenhang ermöglicht es auch, den Charakter der Chakren und Nebenchakren, die sich in diesen Körperteil oder in seiner Nähe befinden, zu erfassen.

Aus dem Wesen der Krankheiten eines Bereiches läßt sich immer auch etwas auf die Qualität des gesunden Zustandes dieses Bereiches und der in ihm liegenden Chakren und Nebenchakren schließen.

II Das Gesamtsystem – Teil 1: die Dynamik

Bei der Erforschung der Nebenchakren ist ein Blick auf das Gesamtsystem der Chakren hilfreich.

Der Ausgangspunkt und das Zentrum des gesamten Chakrensystems ist das Herzchakra – der Wohnort der Seele, die sich in dem betreffenden Menschen inkarniert hat. Im Herzchakra liegt daher die Individualität und der persönliche Schöpfungsimpuls.

Wenn ein Kind gezeugt wird, wird durch den Orgasmus der Eltern Lebenskraft frei, die zunächst eine Kugel von ca. 1m Durchmesser bildet, in deren Mitte sich die befruchtete Eizelle befindet.

Diese Lebenskraftkugel wird von der materiellen Seite her von der befruchteten Eizelle und von der Seele her, die sich in diesem Embryo inkarniert, geprägt. Beides zusammen läßt die Strukturen des Lebenskraftkörpers, d.h. vor allem die Chakren entstehen.

das Herzchakra
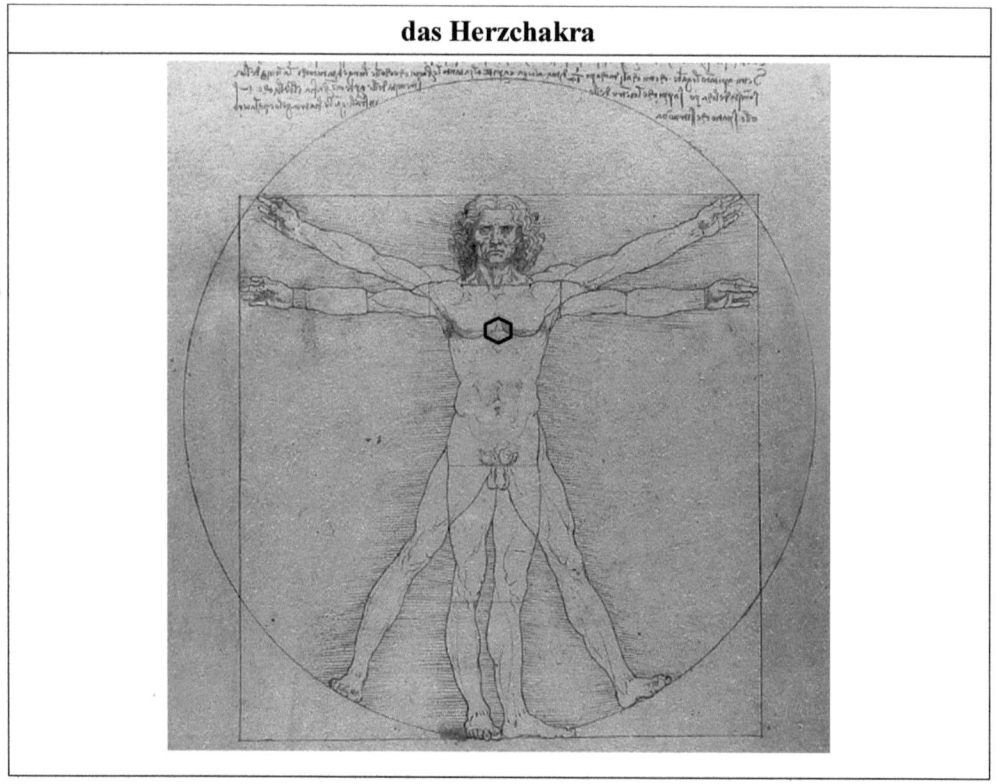

Da die Seele den Entschluß zu ihrer Inkarnation gefaßt hat und das Zentrum des Chakrensystems ist, ist der Selbstausdruck der Seele ein wesentliches Element der Struktur der Chakren.

Im Herzchakra liegt die Identität – dieses Chakra ist die Wohnung der Seele.

Das Sonnengeflecht unterhalb des Herzchakras und des Halschakra oberhalb des Herzchakras sind die Gefühle, d.h. die Impulse, die aus dem Herzchakra kommen.

Das Hara unterhalb des Sonnengeflechts und das Dritte Auge oberhalb des Halschakras sind die Formen, die entstehen, wenn die inneren Impulse auf die Welt stoßen.

Das Wurzelchakra unterhalb des Haras und das Scheitelchakra oberhalb des Dritten Auges sind die Berührung mit der Welt, der Kontakt und die Verbindung mit ihr.

Die drei unteren Chakren beziehen sich auf den eigenen Körper; die drei oberen Chakren auf die Welt als Ganzes.

Das Herzchakra im Zentrum und die drei Paare der äußeren Chakren haben somit eine schlichte Dynamik:

Identität => Ausdruck (Gefühl) => Form (Verstand) => Berührung

Diese Dynamik ist nicht nur eine qualitative Folge, sondern auch eine zeitliche Folge:

In dem EEG eines Embryos lassen sich zunächst nur Wellen mit 2-4Hz messen, was bedeutet, daß sich der Embryo im Tiefschlaf befindet. Wie EEG-Messungen an Meditierenden zeigen, ist diese Frequenz auch ein Kennzeichen für die tiefe Meditation, also für den Einklang der Psyche mit der eigenen Seele. Diese Frequenz entspricht dem Herzchakra.

Ab dem 3. Monat finden sich zusätzlich auch Frequenzen von 4-8Hz, die ein Merkmal für den Traumzustand sind. Sie entsprechen den Gefühlen und somit dem Sonnengeflecht und dem Halschakra.

Ab dem 8. Monat kommen auch Frequenzen von 8-16Hz hinzu, die die Frequenz des Wachbewußtseins und somit des Denkens sind. Sie entsprechen dem Hara und dem Dritten Auge.

Kurz vor der Geburt erscheinen dann auch das erste Mal Frequenzen von 16-32Hz, die dem Erregungs-Zustand, also dem Orgasmus, der Ekstase u.ä. entsprechen. Sie sind ein Kennzeichen für das Erwachen des Wurzelchakras und das Scheitelchakras.

Nach der Geburt erlebt das Neugeborene die Welt. Zu dem Selbstausdruck, der vom Herzchakra nach außen hin zu dem Wurzelchakra und dem Scheitelchakra verläuft, kommt nun das Verarbeiten der Erlebnisse hinzu, das in der umgekehrten Richtung vom Wurzelchakra und vom Scheitelchakra zum Herzchakra hin verläuft:

Zunächst nimmt der Säugling alle Eindrücke auf und unterscheidet sich selber und seine Umwelt kaum: die „orale Phase". Der Säugling sagt sozusagen zu allem „Ja". Dies ist das Wesen des Wurzelchakras und des Scheitelchakras.

Ab dem Alter von 1 Jahr beginnt das Kleinkind zu sprechen, zu laufen, „Nein!" zu sagen und unterscheidet sich und seine Umwelt und auch das, was ihm gefällt und was nicht: die „anale Phase". Dies ist das Wesen des Haras und des Dritten Auges.

Ab dem Alter von 3 Jahren beginnt das Kind „Ich!!!" zu sagen und klare Vorstellungen über sich selber und das, was es will, zu haben: die „phallische Phase". Dies ist das Wesen des Sonnengeflechtes und des Halschakras.

Wenn alles gut geht, kann das Kind schließlich aus seiner Identität (Herzchakra) heraus sein Leben so gestalten, daß es dem eigenen Wesen entspricht – es ist wahrnehmungsfähig (Wurzelchakra/Scheitelchakra => Herzchakra) und handlungsfähig (Herzchakra => Wurzelchakra/Scheitelchakra) geworden: die „genitale Phase".

Die Nebenchakren stehen alle in dieser Gesamtdynamik und sind ein logischer Teil von ihr.

Bei der Erforschung der Nebenchakren zeigt sich, daß es verschiedene Arten von Nebenchakren gibt, die von ihrer Stellung im Gesamtsystem abhängt.

III   Die 7 Hauptchakren

Bevor das Wesen der Nebenchakren erforscht wird, ist es hilfreich, noch einmal kurz den Charakter der sieben Hauptchakren zu beschreiben. (Das folgende ist eine kurze Zusammenfassung der ausführlicheren Darstellungen in meinen Büchern „Die Chakren" und „Der Lebenskraftkörper".)

1.   Wurzelchakra

Dieses Chakra liegt zwischen den Genitalien und dem After. Es kann als „sich windendes Glühen" erlebt werden.

Seine Essenz ist die Lebendigkeit. Es ist die Lebenskraft, der Lebensdrang, die Berührung, die Sinne, die Sexualität, die Lebenslust, die erotische Lust, der Überlebensdrang …

Dieses Chakra lenkt die Aufmerksamkeit auf die körperliche Berührung der Welt.

Dieses Chakra ist der Gegenpol zum Scheitelchakra: Das Wurzelchakra verbindet mit der Materie (Sex) und das Scheitelchakra mit dem Bewußtsein (Erleuchtung).

Dieses Chakra liegt in dem Bereich des 8. astrologischen Hauses (Genitalien, Auscheidungsorgane), das von seiner Qualität her recht genau diesem Chakra entspricht. Dieses astrologische Haus ist mit dem Skorpion verwandt.

2.   Hara

Dieses Chakra liegt vier Fingerbreit unter dem Nabel. Es kann als eine „pulsierende Wärme" erlebt werden.

Seine Essenz ist der innere Halt. Es ist der Tanz, der Rhythmus, der Kampf, die Bewegung, der eigene Raum, die Selbstbehauptung …

Dieses Chakra ist der Gegenpol zum Dritten Auge. Das Hara ist der eigene innere Halt – das Dritte Auge sieht das äußere Ziel.

Dieses Chakra hat keine deutliche Entsprechung zu dem 7. astrologischen Haus (Unterleib), das dem Körperbereich entspricht, in dem dieses Chakra liegt.

3. Sonnengeflecht

Dieses Chakra liegt kurz über dem Nabel. Es kann als eine „fein-prickelnde, funkelnde Hitze" erlebt werden.

Seine Essenz ist der ungehinderte körperliche Selbstausdruck. Es ist das Handeln, das Fühlen, das Verlangen, das Streben …

Dieses Chakra ist der Gegenpol zum Halschakra. Das Sonnengeflecht ist der körperliche Selbstausdruck, das Halschakra ist der soziale Selbstausdruck.

Dieses Chakra hat keine deutliche Entsprechung zu dem 6. astrologischen Haus (Verdauungsorgane), das dem Körperbereich entspricht, in dem dieses Chakra liegt.

4. Herzchakra

Dieses Chakra liegt in der Mitte der Brust. Es kann als ein „liebevolles, erfüllendes Leuchten" erlebt werden.

Seine Essenz ist das Selbst, die eigene Seele. Es ist die Identität, die Eigenständigkeit, das Selbstwertgefühl, die Selbstliebe …

Dieses Chakra hat keinen Gegenpol, da es die Mitte und die Quelle des gesamten Chakrensystems ist.

Dieses Chakra liegt in dem Bereich des 5. astrologischen Hauses (Herz, Lunge), das von seiner Qualität her recht genau diesem Chakra entspricht. Dieses astrologische Haus ist mit dem Löwen verwandt.

5. Halschakra

Dieses Chakra liegt mitten im Hals. Es kann als „strahlende, leichte Wärme" erlebt werden.

Seine Essenz ist der ungehinderte soziale Selbstausdruck. Es ist die Ehrlichkeit, die Aufrichtigkeit, der Mut, die Kontaktfreude, das Entdecken der Welt …

Dieses Chakra ist der Gegenpol zum Sonnengeflecht.

Dieses Chakra liegt in dem Bereich des 2. astrologischen Hauses (Hals), das von seiner Qualität her Ähnlichkeit mit diesem Chakra hat. Dieses astrologische Haus ist mit dem Stier verwandt.

6. Drittes Auge

Dieses Chakra liegt zwischen den Augenbrauen. Es kann als „pulsierende Wärme und ein Druck von innen nach außen hin" erlebt werden.
Seine Essenz ist die Orientierung in der Welt und die eigene Ausrichtung in der Welt.

Dieses Chakra ist der Gegenpol zum Hara.

Dieses Chakra hat keine deutliche Entsprechung zu dem 1. astrologischen Haus (Kopf), das dem Körperbereich entspricht, in dem dieses Chakra liegt.

7. Scheitelchakra

Dieses Chakra liegt oben auf dem Kopf. Es kann als „weitende, sich entfaltende Wärme" erlebt werden.
Seine Essenz ist die innere Verbundenheit mit der Welt. Es ist die Geborgenheit, die Meditation, das Vertrauen, die Verantwortung …

Dieses Chakra ist der Gegenpol zum Wurzelchakra.

Dieses Chakra hat keine deutliche Entsprechung zu dem 1. astrologischen Haus (Kopf), das dem Körperbereich entspricht, in dem dieses Chakra liegt.

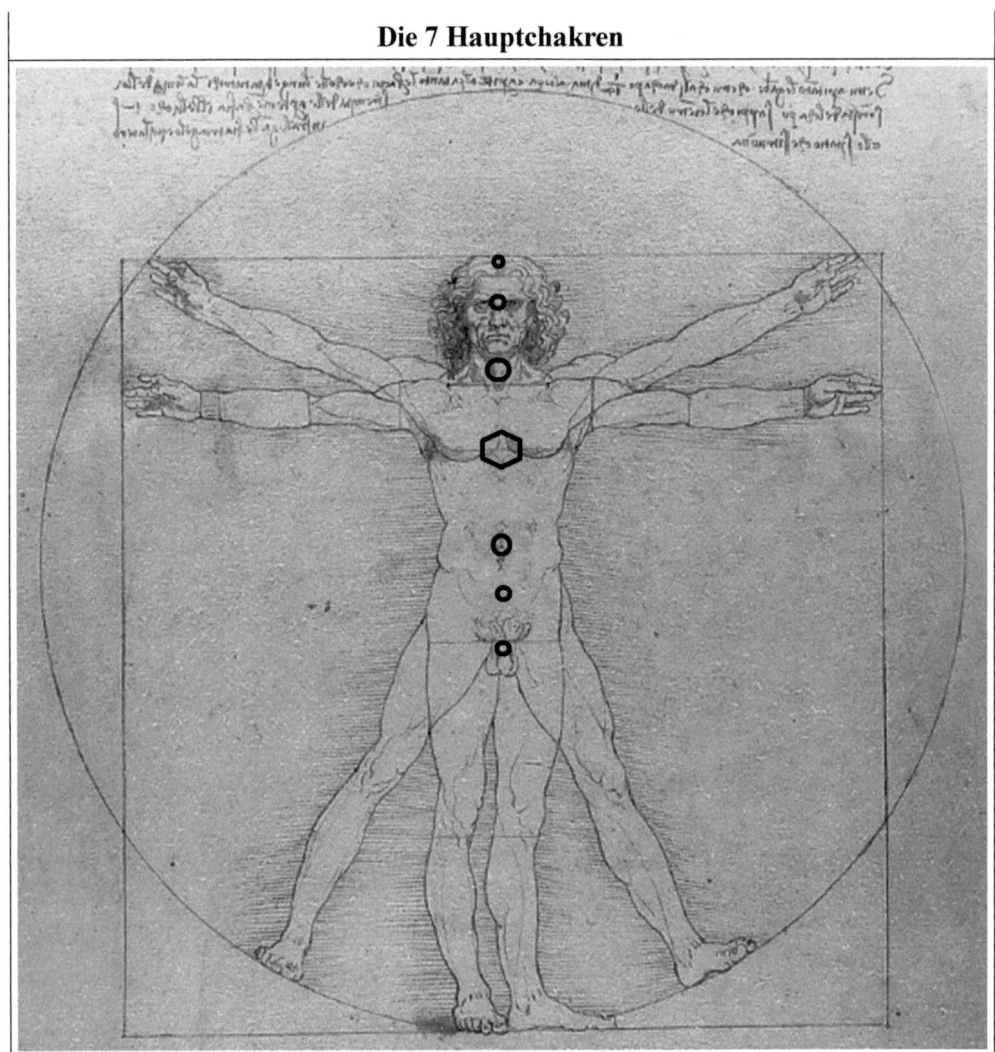

die sieben Hauptchakren (von oben nach unten):
Scheitelchakra – Drittes Auge – Halschakra – Herzchakra (Sechseck) –
Sonnengeflecht – Hara – Wurzelchakra

IV   Chakren im Ungleichgewicht

Das Herzchakra enthält die eigene Identität.

Die drei unteren Chakren (Sonnengeflecht, Hara, Wurzelchakra) blicken nach innen auf den eigenen Körper.

Die drei oberen Chakren (Halschakra, Drittes Auge, Scheitelchakra) blicken nach außen auf die Gemeinschaft und auf die Welt.

Aus dieser Polarität ergibt sich, daß der heile Zustand des Chakrensystems ein Gleichgewicht zwischen den drei oberen Chakren und den drei unteren Chakren benötigt.

> Wenn dieses Gleichgewicht vorhanden ist, kann man sich seine eigenen Bedürfnisse erfüllen (Sonnengeflecht) und zugleich Teil der Gemeinschaft bleiben (Halschakra). Dann tut man, was man will, ohne sich dadurch zu isolieren.
>
> Wenn dieses Gleichgewicht vorhanden ist, kann man seinen eigenen Standpunkt vertreten (Hara) und zugleich sehen, was die anderen wollen (Drittes Auge). Dann steht man eigenständig in der selbstgewählten Gemeinschaft.
>
> Wenn dieses Gleichgewicht vorhanden ist, kann man im Hier und Jetzt sein und dort sein Leben leben (Wurzelchakra), und zugleich ein Bewußtsein für das Ganze haben und daher in Vertrauen und Verantwortung handeln (Scheitelchakra). Dann lebt man aus dem Ganzen heraus im Hier und Jetzt.

Dieses Gleichgewicht bedeutet natürlich nicht, daß man ganz genau gleichviel Zeit und Energie für jedes der sechs äußeren Chakren aufbringen und daß in ihnen genau gleichviel Lebenskraft sein muß. Es muß nur ein ungefähres Gleichgewicht, ein organisches Gleichgewicht sein, in dem alle Chakren gleich wichtig sind und Teil eines Gesamtsystems bilden, in dem kein Chakra vernachlässigt wird und kein Chakra dominant wird.

Störungen des Gesamtsystems lassen sich daher als Ungleichgewichte in den drei Chakrenpaaren beschreiben.

Dabei haben normalerweise entweder die drei oberen oder die drei unteren Chakren gemeinsam zuwenig oder zuviel Lebenskraft. Eines dieser drei Chakrenpaare ist dabei das prägende Ungleichgewicht, d.h. in ihm liegt die Ursache für das Ungleichgewicht.

Der Fall, daß z.B. zwei der oberen Chakren zuviel Energie heben und eines zuwenig, scheint nicht vorzukommen. Dies liegt daran, daß sowohl die drei oberen Chakren als auch die drei unteren Chakren inhaltlich miteinander verbunden sind und auseinander entstehen.

Das Herzchakra hat in dieser Betrachtung eine Sonderrolle, da es nicht Teil eines Chakrenpaares, sondern das Zentrum der drei Chakrenpaare ist.

Vom Herzchakra geht eine dreistufige Bewegung zur Welt hin aus: die drei Chakren oberhalb des Herzchakras und die drei Chakren unterhalb des Herzchakras. Die drei unteren Chakren konzentrieren sich auf den eigenen Körper, also auf das Innen – die drei oberen Chakren konzentrieren sich auf den Umraum, also auf das Außen.

Naturgemäß sollten diese beiden Chakren-Dreiergruppen im Einklang miteinander stehen, da man sowohl die Innenwahrnehmung als auch die Außenwahrnehmung braucht, um sinnvoll handeln zu können.

Wenn man nur das Innen sieht, weiß man, was man braucht, aber man sieht nicht, wie man es umsetzen kann bzw. wird rücksichtslos und dadurch uneffektiv. Solche Menschen neigen dazu, zu „süchtigen, dominanten Stars" zu werden.

Wenn man nur das Außen sieht, erkennt man zwar die Wege und Möglichkeiten, aber man hat keine innere Stärke, um diese Wege auch zu gehen. Solche Menschen neigen dazu, zu „asketischen, unterwürfigen Fans" zu werden.

1. Herzchakra

Wenn im Herzchakra zuwenig Lebenskraft ist, dann weiß man nicht, wer man ist und was man will.

Im Herzchakra kann nicht zuviel Lebenskraft sein – nur zuwenig.

Das Herzchakra ist das Zentrum – man kann im Einklang mit sich leben oder nicht.

2.   Sonnengeflecht und Halschakra

Das Thema dieses Chakrenpaares ist das Gleichgewicht zwischen der Orientierung nach innen und daher auf den eigenen Körper (Sonnengeflecht) und der Orientierung nach außen und daher auf die anderen (Halschakra).

Die Frage ist dabei, wohin die Ausrichtung der Aufmerksamkeit geht.

Wenn dieses Chakrenpaar im Lot ist, dann läßt das Sonnengeflecht ein leuchtendes Selbstwertgefühl entstehen und dann führt das Halschakra zu einer freudevollen Wertschätzung der anderen – dann kann man selber zusammen mit den anderen eine Gemeinschaft bilden.

2. a)   Zuviel Lebenskraft im Sonnengeflecht

Wenn zuviel Lebenskraft im Sonnengeflecht ist, muß man immer im Mittelpunkt stehen, wird man zum Angeber, dann neigt man zum Narzißmus und will alle Energie für sich selber – man flieht in die Rolle des „Stars".

Wenn im Sonnengeflecht zuviel Lebenskraft ist, ist im Halschakra zuwenig Lebenskraft.

2. b)   Zuviel Lebenskraft im Halschakra

Wenn im Halschakra zuviel Lebenskraft ist, dann orientiert man sich nur an den anderen, paßt sich ihnen an, wird man zum Mauerblümchen, zur grauen Maus, dann wird man unscheinbar, hat kaum Wünsche, weiß nicht, was man tun soll, fühlt sich klein, minderwertig, wertlos, nichtsnutzig – und flieht in die Rolle des „Fans".

Wenn im Halschakra zuviel Lebenskraft ist, ist im Sonnengeflecht zuwenig Lebenskraft.

3.   Hara und Drittes Auge

Das Thema dieses Chakrenpaares ist das Gleichgewicht zwischen dem eigenen Standpunkt im eigenen Inneren (Hara) und der kreativen Kooperation mit den anderen im Außen (Drittes Auge).

Die Frage ist dabei, wie man in der Welt steht.

Wenn dieses Chakrenpaar im Lot ist, dann gibt das Hara den inneren Halt und das Dritten Auge den Überblick – dann kann man sich auf sinnvolle Weise in der Welt bewegen.

3. a)   Zuviel Lebenskraft im Hara

Wenn im Hara zuviel Lebenskraft ist, wird man dominant, rücksichtslos, tritt allen anderen auf die Füße, setzt sich überall durch und muß immer der Sieger sein – man wird zum „Täter". Man wird zum Falken, der auf die Maus herabblickt und sie jagt.

Wenn im Hara zuviel Lebenskraft ist, ist im Dritten Auge zuwenig Lebenskraft.

3. b)   Zuviel Lebenskraft im Dritten Auge

Wenn im Dritten Auge zuviel Lebenskraft ist, ist man haltlos, verliert den eigenen Rhythmus, kann keinen Widerstand leisten, gibt den eigenen Bereich schutzlos auf und kann sich nicht wehren und nicht mit Nachdruck „Nein!" sagen – man wird zum „Opfer". Man wird zur Maus, die ängstlich zu dem Falken hinaufblickt und flieht.

Wenn im Dritten Auge zuviel Lebenskraft ist, ist im Hara zuwenig Lebenskraft.

4.   Wurzelchakra und Scheitelchakra

Das Thema dieses Chakrenpaares ist das Gleichgewicht zwischen dem Kontakt zum eigenen Körper (Wurzelchakra) und dem Kontakt zur Welt (Scheitelchakra).

Die Frage ist dabei, womit man verbunden ist.

Wenn dieses Chakrenpaar im Lot ist, dann gibt das Wurzelchakra den Kontakt zur Welt und das Scheitelchakra das Vertrauen zur Welt und die Verantwortung für die Welt – dann lebt man in der Welt als Teil der Welt.

4. a)   Zuviel Lebenskraft im Wurzelchakra

Wenn im Wurzelchakra zuviel Lebenskraft ist, dann wird man hyperaktiv, süchtig, denkt nur noch an Sex, reagiert nur noch instinktiv und ist die ganze Zeit ziemlich aufgeregt – man wird zum „Tier". Man ist nur noch mit dem Erleben der eigenen Körperempfindungen beschäftigt. Dann fehlt der weite Blick auf das Ganze.

Wenn im Wurzelchakra zuviel Lebenskraft ist, ist im Scheitelchakra zuwenig Lebenskraft.

4. b)   Zuviel Lebenskraft im Scheitelchakra

Wenn im Scheitelchakra zuviel Lebenskraft ist, wird man apathisch, asketisch, verliert jegliche erotische Ausstrahlung, resigniert und weiß nicht mehr, wozu man eigentlich noch lebt – man wird zur „lebenden Leiche". Dann fehlt der belebende Egoismus.

Wenn im Scheitelchakra zuviel Lebenskraft ist, ist im Wurzelchakra zuwenig Lebenskraft.

V Das Gesamtsystem – Teil 2: Der Sonnenwind

Es gibt in der Natur viele Beispiele für Systeme, die wie die sieben Chakren aufgebaut sind. Eines der anschaulichsten Beispiele ist das Sonnensystem, d.h. jeder Stern und sein Umraum.

In der folgenden Beschreibung der Analogie zwischen dem Chakren-System und den Strukturen im Umraum eines Sternes wird an den meisten Stellen nicht zwischen der oberen und der unteren Chakra-Dreiergruppe unterscheiden, sondern nur diese drei Schritte in der Struktur des Umraums betrachtet.

Das Herzchakra ist wie ein Stern

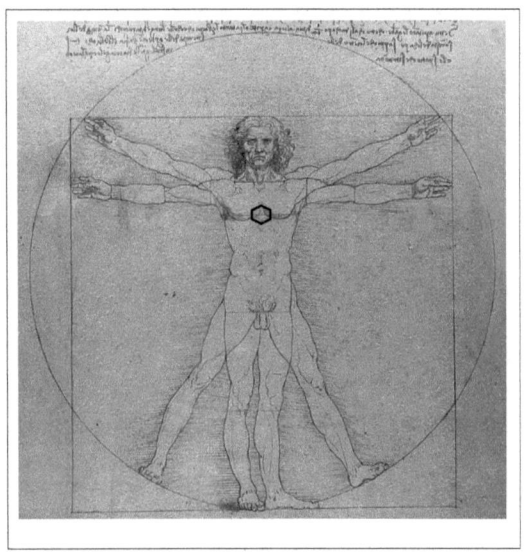

In der Mitte befindet sich ein Stern – im Sonnensystem also der Stern, der „Sonne" genannt wird. Seine Masse ist so groß, daß der durch die Gravitation (Zusammenziehung) entstehende Druck in der Mitte so hoch ist, daß er die kleineren Atome (Wasserstoff) zu größeren Atomen (Helium) „zusammenquetscht". Da in einem Helium-Atom günstigere Energie-Verhältnisse herrschen als in einem Wasserstoff-Atom, wird dabei Energie frei – die Sterne werden „heiß". Diese Energie strahlt der Stern dann ab – die Sterne (und die Sonne als einer von ihnen) leuchten.

Dieser Stern ist das Zentrum seines Systems. Er entspricht dem Herzchakra und der Seele in ihm.

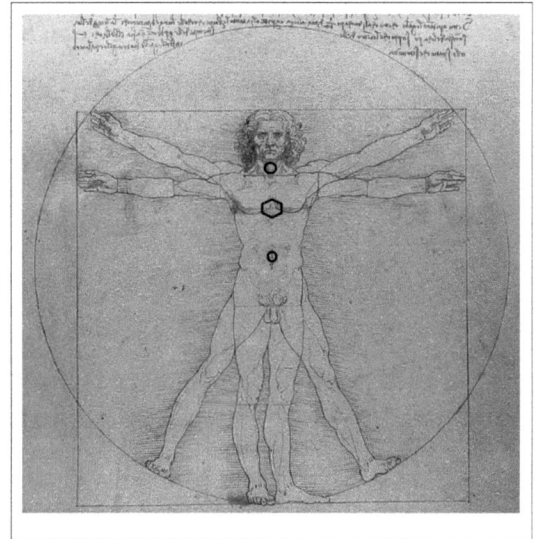

Die Sonne strahlt nicht nur Licht, d.h. Photonen aus, sondern auch Elektronen und kleine Atomkerne (von Wasserstoff und Helium), d.h. Ionen. Diese Strahlung wird „Sonnenwind" genannt.

Da dieser Sonnenwind immer dieselbe Richtung hat (von der Sonne fort), stoßen diese Photonen, Elektronen und Ionen gegen den feinen Sternenstaub, der sich überall in einer Galaxie und somit auch rings um die Sterne (und die Sonne) befindet, von der Sonne fort.

Eine mittelgroße Galaxie besteht aus ca. 100.000.000.000 Sternen.

Der Sonnenwind führt dazu, daß rings um die Sonne ein Bereich entsteht, in dem der Sonnenwind den Sternenstaub, d.h. alle Fremdkörper (Elektronen, Ionen, feiner Gesteinsstaub) von der Sonne fortgeschoben hat.

Dieser Bereich entspricht dem Sonnengeflecht und dem Halschakra, deren Tätigkeit darin besteht, den Willen der Seele im Herzchakra in Form von konkreten Wünschen umzusetzen und dabei ebenfalls alle Hindernisse aus dem Weg zu räumen, sodaß die Wünsche realisierbar werden.

Die Gefühle des Sonnengeflechtes und des Halschakras sind die Ausstrahlungen der Identität im Herzchakra sind – sie sind wie der Sonnenwind, den die Sonne ausstrahlt.

Die Gefühle sollten im Herzen verankert sein – so wie die Sonnenstrahlen in der Sonne. Und die Gefühle sollten hemmungslos und ungehindert nach außen hin in die Welt strahlen – so wie der Sonnenwind in den Umraum der Sonne.

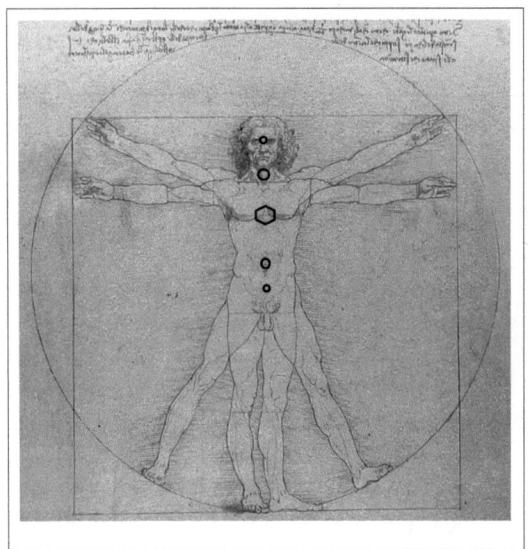

Da durch den Sonnenwind der ganze Sternenstaub von der Sonne fortgeschoben wird, entsteht vor dem Sonnenwind eine Stoßfront – die Hülle einer große Hohlkugel in weiter Entfernung von dem Stern (bei der Sonne weit außerhalb der Pluto-Umlaufbahn).

Diese Stoßfront ist wie der Schnee vor einem Schneeschieber, der immer in dieselbe Richtung fährt. Der Schneehügel, der sich vor dem Schneeschieber aufhäuft, wird dabei immer größer.

Die Stoßfront vor dem Sonnenwind hat die Form einer riesigen Hohlkugel. Sie enthält insgesamt in etwa genausoviel Masse wie die gesamte Erde, aber da sie als feinster Staub auf eine riesige Kugeloberfläche, deren Zentrum die Sonne ist, verteilt ist, ist sie nirgendwo als ein festes Gebilde greifbar – sie ist eher wie eine feine Nebelschicht rings um das Sonnensystem.

Durch den ständig wehenden Sonnenwind, der von innen her gegen diese Stoßfront drückt, dehnt sich diese „Nebel-Kugelhülle" immer weiter aus.

An der Stoßfront stößt der Sonnenwind, also der Impuls des Sternes auf die ihn umgebende Materie und formt einen Grenzbereich. Dieser Grenzbereich besteht aus der von dem Stern in der Form des Sonnenwindes abgestrahlten Materie sowie aus dem Sternenstaub, auf die der Stern auf seinem Weg durch die Galaxie, zu der er gehört, trifft.

Auf dieselbe Weise treffen die Impulse des Sonnengeflechtes und des Halschakras in ihrem Umraum, d.h. im Hara und im Dritten Auge auf die Gegebenheiten in der Welt, in der sie die Wünsche, die von dem Herzchakra ausgehen, verwirklichen wollen.

Dort, wo zwei verschiedenen Kräfte aufeinandertreffen, entsteht immer eine Form, die sich aus dem Wesen dieser beiden Kräfte ergibt. So ergeben sich auch aus den Impulsen des Herzchakras eines Menschen und aus der Eigendynamik der anderen Menschen in seinem Umraum und der Dinge in der Welt die Strukturen in dem Leben dieses Menschen. Dieser formende Vorgang ist auch im Inneren des Menschen zu finden, wenn seine konkreten Impulse (Sonnengeflecht und Halschakra) auf die Welt treffen und anhand dessen, was sie dort vorfinden, bestimmten Haltungen (Hara) und

Vorgehensweisen (Drittes Auge) entstehen lassen.

Das Wurzelchakra und das Scheitelchakra sind wie die Bugwelle

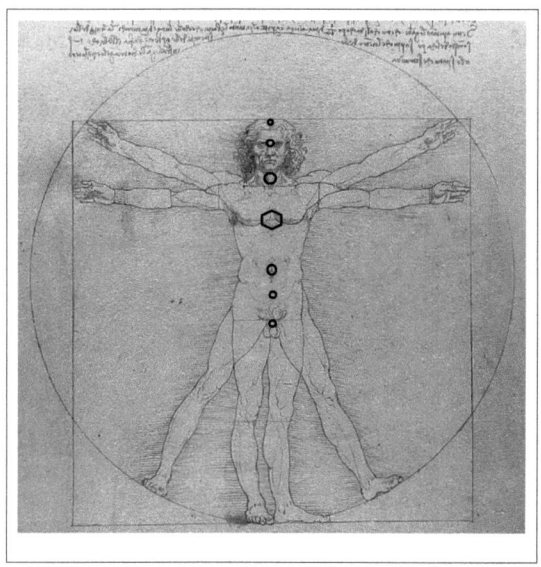

Wenn sich ein Gegenstand durch eine andere Substanz bewegt, entsteht vor diesem Gegenstand in der Richtung seiner Bewegung eine Bugwelle – wie bei einem Schiff.

Diese Bugwelle entsteht dadurch, daß das Schiff gegen die Wassermoleküle stößt und diese Wassermoleküle dabei von dem Schiff nach vorne hin fortgestoßen werden – so wie ein Ball fortgestoßen wird, wenn man gegen ihn tritt. Wenn man einen Weg entlanggehen würde, auf dem viele Bälle liegen und man gegen jeden Ball treten würde, würden vor einem ständig Bälle in die eigene Bewegungsrichtung fortfliegen und eine Bugwelle aus Bällen bilden.

Auch die Stoßfront vor dem Sonnenwind bewegt sich durch ihre ständige, allseitige Ausdehnung durch den Sternenstaub ebenfalls eine Bugwelle hervor.

Diese Stoßfront entspricht der Kontaktaufnahme, der ersten Begegnung mit dem neuen Bereich – für die im Lebenskraftkörper eines Menschen das Wurzelchakra und das Scheitelchakra zuständig sind. Auch diese beiden Chakren sind der konkrete Kontakt mit der eigenen Umwelt.

Sonnensystem und Chakrensystem

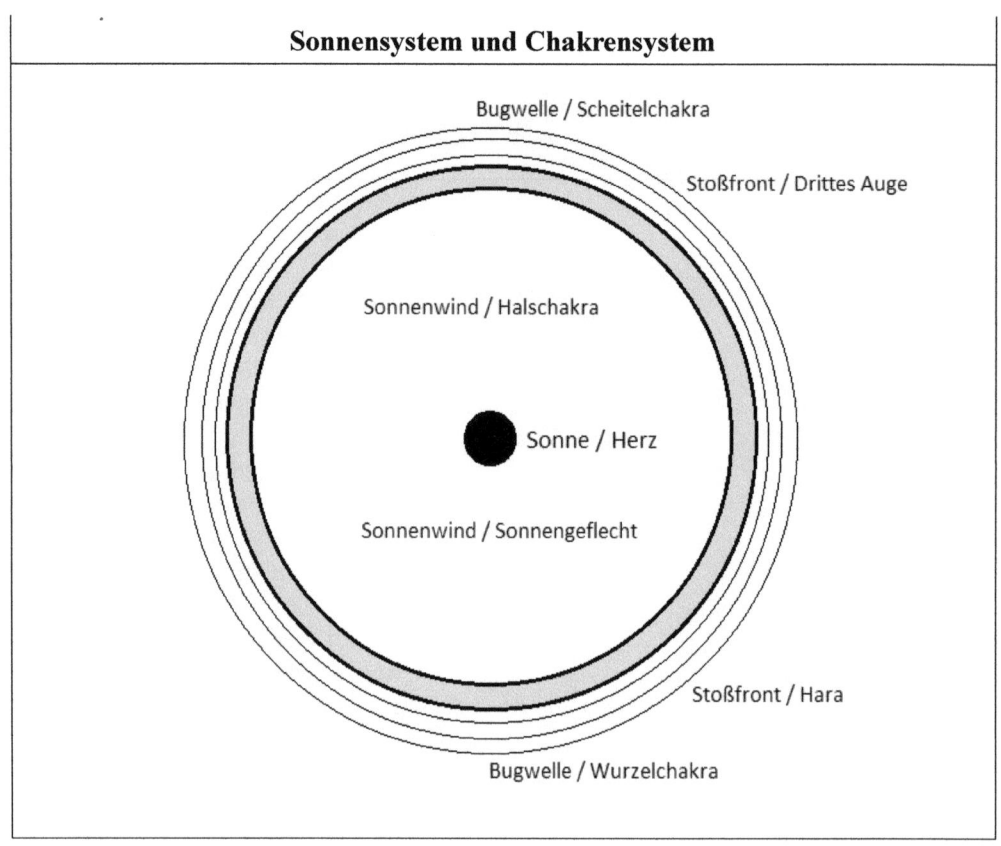

Bugwelle / Scheitelchakra

Stoßfront / Drittes Auge

Sonnenwind / Halschakra

Sonne / Herz

Sonnenwind / Sonnengeflecht

Stoßfront / Hara

Bugwelle / Wurzelchakra

Hindernisse im Leben

Nicht alles im Leben ist einfach und manchmal gibt es Hindernisse, die dort stehen, wo man eigentlich entlanggehen will. Das trifft auch für den Sonnenwind zu – wenn er auf die Erde trifft, kann er nicht weiterfliegen, wie er will und er kann die Erde auch nicht aus dem Weg schieben. Dann wird es auf der Seite der Erde, auf die der Sonnenwind trifft, hell … es wird Tag.

Wenn der Sonnenwind auf die Atmosphäre der Erde trifft, beginnt auch die Atmosphäre selber zu leuchten, was man dann vor allem am Abend und am Morgen als Nordlicht sehen kann.

VI Die 6 Zwischenchakren

Zwischen den sieben Hauptchakren gibt es sechs Übergänge – sozusagen die Grenzen zwischen den sieben Bereichen, die durch diese sieben Chakren geprägt werden.

Einige dieser Punkte, an denen die Verbindungslinie der sieben Hauptchakren diese Grenzen kreuzt, sind als Nebenchakren bekannt – insbesondere der Wunschbaum und auch noch das Thymuschakra und das obere Stirnchakra.

Der Charakter dieser sechs „Zwischenchakren" läßt sich daher aus der Betrachtung des Überganges zwischen den jeweils betroffenen Hauptchakren erkennen – zumindestens läßt sich aus dieser Betrachtung eine begründete Arbeitshypothese herleiten, die dann jedoch durch die eigene Erfahrung und evtl. auch durch traditionelle Beschreibungen bestätigt werden muß, ehe sie praktisch angewandt werden kann.

A Die einzelnen Zwischenchakren

1. Wunschbaum

Dieses Chakra befindet sich direkt unter dem unteren Ende des Brustbeins. Es ist die Grenze zwischen dem Bereich des Herzchakras und dem Bereich des Sonnengeflechts.

Aus der Lage dieses Chakras kann man schließen, daß es das Verhältnis zwischen der eigenen Identität einerseits und dem körperlichen Selbstausdruck andererseits beschreibt.

Hier werden aus der eigenen Identität Wünsche. Diese Wünsche sind zunächst noch allgemeine Wünsche nach einer Beziehung, nach einer Wohnung, nach Reisen, nach einem guten Beruf, nach Weisheit usw. Diese Wünsche ergeben sich aus dem eigenen Wesen, sie sind sozusagen das noch hemmungslose Strahlen des Herzchakras im Sonnengeflecht. Diese allgemeinen Wünsche dann schrittweise zu konkreten Wünschen: Man will mit einem konkreten Menschen zusammensein, einen bestimmte Reise machen, einen bestimmten Beruf haben, an einem konkreten Ort wohnen, eine bestimmte Sache verstehen usw.

Aus dem Selbstbild im Herzen, also aus der Seele im Herzchakra, werden im Brustraum zunächst der innere Mann und die innere Frau. Als Mann identifiziert man sich mit dem inneren Mann und als Frau mit der inneren Frau. Im Wunschbaum ruft das gegengeschlechtliche Bild (die innere Frau bzw. der innere Mann) sozusagen danach, sich mit einem konkreten Mann bzw. mit einer konkreten Frau im Außen zu verbinden – die innere Frau eines konkreten Mannes will sich mit einer ihr ähnlichen realen Frau verbinden, um für den inneren Mann in der konkreten Begegnung erlebbar zu werden. Für den inneren Mann einer konkreten Frau gilt dasselbe.

Im Wunschbaum wird die Identität eines Menschen in seinem Brustraum erst zu seinen allgemeinen Wünschen und dann zu seinen konkreten Wünschen im Bereich des Sonnengeflechts. Diese zwei Ebenen entsprechen den „tiefen Träumen" ud den „Alltags-Träumen".

Zu diesem Nebenchakra gibt es die umfangreichste Überlieferung von allen Nebenchakren.

Dieses Chakra wird „Kalpa-Taru-Chakra", „Kalpataru", „Kalpavriksha", „Kalpadruma" oder „ Kalpapadapa" genannt, was alles „Wunschbaum" oder „Baum des Lebens" bedeutet.

Dieser Baum spielt auch in den indischen Schöpfungsmythen eine große Rolle – u.a. haben die Götter am Anfang der Zeiten mithilfe dieses Weltenbaumes den Milch-Ozean gerührt. Dieser Baum ist den Mythen somit mit dem Leben, mit den Wünschen und mit der Milch (Mutter, Fülle, Heilige Kuh) verbunden.

Der Wunschbaum wird auch des öfteren mit Katzen, Löwen oder Löwenjungen verbunden, was vermutlich ein Hinweis auf die Stärke dieses Chakras ist. Evtl. ist es auch eine Erinnerung an die beiden Panther bzw. Löwen der jungsteinzeitlichen Muttergöttin.

Der Lebensbaum Kalpataru wird in den Vorstellungen der Inder von Kinnara und Kinnari bewacht.

Kinnara ist ein fliegender Apsara („Engel"), ein Devata („Halbgott"), ein Pferde-Vogel-Mann, ein Musiker und ein Beschützer der Menschen. Er ist der ewige Geliebte, der niemals Kind war und niemals Vater werden wird und der stets mit Kinnari vereint ist.

Kinnari ist sein weibliches Gegenstück – eine Dakini, eine Apsara. Sie heißt manchmal auch „Ashokasundri". In einer Mythe wurde sie von dem Wunschbaum als Tochter für Parvati geboren, die einsam war, da ihre beiden Söhne erwachsen geworden waren. Parvatis Mann Shiva hat sie als die eigene Tochter angenommen.

Kinnara und Kinnari sind leicht als der innere Mann und die innere Frau zu erkennen, die sich ewig lieben und ewig miteinander vereint sind und die niemals Kinder waren oder zu Eltern werden, sondern immer das innere Urbild der Liebe zwischen Mann und Frau bleiben.

Auf manchen Chakra-Übersichten werden zwei Nebenchakren angeführt, die von ihrer Lage her mit dem Wunschbaum identisch zu sein scheinen: das „Surya-Chakra" (Sonnen-Chakra), das als eine kleine Sonne dargestellt wird, und das „Chandra-Chakra" (Mond-Chakra), das direkt unter dem Sonnen-Chakra liegt und das als eine kleine Mondsichel dargestellt wird.

Da die Sonne in der indisch-tibetischen Symbolik für den Mann und der Mond für die Frau steht, könnten diese beiden Nebenchakren den inneren Mann und die innere Frau darstellen.

Die am häufigsten genannten Eigenschaften dieses Chakras sind Selbstvertrauen, Eigenverantwortung, die Fähigkeit Dinge anpacken, das „vom Leben getragen werden" und Großzügigkeit.

Diese Eigenschaften stimmen mit der theoretischen Herleitung der Eigenschaften dieses Nebenchakras aus seiner Lage überein: die Ausstrahlung der Identität im Herzchakra wird hier zu Impulsen in der Welt.

Wenn dieses Zwischenchakra zu starr ist, sind die Tore sozusagen verschlossen –

dann weigert man sich möglicherweise, überhaupt Bindungen mit anderen Menschen einzugehen. Die Starre kann auch dazu führen, daß man zu sehr auf einen Menschen fixiert ist. Dann unterscheidet man möglicherweise nicht mehr zwischen dem Selbstbild im Herzchakra und dem Beziehungswunsch zu der konkreten Person im Sonnengeflecht. Dann identifiziert man sich mit dem anderen, dann liegt die eigene Mitte in dem anderen Menschen – mit eher unangenehmen Folgen …

Wenn dieses Zwischenchakra zu labil ist, stehen die Tore sozusagen unbewacht offen – dann ist die Bindung zu anderen Menschen sehr lose und sprunghaft und man läuft Gefahr, daß keine Intensität und Tiefe entstehen kann.

Der gesunde Zustand ist das intensive Wünschen, bei dem man die eigene Identität deutlich von den konkreten Wünschen unterscheiden kann, aber trotzdem die Kraft des allgemeinen Wunsches in den konkreten Wunsch fließen läßt – und dabei stets flexibel bleibt.

Das bedeutet auch, daß man stets die Richtung von drinnen nach draußen beibehält: Man will etwas Bestimmtes leben und schaut dann, wo und mit wem das möglich ist. Wie es in „Gespräche mit Gott" dazu so schön heißt: „Schau erst, wohin Du willst, und frage dann, wer mitkommt."

2. Thymus-Chakra

Dieses Chakra befindet sich am oberen Ende des Brustbeins. Es ist die Grenze zwischen dem Bereich des Halschakras und dem Bereich des Herzchakras.

Aus der Lage dieses Chakras kann man schließen, daß es das Verhältnis zwischen der eigenen Identität (Herzchakra) einerseits und dem sozialen Selbstausdruck (Halschakra) andererseits beschreibt.

Durch dieses Chakra wird das Innere nach außen hin sichtbar – man zeigt sich. Hier nehmen die Wünsche nach den sozialen Formen, die man erschaffen und in denen man leben will, Gestalt an. Hier entsteht die Vision der ersehnten Gemeinschaft.

Man steht zu sich selber (Herzchakra) und zeigt anderen, wer man ist (Halschakra). Dabei verbiegt man sich nicht, man paßt sich nicht an, man versucht nicht, andere zu dominieren – man ist so, wie man ist, und man zeigt sich so, wie man ist, und man handelt so, wie man ist … schlicht, geradlinig, aufrichtig und direkt …

Die am häufigsten genannten Eigenschaften dieses Chakras und die in ihm beheimateten Fähigkeiten sind Selbstachtung, Selbstwertgefühl, das „in sich zuhause sein", innerer Friede, Wertschätzung des Lebens, Stille genießen können, Wehrhaftigkeit (Immunsystem) und Glückseligkeit.

Diese Eigenschaften stimmen mit der theoretischen Herleitung der Eigenschaften dieses Nebenchakras aus seiner Lage weitestgehend überein.

Wenn dieses Zwischenchakra zu starr ist, sind die Tore sozusagen verschlossen – dann ist man möglicherweise voller Scham und Unsicherheiten, dann weiß man nicht, was man mit den anderen Menschen anfangen könnte, dann hat man Hemmungen, Kontakte einzugehen und fürchtet sich evtl. vor jeglicher Bindung.

Wenn dieses Zwischenchakra zu labil ist, stehen die Tore sozusagen unbewacht offen – dann platzt man mit jedem Gefühl und Impuls gleich heraus und hat wenig Raum für das, was die anderen wollen, oder für das Wesen der anderen.

Der gesunde Zustand ist das selbstbewußte Gehen des eigenen Weges, das unbekümmerte sich-selber-Zeigen und der kreative Umgang mit der jeweiligen Situation, in der man sich wiederfindet.

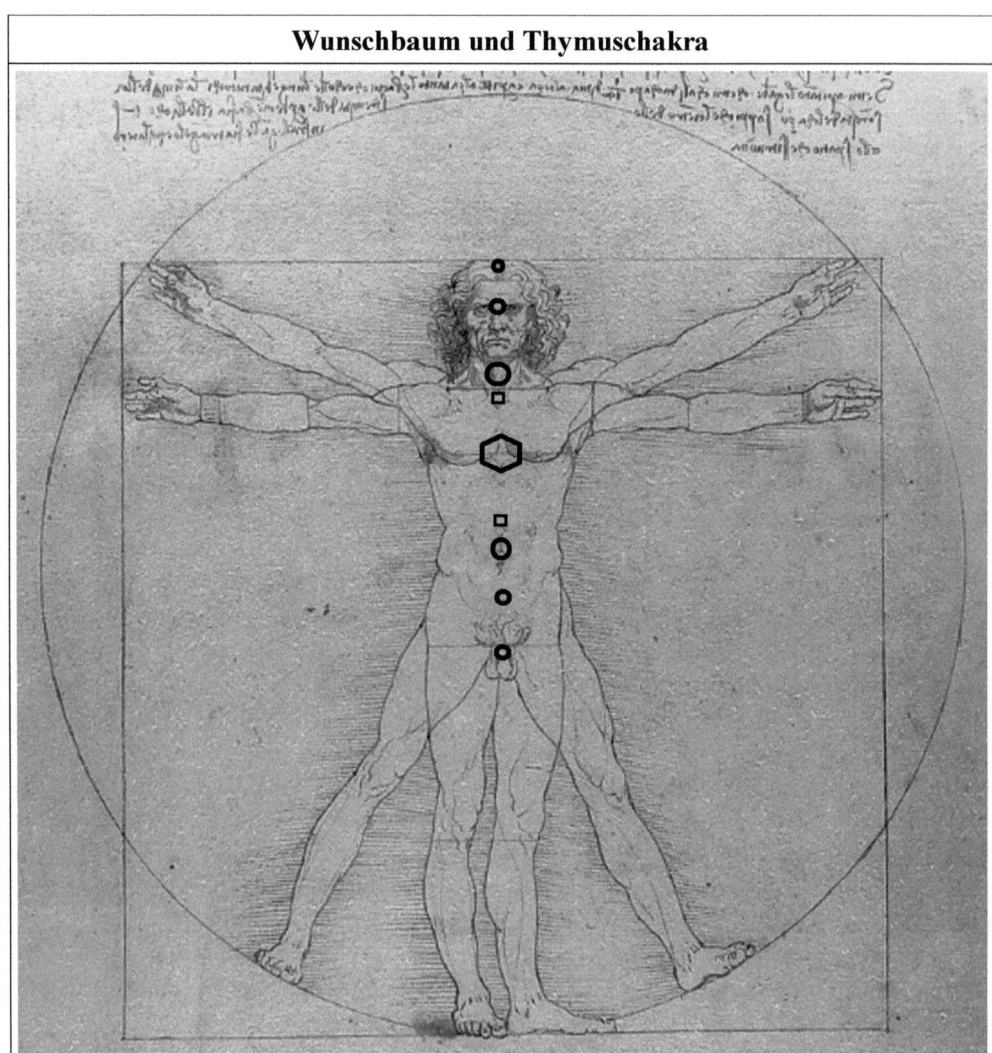

*das Herzchakra (Sechseck), die sechs äußeren Hauptchakren (Kreise)
sowie der Wunschbaum und das Thymuschakra (Quadrate)*

3. Nabelchakra

Dieses Chakra befindet sich ungefähr beim Nabel. Es ist die Grenze zwischen dem Bereich des Sonnengeflechts und dem Bereich des Haras.

Aus der Lage dieses Chakras kann man schließen, daß es das Verhältnis zwischen körperlichem Selbstausdruck einerseits (Sonnengeflecht) und dem inneren Halt und Rhythmus andererseits (Hara) beschreibt.
Dieses Chakra sucht nach einem Weg für die Umsetzung dessen, was man will und strebt dabei nach einer eleganten und möglichst mühelosen Lösung.
Aus dem Gefühl und Wunsch im Sonnengeflecht wird hier ein Standpunkt und eine Strategie.

Die am häufigsten genannten Eigenschaften dieses Chakras sind Sinnlichkeit, Kreativität, Lust und Freude am Sex sowie Bindungsfähigkeit.
Diese Eigenschaften stimmen mit der theoretischen Herleitung der Eigenschaften dieses Nebenchakras aus seiner Lage in etwa überein.

Wenn dieses Zwischenchakra zu starr ist, sind die Tore sozusagen verschlossen – dann bleibt man auch auf seinem bisherigen Weg, wenn sich die Umstände geändert haben und das eigene Verhalten nicht mehr zu dem erwünschten Ziel führt – es besteht die Gefahr der Sturheit.
Wenn dieses Zwischenchakra zu labil ist, stehen die Tore sozusagen unbewacht offen – dann kann es sein, daß man in seinem Handeln zu wankelmütig, rückgratlos und konfliktscheu ist, um effektiv sein zu können – das sogenannte „Blatt im Wind".

Der gesunde Zustand ist ein elastisches, flexibles und anpassungsfähiges Eingehen auf die Situation, wobei man zwar seine Methode ändert, aber dem eigenen Ziel treu bleibt.
Kein Krieger kann gewinnen, der die Bewegungen seines Gegners nicht beachtet. Und kein Tänzer kann gut tanzen, der nicht die Bewegungen des Menschen, mit dem er zusammen tanzt, fein wahrnimmt und in seine eigenen Bewegungen aufnimmt. Auch der Sex bereitet dann die größte Freude, wenn man dem, was man will, treu bleibt, aber das mitaufnimmt, was der andere will und macht.

Im chinesischen Taoismus wird dieses Zwischenchakra „Xia Dan-Tien", d.h. „unteres Zinnober-Feld" genannt.
Der Begriff „Zinnober-Feld", also „rotes Feld" ist im Taoismus die Bezeichnung für die Chakren. Dieses „untere Chakra" entspricht dem Akupunkturpunkt „Ren-Mai",

der als der wichtigster Energiepunkt im Körper und als der Sitz des Chi (Lebenskraft) angesehen wird. Er ist auch in der Kampfkunst von großer Wichtigkeit.

4. Kehldeckelchakra

Dieses Chakra befindet sich am oberen Ende des Halses – dort wo die Luftröhre und die Speiseröhre beginnen. Der Kehldeckel ist ein Verschluß für das obere Ende der Luftröhre, der verhindert, daß beim Schlucken Teile der Speisen oder Getränke in die Luftröhre gelangen. Dieses Chakra ist die Grenze zwischen dem Bereich des Halschakras und dem Bereich des Dritten Auges.

Aus der Lage dieses Chakras kann man schließen, daß es das Verhältnis zwischen dem sozialen Selbstausdruck einerseits (Halschakra) und dem Willen und den Zielen andererseits (Drittes Auge) beschreibt.

Während das Halschakra das eigene Wesen den anderen Menschen zeigt, richtet das Dritte Auge die eigenen Handlungen auf die eigenen Ziele aus.

Das Halschakra enthält die eigenen Impulse, die in der Welt nach Erfüllung suchen – das Halschakra zeigt der Welt die eigenen Gefühle und Wünsche. Das Halschakra ist eine Einladung, Dinge gemeinsam zu tun.

Das Dritte Auge ist der gestaltende Wille, die Suche nach einem konkreten Weg, das Ersinnen einer der Situation angemessenen Methode.

Das Kehldeckelchakra hat folglich die Aufgabe, den allgemeinen Wunsch des Halschakras zu einem konkreten Verhalten im Dritten Auge werden zu lassen.

Der obere Hals ist auch der Ort, an dem das, was außen ist (Speisen), eingelassen wird und zu etwas wird, was innen ist (Speisen im Magen). Das Nebenchakra am oberen Halsende hat also auch die Funktion eines Torwächters – er bestimmt, was hinausgehen und was hereinkommen darf.

Dieselbe Aufgabe wird das Kehldeckelchakra auch in Bezug auf die Psyche habe: Hier wird entschieden, was man wem von sich zeigt, und an welchen Dingen man teilnimmt und sie daher in sich hineinläßt.

Dieses Chakra kann nicht das Gaumenchakra sein, das auch Lalana-Chakra, Kala-Chakra oder Talu-Chaka genannt wird und oben an der Gaumenwölbung sitzt, da sich der Gaumen viel zu nah am Dritten Auge befindet und am Gaumen nicht die ungefähre Mitte zwischen Halschakra und Drittem Auge sein kann.

Für die obere und die untere Grenze des Bereiches des Halschakras drängen sich das obere und das untere Ende des Halses geradezu auf. Ähnliche klare Bereiche gibt es auch für den Bereich des Herzchakras (Brustbereich, Rippen) und für den Bereich

38

des Sonnengeflechtes (Rippen bis Nabel).

Dieses Nebenchakra wird in den traditionellen Schriften nicht erwähnt. Seine Eigenschaften müßten die klare Abgrenzung gegen andere sein, weiterhin die Fähigkeit zur Kooperation, dann die Fähigkeit zu erkennen, was einem gut tut und was nicht – und schließlich die Wachheit und die Stärke, die notwendig sind, damit man sich nicht „über den Tisch ziehen läßt".

Wenn dieses Zwischenchakra zu starr ist, sind die Tore sozusagen verschlossen – dann wird man meistens sehr einsam sein und evtl. auch fürchten, sich zu zeigen.
Wenn dieses Zwischenchakra zu labil ist, stehen die Tore sozusagen unbewacht offen – dann wird man ständig von sich selber reden und zuwenig die anderen sehen und ebenfalls einsam sein.

Der gesunde Zustand ist die Klarheit über die eigenen Wünsche und das kreative Gespräch mit allen an der Erfüllung dieser Wünsche beteiligen Menschen, sodaß das Ziel möglichst mühelos und in Harmonie mit den Zielen der anderen erreicht werden kann.
Dieses Chakra sucht nach der Umsetzung dessen, was man will, und strebt nach einer guten Kooperation statt nach einem faulem Kompromiß.

*das Herzchakra (Sechseck), die sechs äußeren Hauptchakren (Kreise)
sowie vier der sechs Zwischenchakren (Quadrate)*

5. Schamhaar-Chakra

Dieses Zwischenchakra befindet sich ungefähr im oberen Bereich der Schamhaare. Es ist die Grenze zwischen dem Bereich des Haras und dem Bereich des Wurzelchakras.

Aus der Lage dieses Chakras kann man schließen, daß es das Verhältnis zwischen dem inneren Halt und Rhythmus einerseits (Hara) und der eigenen Lebendigkeit andererseits (Wurzelchakra) beschreibt.

In diesem Nebenchakra sucht man aus seinem eigenen Standpunkt heraus nach Kontakt, hier entsteht aus dem eigenen Rhythmus heraus Nähe. Man handelt aus dem eigenen Tanz heraus und schaut, wann man mit wem was machen will – in vollkommener Eigenständigkeit.

In diesem Zwischenchakra wird das Schwingen des Haras zu der körperlichen Begegnung im Wurzelchakra und hier wird die Lebendigkeit des Wurzelchakras zu dem Rhythmus des Hara.

Dieses Nebenchakra steht offenbar in engem Zusammenhang mit der Sexualität.

Dieses Nebenchakra wird in den traditionellen Schriften nicht erwähnt.

Wenn dieses Zwischenchakra zu starr ist, sind die Tore sozusagen verschlossen – dann entsteht aus dem Rhythmus im Hara keine Begegnung im Wurzelchakra und aus der Lebenskraft im Wurzelchakra kein Tanz im Hara. Dann beginnt die Lebenskraft nicht zu schwingen und wird nicht geerdet – man wird zögerlich oder klammert sich an Prinzipien fest und man kann nicht gut für sich selber sorgen. Möglicherweise will man dann auch in jeder Begegnung alles bestimmen – und zieht dadurch die Kraft der anderen an sich: ein „Vampir" …

Wenn dieses Zwischenchakra zu labil ist, stehen die Tore sozusagen unbewacht offen – dann kann der eigene Rhythmus nicht mehr effektiv die eigenen Begegnungen gestalten. Dann ist man sozusagen den Begegnungen und dem Willen der anderen ausgeliefert und gestaltet das Leben nicht mehr nah an den eigenen Wünschen. Möglicherweise ist man dann fast immer fremdbestimmt und immer jemand anderem untergeordnet – und gibt dadurch die eigene Kraft an andere ab: das Opfer eines „Vampirs" …

Der gesunde Zustand ist das Handeln im eigenen Rhythmus und das Aufrechterhalten der eigenen Schwingung in der Begegnung mit anderen Menschen.

6. Stirnchakra

Dieses Chakra befindet sich oberhalb des Dritten Auges auf der Stirn – ungefähr kurz unter dem (normalen) Haaransatz. Es ist die Grenze zwischen dem Bereich des Dritten Auges und dem Bereich des Scheitelchakras. Es wird manchmal „Soma-Chakra" genannt.

Auch die beiden äußeren Zwischenchakren (Schamhaarchakra und Stirnchakra) haben eine markante Lage; am Ansatz des Schamhaars und am Ansatz des Haupthaars.

Aus der Lage dieses Chakras kann man schließen, daß es das Verhältnis zwischen Willen und Zielen einerseits und dem Vertrauen in das Ganze und der Verantwortung für das Ganze andererseits beschreibt. Es müßte sich also um ein Chakra der Einsichtsfähigkeit in größere Zusammenhänge handeln, das dafür sorgt, daß der „kurzsichtige Egoismus" zu einem immer „weitsichtigeren Egoismus" wird. Dieses Chakra bewirkt somit, daß das eigene Handeln für einen selber immer effektiver und auch für die anderen immer hilfreicher wird – denn der weitsichtige Egoismus erkennt, daß das Glück der Gemeinschaft, zu der man gehört, die beste Grundlage für das eigene Glück ist.

Der Dalai Lama hat diesen Zusammenhang in seiner humorvollen Art einmal so ausgedrückt: Die allen Menschen helfenden Boddhisattwas sind die größten und konsequentesten Egoisten – sie haben erkannt, daß ihre Erleuchtung dann wirklich vollkommen und ihr Glück daher dann am größten sein wird, wenn alle Menschen erleuchtet worden sind.

Die am häufigsten genannten Eigenschaften dieses Chakras sind Klarheit, Inspiration, Hingabe, Toleranz, Glaube, Wille und die Verwandlung zu Höherem.

Diese Eigenschaften stimmen mit der theoretischen Herleitung der Eigenschaften dieses Nebenchakras aus seiner Lage überein.

Wenn dieses Zwischenchakra zu starr ist, sind die Tore sozusagen verschlossen – dann ist keine Einsicht möglich. Man ist dann wahrscheinlich dogmatisch und stur.

Wenn dieses Zwischenchakra zu labil ist, stehen die Tore sozusagen unbewacht offen – dann ist gar kein eigener Standpunkt und keine Konzentration möglich. Es könnte sein, daß man dann ein Mitläufer ist.

Der gesunde Zustand ist das Bewußtsein über das Ganze, aufgrund dessen man entscheidet, welchen Weg man selber gehen will.

*das Herzchakra (Sechseck), die sechs äußeren Hauptchakren (Kreise)
sowie die sechs Zwischenchakren (Quadrate) am oberen und am unteren Ende der
Rippen, am Kehldeckel und am Nabel, sowie am Ansatz des Haupthaares und am
Ansatz des Schamhaars*

B   Zusammenfassung

1. Übersicht

Die sieben Hauptchakren und die sechs Zwischenchakran bilden ein System aus sieben Zuständen und sechs Übergängen zwischen ihnen – man kann auch sagen, aus sieben Ländern und sechs Grenzen zwischen ihnen.

Die Hauptchakren stellen Fähigkeiten, Haltungen und grundlegende Qualitäten dar und sind daher eher statisch, während die Zwischenchakren Übergänge repräsentieren und daher eher dynamisch sind – sie markieren Verwandlungsvorgänge.

Die drei oberen Hauptchakren sind nach außen in die Welt hinein gerichtet – die drei unteren Hauptchakren sind nach innen hin auf den eigenen Körper gerichtet. Die Zwischenchakren sind die Übergänge zwischen diesen verschiedenen Bereichen.

Die sieben Hauptchakren werden in ihrem Zustand durch die Menge an Lebenskraft in ihnen charakterisiert: Ist in einem Chakra mehr oder weniger oder gleichviel Lebenskraft wie in seinem Gegenpol?

Die Chakrenpaare sind:

> 1. Sonnengeflecht – Halschakra,
> 2. Hara – Drittes Auge,
> 3. Wurzelchakra – Scheitelchakra.

Wenn die Lebenskraft ausgeglichen ist, besteht eine elastische Harmonie.

Wenn in einem Chakra mehr Lebenskraft als in seinem Gegenpol ist, wird es dominant.

Wenn in einem Chakra weniger Lebenskraft als in seinem Gegenpol ist, wird es regressiv.

In der Regel sind bei Abweichungen vom Gleichgewicht alle drei unteren oder alle drei oberen Hauptchakren gemeinsam dominant.

Wenn die drei unteren Hauptchakren dominant sind, wird man zum Anführer, zur prägenden Gestalt und im Extremfall zum Star, zum Täter und zum Süchtigen und greift an – man setzt seine körperlichen Bedürfnisse (die drei unteren Hauptchakren) durch.

Wenn die drei oberen Hauptchakren dominant sind, ordnet man sich unter, paßt man sich an und wird im Extremfall zum Fan, zum Opfer und zum Asket – man setzt seine sozialen Bedürfnisse (die drei oberen Hauptchakren) an die erste Stelle.

Die sechs Zwischenchakren werden, da sie Grenzen sind, in ihrem Zustand nicht wie die Chakren durch die in ihnen enthaltene Lebenskraft-Menge bestimmt, sondern durch ihre Festigkeit charakterisiert:

Verbinden sie die beiden Bereiche oberhalb und unterhalb von ihnen auf eine elastische, belastbare und anpassungsfähige Weise?

Oder sind die beiden Bereiche auf eine starre Weise verbunden, die das Eingehen auf das Hier und Jetzt behindert?

Oder sind die beiden Bereiche auf eine so lose Weise miteinander verbunden, daß es kaum möglich ist, selber gestaltend auf das Hier und jetzt einzuwirken?

Hauptchakren		Zwischenchakren
Name / Qualität	Lage / Bereich	Name / Qualität
Scheitelchakra Vertrauen + Verantwortung	Lage: oben auf dem Kopf Bereich: Kopfhaare	
	Lage: Haaransatz	**Stirnchakra** „weitsichtiger Egoismus"
Drittes Auge Wille und Ziele	Lage: zwischen den Brauen Bereich: Gesicht	
	Lage: oberes Halsende	**Kehldeckelchakra** kreative Kooperation
Halschakra sozialer Selbstausdruck	Lage: Halsmitte Bereich: Hals	
	Lage: unteres Halsende = Oberende des Brustbeins	**Thymus-Chakra** sich zeigen
Herzchakra Seele, Identität, Selbstliebe	Lage: Brustmitte Bereich: Brustkorb	
	Lage: unteres Brustbein	**Wunschbaum** Wünsche konkretisieren
Sonnengeflecht körperlicher Selbstausdruck	Lage: unter dem Rippenbogen Bereich: zwischen Rippen + Nabel	
	Lage: unteres Brustbein	**Nabel-Chakra** Wünsche => Rhythmus
Hara innerer Halt	Lage: kurz unter dem Nabel Bereich: zw. Nabel + Schamhaar	
	Lage: oberer Schamhaar-Ansatz	**Schamhaar-Chakra** Rhythmus wird Begegnung
Wurzelchakra Lebendigkeit	Lage: zwischen Genitalien und After Bereich: Schambereich	

2. Die drei Zwischenchakra-Paare

Die sieben Hauptchakren haben eine symmetrische Struktur: ein Zentrum (Herzchakra) und drei analoge Paare (Sonnengeflecht – Halschakra, Hara – Drittes Auge, Wurzelchakra – Scheitelchakra).

Daher bilden auch die sechs Zwischenchakren drei Paare – sie liegen zwischen den analog aufgebauten Hauptchakren.

Die Symmetrie der 7 Hauptchakren und der 6 Zwischenchakren				
		Herzchakra		
	Thymus-Chakra		*Wunschbaum*	
Selbstausdruck nach außen hin	**Halschakra**		***Sonnengeflecht***	Selbstausdruck des Körpers
	Kehldeckel-chakra		*Nabelchakra*	
Form nach außen hin	***Drittes Auge***		***Hara***	Form des Körpers
	Stirnchakra		*Schamhaar-chakra*	
Kontakt nach außen hin	***Scheitelchakra***		***Wurzelchakra***	Kontakt mit dem Körpers

Diese Symmetrie der sechs Zwischenchakren zeigt sich in mehreren Aspekten:

Die Lage der Zwischenchakren

Der Wunschbaum liegt am unteren Ende des Brustbeins.
Das Thymus-Chakra liegt am oberen Ende des Brustbeins.

Das Nabelchakra liegt am Nabel.
Das Kehldeckelchakra liegt am oberen Ende des Halses.

Das Schamhaarchakra liegt am Schamhaar-Ansatz.
Das Stirnchakra liegt am Kopfhaar-Ansatz.

Markante körperliche Merkmale der Lage der Zwischenchakren

Der Wunschbaum liegt an der Untergrenze des rhythmischen Bereichs von Herz und Lunge.
Das Thymus-Chakra liegt an der Obergrenze des rhythmischen Bereichs von Herz und Lunge.

Durch die Nabelschnur am Nabelchakra gelangt die Nahrung von der Mutter in den Leib des noch ungeborenen Menschen im Mutterleib.
Durch den Hals unter dem Kehldeckelchakra gelangt die Nahrung aus der Welt in den eigenen Leib des schon geborenen Menschen in der Welt.

Das Schamhaarchakra liegt oberhalb der weichsten Körperteile: oberhalb der Genitalien.
Das Stirnchakra liegt unterhalb des härtesten Körperteils: unterhalb der Schädeldecke.

Die Konkretisierungen in den Zwischenchakren

Der Wunschbaum konkretisiert die Individualität zu konkreten Wünschen.
Das Thymus-Chakra konkretisiert die Individualität zu einem selbstbewußten sich-Zeigen.

Das Nabelchakra konkretisiert die eigenen Wünsche zu einem Standpunkt.
Das Kehldeckelchakra konkretisiert die eigenen Wünsche zu einer Vorgehensweise.

Das Schamhaarchakra konkretisiert den eigenen Standpunkt zu einem körperlichen Kontakt.
Das Stirnchakra konkretisiert die eigene Vorgehensweise zu einer gemeinschaftlichen Handlung.

Die Zeit in den Zwischenchakren

Der Wunschbaum verwandelt die Zeitlosigkeit des Herzchakras in die langfristigen körperlichen Wünsche des Sonnengeflechts.
Das Thymus-Chakra verwandelt die Zeitlosigkeit des Herzchakras in die langfristigen sozialen Wünsche des Halschakras.

Das Nabelchakra verwandelt die langfristigen körperlichen Wünsche des Sonnengeflechts in die kurzfristigen Haltungen des Haras.
Das Kehldeckelchakra verwandelt die langfristigen sozialen Wünsche des Halschakras in die kurzfristigen Koordinationen des Dritten Auges.

Das Schamhaarchakra verwandelt die kurzfristigen Haltungen des Haras in das Erleben des Hier und Jetzt des eigenen Körpers.
Das Stirnchakra verwandelt die kurzfristigen Koordinationen des Dritten Auges in das Erleben des Hier und Jetzt der ganzen Welt.

Der Wunschbaum verwandelt das in-sich-Ruhen des Herzchakras in die Hemmungslosigkeit der körperlichen Wünsche des Sonnengeflechts.

Das Thymus-Chakra verwandelt das in-sich-Ruhen des Herzchakras in die Hemmungslosigkeit der sozialen Wünsche des Halschakras.

Das Nabelchakra verwandelt die Hemmungslosigkeit der körperlichen Wünsche des Sonnengeflechts in die Klarheit des eigenen inneren Halts im Hara.

Das Kehldeckelchakra verwandelt die Hemmungslosigkeit der sozialen Wünsche des Halschakras in die Klarheit des Verstehens der Gemeinschaft im Dritten Auge.

Das Schamhaarchakra verwandelt die Klarheit des eigenen inneren Halts im Hara in die Ekstase des Erlebens des eigenen Körpers im Wurzelchakra.

Das Stirnchakra verwandelt die Klarheit des Verstehens der Gemeinschaft im Dritten Auge in die Ekstase des Erlebens der eigenen Gemeinschaft im Scheitelchakra.

3. Die sieben Bereiche

Die sieben Hauptchakren sind sozusagen die sieben Hauptstädte von sieben Ländern, deren Grenzen von den sechs Zwischenchakren gebildet werden. In diesen sieben Ländern besteht jeweils ein bestimmtes „Klima", wobei in den sechs äußeren Hauptchakren in den beiden Chakren, die jeweils ein Paar bilden, dasselbe „Klima" herrscht.

Herzchakra

Im Zentrum des gesamten Systems liegt das Herzchakra. Dieses Chakra ist die Hauptstadt des „Großkönigs". Dieser „Großkönig" ist die eigene Seele.

Das dazugehörige Land ist der Rippenbereich – er ist durch die Rippen, die Schlüsselbeine, die Schulterblätter und das Zwerchfell geschützt. Dieser Bereich ist selbstbestimmt – der Herzschlag wird sogar vom Herz selber aufrechterhalten und nicht vom Gehirn.

Dieses Land ist idealerweise von vollkommener Selbstliebe erfüllt. Alle Dinge in ihm sind daher auch durch Liebe verbunden und daher miteinander integriert.

Dieser Bereich ist ganz von dem „Ich" geprägt und erfüllt. Dieser Bereich erfüllt sich selber.

Sonnengeflecht und Halschakra

An das „Land des Großkönigs" schließt unten das Land des Sonnengeflechts und oben das Land des Halschakras an.

Diese beiden Länder sind durch Gefühle geprägt, durch den Selbstausdruck. Die Quelle dieses Selbstausdrucks liegt im Herzchakra – diese beiden Länder sind dem „Großkönig" treu: Der Selbstausdruck geht von der Seele im Herzchakra aus.

Während die Seele das ganze Leben über gleich bleibt, ändert sich das Leben selber ständig. Daher kommen im Sonnengeflecht und im Halschakra zu der Treue zu der Seele die Beweglichkeit in der Ausrichtung auf die jeweils beste Möglichkeit des eigenen Selbstausdrucks hinzu.

Der „innere Blick" ist in diesen beiden Chakren stets auf die eigene Seele im Herzchakra gerichtet und der „äußere Blick" auf die Lebensumstände. Das Sonnengeflecht und das Halschakra streben stets danach, aus dem, was im Außen da ist, ein Bild dessen zu erschaffen, was im Innen da ist.

Diese beiden Chakren prägen die Art der Bindung zu der Welt – im Sonnengeflecht die Bindung zu einem einzelnen Menschen und im Halschakra die Bindung zu einer

Gemeinschaft. Bindung ermöglicht Selbstausdruck, denn in bei einer Isolation des Herzchakras wäre nichts da, in dem man sich ausdrücken kann. In der Begegnung ist zuerst das „Ich" der Seele und ihrer allgemeinen Wünsche da – daraus entsteht dann das „Wir" und die damit verbundenen konkreten Wünsche, die sich auf konkrete Menschen und Dinge beziehen.

Dieses Prinzip findet sich auch in der Magie: Die Wirkung eines (magisch geförderten) Wunsches ist größten, wenn man sich Qualitäten in das eigene Leben wünscht und nicht konkrete Dinge. Dann hat das Leben Spielraum und Freiheit und kann nach den Menschen und Dingen suchen, die diese erwünschten Qualitäten im eigenen Leben entstehen lassen. Magie entsteht durch das ungehinderte Strahlen dieser beiden Königreiche. Die Größe der Wirkung eines magisch verstärkten Wunsches hängt auch davon ab, wie gut der Wunsch mit dem eigenen Wesen, also mit der eigenen Seele übereinstimmt. Am wirkungsvollsten ist das Herbeiwünschen einer Qualität, die der eigenen Seele entspricht.

Das Reich des Großkönigs ist von Licht und Wärme erfüllt; das Reich des Sonnengeflechts und das Reich des Halschakras sind von dem Strahlen erfüllt, das aus dem Reich des Herzchakras zu ihnen fließt.

Dadurch ergibt sich die Art und Weise der sinnvollsten Bindung zu den Menschen, Dingen und Orten im Leben: Die Bindung sollte aufrichtig sein, d.h. ein Ausdruck dessen sein, was man wirklich ist. Die Bindung sollte nicht zu starr sein, damit man auf veränderte Lebensumstände reagieren und auf eine andere Weise und evtl. auch mit anderen Menschen und Dingen sich selber ausdrücken kann. Die Bindung sollte nicht unterbrochen sein, da man sich dann garnicht mehr ausdrücken kann. Die Bindung sollte nicht zu lose sein, da man dann evtl. nicht mehr in der Lage ist, Hindernisse wirklich zu ergründen und aufzulösen.

Diese sinnvollen Bindungen herzustellen, ist die Aufgabe der beiden Zwischenchakren zwischen dem Reich des Herzchakra im Zentrum und den beiden an sie angrenzenden Ländern des Sonnengeflechtes und des Halschakras.

Hara und Drittes Auge

Auf das Licht im Land des Herzchakras und das Strahlen in den beiden Ländern des Sonnengeflechts und des Halschakras folgen nun weiter außen zwei weitere Länder, in denen wieder dasselbe „Klima" herrscht.

Wie das Sonnengeflecht bezieht sich auch das Hara vor allem auf den eigenen Körper, während das Dritte Auge wie das Halschakra nach außen hin ausgerichtet ist.

Diese beiden Länder sind weiter von dem Reich des Großkönigs entfernt als die beiden vorigen Länder, was sich in dem Klima in ihnen zeigt – die Sonne des Herzchakras hat bis hierhin schon einen längeren Weg zurückgelegt und nimmt eine andere Dynamik an.

Das Sonnengeflecht und das Halschakra sind durch das Strahlen, das vom Herz-chakra ausgeht, geprägt. Dieses Strahlen, das der Wunsch nach Selbstausdruck in der Welt ist, gelangt nun in die konkrete Umgebung, die man für den eigenen Selbstaus-druck ausgewählt hat. Im Hara wird daraus ein eigener Standpunkt und eine eigene Haltung; im Dritten Auge wird daraus eine Ausrichtung in die Welt hinein und eine Form des Zusammenwirkens mit den Menschen und Dingen, auf die man dabei trifft. In diesen beiden Chakren entsteht also eine Form.

Diese Form sollte durch den aus dem Herzchakra stammenden Selbstausdruck geprägt sein, der zuvor in den beiden inneren Ländern des Sonnengeflechtes und des Halschakras zu konkreten Wünschen geworden ist. Die eigene Haltung im Hara ergibt sich aus dem Weg, den man für den eigenen körperlichen Selbstausdruck im Sonnen-geflecht ausgewählt hat; entsprechend ergibt sich das eigene Zusammenwirken mit anderen Menschen im Dritten Auge aus dem Weg, den man für den eigenen sozialen Selbstausdruck im Halschakra ausgewählt hat.

Das ideale Klima in den beiden Ländern des Haras und des Dritten Auges sind so-mit Klarheit, Wachheit, Weitblick, Umsichtigkeit, Standfestigkeit, Anpassungsfähig-keit an veränderte Umstände, Kreativität im Finden von Kooperationsmöglichkeiten und Mut zu neuen Wegen.

Das Land des Herzchakras ist die Heimat der Sonne; die beiden Länder des Sonnen-geflechtes und des Halschakras sind zwei von dem Strahlen dieser Sonne erfüllte Länder; und in den beiden Ländern des Haras und der Dritten Auges schieben die Sonnenstrahlen die Wolken fort, die die Sicht behindern und die Handlungsmöglich-keiten einschränken.

An der Grenze zwischen dem Land des Herzchakras und des Sonnengeflechtes bzw. des Halschakras werden die allgemeinen Wünsche des Herzchakras konkretisiert – in diesen beiden Ländern wohnen die Minister des Großkönigs im Herzchakra-Land.

An der Grenze zwischen den beiden Ländern des Sonnengeflechtes und des Haras bzw. des Halschakras und des Dritten Auges werden die Wünsche, die aus dem Herz-chakra kommen und bereits zu konkreten Wünschen geworden sind, auf die Gestal-tung der derzeitigen Situation angewendet – die Minister des Königs weisen die ein-zelnen Bürgermeister der Städte in ihren Ländern an, den Willen des Königs an ihren jeweiligen Orten der derzeitigen Situation gemäß umzusetzen.

An dem erste Grenzübergang, der vom Herzchakra zum Sonnengeflecht und zum Halschakra führt, entsteht die Bindung des eigenen Willens an konkrete Menschen und Dinge – an dem zweiten Grenzübergang, der zum Hara und zum Dritten Auge führt, findet die konkrete Auseinandersetzung mit den Menschen und Dingen statt, zu denen man eine Bindung aufgenommen hat, um sich in dem Kontakt mit ihnen ausdrücken zu können.

Die Aufgabe der beiden Zwischenchakren zwischen dem Sonnengeflecht und dem

Hara sowie zwischen dem Halschakra und dem Dritten Auge ist es, aus der bestehenden Bindung heraus die sinnvollsten Haltungen und Vorgehensweisen zu entwickeln. Auf die Bindung folgt hier die Haltung im Kontakt mit dem anderen und die Tat im Kontakt mit dem anderen.

Wurzelchakra und Scheitelchakra

Die allgemeinen Wünsche im Herzchakra sind im Sonnengeflecht und im Halschakra zu konkreten Wünschen geworden, durch die man im Hara und im Dritten Auge die konkreten Bindungen, die man eingegangen ist, gestaltet. Im Wurzelchakra und Scheitelchakra erreicht das Licht der Sonne nun das konkrete Hier und Jetzt, in dem man sich mit seinem Körper befindet (Wurzelchakra) und in einem bestimmten Gesamtzusammenhang steht (Scheitelchakra).

Das Licht der Sonne (Herzchakra) hat Strahlen ausgesandt (Sonnengeflecht, Halschakra), die in die ausgewählten Zusammenhänge gelangt sind (Hara, Drittes Auge) und nun auf die ausgewählten Menschen und Dinge treffen und sie für den Großkönig (Seele) deutlich sichtbar werden lassen (Wurzelchakra, Scheitelchakra).

Die intensivste Berührung durch den Körper (Wurzelchakra) ist die sexuelle Vereinigung; die intensivste Berührung der gesamten Situation (Scheitelchakra) ist die Erleuchtung.

Die Erlebnisse werden am intensivsten und am genußvollsten und am erfüllendsten, wenn das Licht der Großkönigs im Herzchakra (Seele) ungehindert durch die sechs äußeren Königreiche bis in das Hier und Jetzt hinein strahlen kann.

Das geschieht, wenn die Minister des Königs im Sonnengeflecht und im Halschakra die allgemein formulierten Wünsche des Großkönigs durch flexible, aber belastbare Bindungen zu konkreten Wünschen werden lassen, danach die Bürgermeister in den einzelnen Orten im Hara und im Dritten Auge anhand der vorgefunden Umstände sinnvolle Haltungen und Vorgehensweisen entwickeln, und schließlich die Bauern und Handwerker und Krieger in den Häusern des Wurzelchakras und des Scheitelchakras die Dinge konkret in die Hand nehmen und erleben und evtl. auch verändern.

Daher ist es die Aufgabe der Zwischenchakren zwischen dem Hara und dem Wurzelchakra sowie zwischen dem dritten Auge und dem Scheitelchakra nach der Gestaltung der Bindung und dem Entwerfen einer sinnvollen Haltung und Vorgehensweise nun den konkreten Ort und den Zeitpunkt für Kontakte auszuwählen.

Die Zwischenchakren sind im Idealfall die effektive Verwaltung des Königreiches, die die Aufträge des Großkönigs bis in jeden Winkel des Reiches trägt und sie den Menschen in den jeweiligen Bereichen entsprechend übersetzt und konkretisiert.

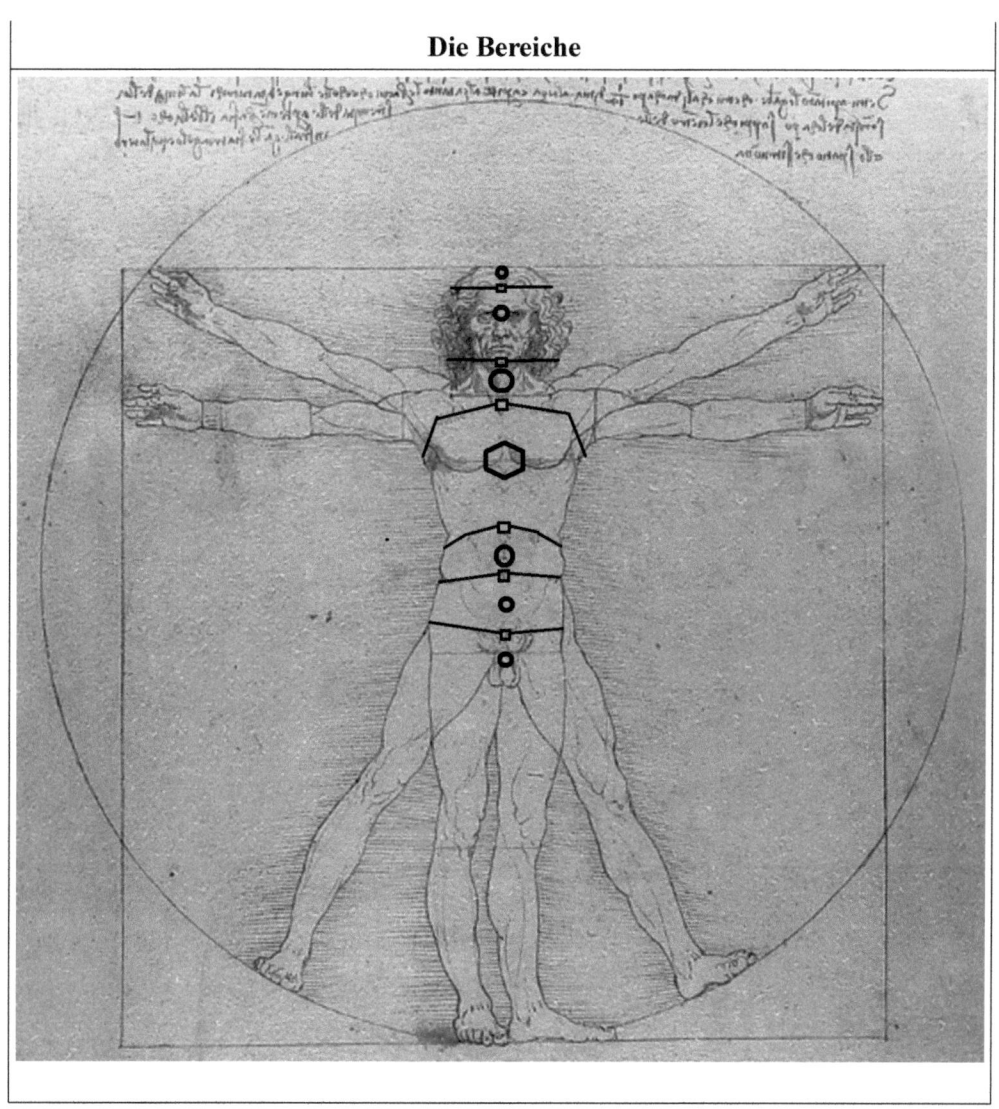

VII   Das Gesamtsystem – Teil 3:   der „Dreischritt"

In dem System der sieben Chakren fällt auf, daß der ursprüngliche Impuls der Seele im Herzchakra durch drei Schritte umgesetzt wird: die drei oberen bzw. die drei unteren Hauptchakren.

Es liegt daher nahe, einmal nach ähnlichen „Drei Schritte"-Gruppen zu schauen.

1.   Der Tierkreis

Die zwölf Tierkreiszeichen lassen sich als die jeweils drei Dynamiken der vier Elemente beschreiben.

Die vier Elemente haben die folgenden Eigenschaften:

- Feuer: tatkräftig, energisch, mutig, verwandelnd;
- Wasser: gefühlsbetont, anteilnehmend, eher lethargisch;
- Luft: verstandesbezogen, beweglich, neugierig;
- Erde: sachlich, auf die Substanz bezogen, eher langsam, beständig.

Die drei Dynamiken sind:

- kardinal: erschaffend;
- fix: ausgestaltend;
- beweglich: anwendend.

Aus der Kombination dieser zwei Gruppen von Eigenschaften ergeben sich die zwölf Tierkreiszeichen, die im Folgenden lediglich durch zwei Worte charakterisiert werden:

Die Tierkreiszeichen als die drei Familien der vier Elemente				
die drei Dynamiken	*die vier Elemente*			
	Feuer	*Wasser*	*Luft*	*Erde*
erschaffend	Widder spontaner Gründer	Krebs emotionaler Familienmensch	Waage hormoniesuchen-der Schöngeist	Steinbock sachlicher Realist
ausgestaltend	Löwe egozentrischer König	Skorpion provokativer Stratege	Wassermann weltverändernder Professor	Stier genießender Hausherr
anwendend	Schütze idealistischer Weltverbesserer	Fische anteilnehmender Gefühlsmensch	Zwillinge neugieriger Spieler	Jungfrau geschickter Handwerker

Die drei Eigenschaften dieser drei Elemente-Familien entsprechen auch den drei Chakra-Paaren:

Im *Sonnengeflecht* und im *Halschakra* sind die konkreten Wünsche, die dasselbe sind wie der Impuls, etwas zu *erschaffen*.

Im *Hara* und im *Dritten Auge* ist das Suchen nach einer sinnvollen Haltung und nach einer effektiven Vorgehensweise, die dasselbe sind, wie der Impuls, etwas *auszugestalten*.

Im *Wurzelchakra* und im *Scheitelchakra* ist der Kontakt mit der Welt im Hier und Jetzt, der dasselbe ist wie der Impuls, etwas *anzuwenden*.

2. Der kabbalistische Lebensbaum

Der kabbalistischen Lebensbaum ist eine komplexe Struktur, die sich in allen Dingen wiederfindet – von einer einzelnen Zelle über einen Staubsauger und die Verfassung eines Staates bis hin zur Evolution oder dem Weltall als Ganzem.

Diese Struktur ist auf dem „Dreischritt" aufgebaut. Da diese Struktur universell ist, muß auch dieses Prinzip des „Dreischritts" universell sein.

Diese Struktur läßt sich wie folgt in vier Schritten herleiten:

1. Schritt

Die Grundannahme ist, daß die Welt eine Einheit und somit ein organisches Ganzes ist.

Das läßt sich durch einen Kreis darstellen:

```
                              o
```

2. Schritt

Der erste Schritt der Differenzierung zu der gewohnten Vielheit der Welt besteht aus der Einheit, der Differenzierung und der Vielheit.

Diese Entfaltung wird wie folgt dargestellt (die Einheit ist oben und die Vielheit unten):

```
                              o

                              o

                              o
```

3. Schritt

Der zweite Schritt besteht darin, daß die Differenzierung, also der mittlere Kreis wieder in eine Dreiheit („Struktur der Entwicklung") aufgeteilt wird:

```
                              o
                            - - - - -
                              o

                              o

                              o
                            - - - - -
                              o
```

Der vierte Schritt wiederholt diese Differenzierung in jeweils drei Schritten mit den drei mittleren Kreisen („Feinstruktur der Entwicklung)" die nun jedoch in einer etwas anderen Weise graphisch dargestellt werden:

```
                o
            o       o
                o
            o       o
                o
            o       o
                o


                o
```

5. Schritt

Diese Graphik wird nun durch vier Trennlinien und durch 22 Verbindungslinien zwischen den elf Kreisen etwas übersichtlicher gestaltet. Die auf der rechten Seite dargestellten Verbindungslinien werden für die folgenden Betrachtungen jedoch nicht gebraucht.

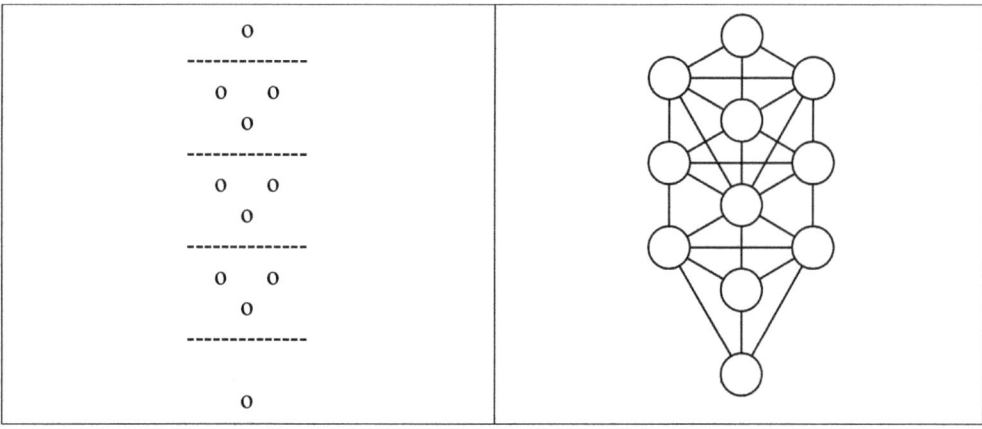

Die Kreise in den drei Dreiergruppen, die dieselbe Position innehaben, haben auch denselben Charakter:

- Der jeweils erste Kreis in den Dreiergruppen (rechts oben) hat einen er-schaffenden Charakter und besteht aus einer neuen Art von Einheiten.

- Der jeweils zweite Kreis in den Dreiergruppen (links oben) hat einen aus-gestaltenden Charakter, der die Einheiten des ersten Kreises zu komplexeren Gebilden zusammenfaßt.

- Der jeweils dritte Kreis in den Dreiergruppen (unten) fügt die Gebilde des jeweils zweiten Kreises zu komplexen Einheiten zusammen, die die größt-möglichen Einheiten auf dieser Ebene sind.

Diese drei Beschreibungen stimmen auf den ersten Blick nicht ganz mit den Beschreibungen der Chakren und der drei Tierkreis-Dynamiken überein. Bei näherem Hinsehen handelt es sich jedoch um denselben „Dreischritt":

- Im *Sonnengeflecht* und im *Halschakra* sind die konkreten Wünsche, die dasselbe sind wie der Impuls, etwas zu *erschaffen*. Auch in dem ersten Kreis wird etwas *Neues* erschaffen.

- Im *Hara* und im *Dritten Auge* ist das Suchen nach einer sinnvollen Haltung und nach einer effektiven Vorgehensweise, die dasselbe sind, wie der Impuls, etwas *auszugestalten*. In dem zweiten Kreis werden aus den einfa-chen Elementen des ersten Kreises *komplexere Gebilde* erschaffen, die dem Wesen der einfachen Elemente und den äußeren Umständen entsprechen.

- Im *Wurzelchakra* und im *Scheitelchakra* ist der Kontakt mit der Welt im Hier und Jetzt, der dasselbe ist wie der Impuls, etwas *anzuwenden*. In dem dritten Kreis werden *Gebilde mit maximaler Komplexität* erschaffen, die dem konkreten Kontakt im Hier und Jetzt entsprechen.

Der Lebensbaum und seine Möglichkeiten werden in meinem Buch „Kursus der praktischen Kabbala" beschreiben. Eine ausführliche Darstellungen einschließlich seiner Anwendungsmöglichkeiten findet sich in den drei Bänden „Blüten des Lebens-baumes".

Für die Betrachtung des Chakrensystems ist jedoch nur der parallele Aufbau durch den „Dreischritt" in beiden Systemen von Bedeutung.

3. Das Photon

Eine der grundlegendsten Dreifach-Systeme ist das Photon. Zunächst einmal kann man ein Photon als ein Teilchen betrachten, das in einer geraden Linie durch den Raum fliegt und ein winziger Lichtstrahl ist:

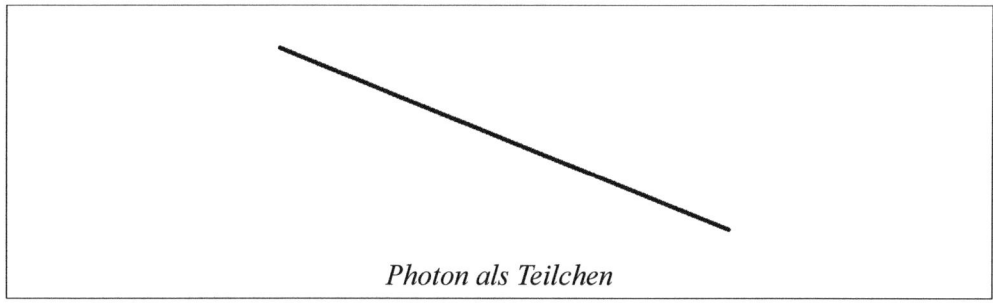

Photon als Teilchen

Ein Photon ist jedoch auch eine elektrische Welle, d.h. eine Sinuskurve, deren Achse dem Lichtstrahl, also dem Weg des durch den Raum fliegenden Photons entspricht. Von vorne gesehen bewegt sich die elektrische Welle auf und ab (kleines Bild rechts oben). Wenn man diese Welle anhalten würde, würde man von der Seite her gesehen einen Kreis sehen – die Sinuskurve würde als Kreis erscheinen (kleines Bild links unten).

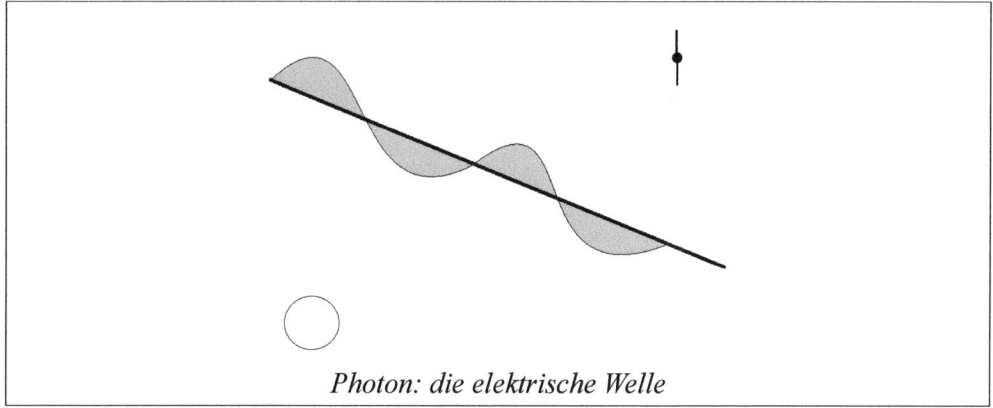

Photon: die elektrische Welle

Durch die Bewegung einer elektrischen Ladung oder einer elektrischen Welle entsteht stets eine magnetische Ladung bzw. eine magnetische Welle, deren Schwingung im rechten Winkel zu der Schwingung der elektrischen Welle steht. Von vorne betrachtet sieht man folglich eine auf- und abschwingende elektrische Ladung und eine hin- und herschwingende magnetische Ladung (kleines Bild oben rechts). Wenn man diese elektro-magnetische Welle anhalten würde, würde man zwei Kreise sehen – ein aufrechter Kreis und ein flach liegender Kreis, der im rechten Winkel zu dem ersten Kreis steht (kleines Bild links unten).

61

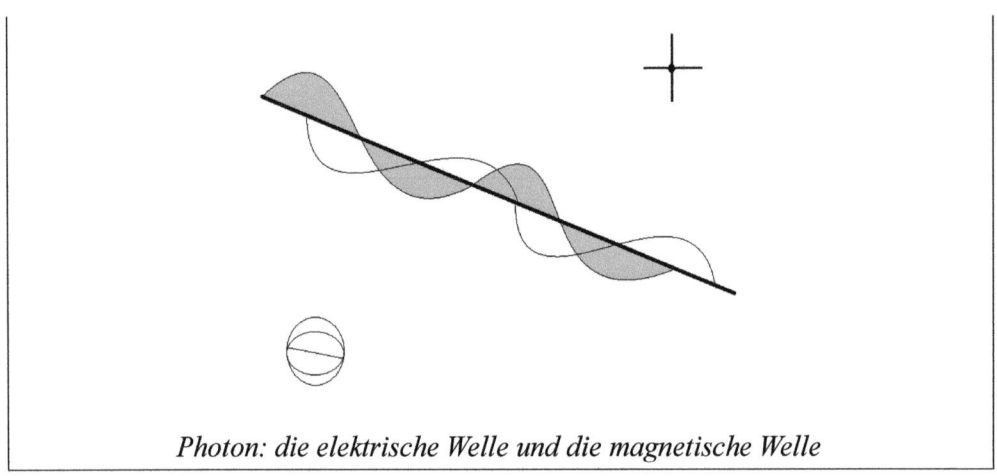

Photon: die elektrische Welle und die magnetische Welle

Da das Photon stets dieselbe Energie hat und ein Wellenberg eine hohe Energie und der Nullpunkt eben „Null Energie" bedeutet, wechselt die Energie offenbar ständig von der elektrischen Welle zu der magnetischen Welle und wieder zurück. Wenn man von vorne auf das Photon schaut, sieht man folglich wie die Energie des Photons von einem Wellenberg zu dem nächsten im Kreis herumgereicht wird. Dieser Vorgang wird deutlicher, wenn man ihn als Tabelle aufschreibt:

Die Bewegung der Energie im Photon		
Zeitpunkt	*Ort der Energie*	
0	oben: elektrisch +1	Mitte: magnetisch 0
1/4 Welle	Mitte: elektrisch 0	links: magnetisch +1
1/2 Welle	unten: elektrisch -1	Mitte: magnetisch 0
3/4 Welle	Mitte: elektrisch 0	rechts: magnetisch -1
1 Welle = 0	oben: elektrisch +1	Mitte: magnetisch 0
1/4 Welle	Mitte: elektrisch 0	links: magnetisch +1
1/2 Welle	unten: elektrisch -1	Mitte: magnetisch 0
3/4 Welle	Mitte: elektrisch 0	rechts: magnetisch -1
1 Welle = 0	oben: elektrisch +1	Mitte: magnetisch 0

Die Energie bewegt sich von vorne her gesehen folglich im Kreis: oben – links – unten – rechts – oben – links – unten – rechts – oben ...

Wenn man ein Photon anhalten könnte, würde man von der Seite her also drei Kreise sehen: den Kreis der elektrischen Welle, den Kreis der magnetischen Welle und den Kreis des Energieaustausches zwischen den beiden Wellen (kleines Bild unten links).

Man kann sich diese drei Kreise vermutlich am besten vorstellen, wenn man sich in der eigenen Vorstellung in ihre Mitte stellt:

- Dann verläuft der elektrische Kreis von oben nach vorne nach unten nach hinten und wieder nach oben.

- Der magnetische Kreis verläuft von vorne nach links nach hinten nach rechts und wieder nach vorne. Dieser Kreis kreuzt den vorigen Kreis vorne und hinten.

- Der Energieaustausch-Kreis verläuft von oben nach links nach unten nach rechts und wieder nach oben. Er kreuzt den ersten Kreis oben und unten und den zweiten Kreis links und rechts.

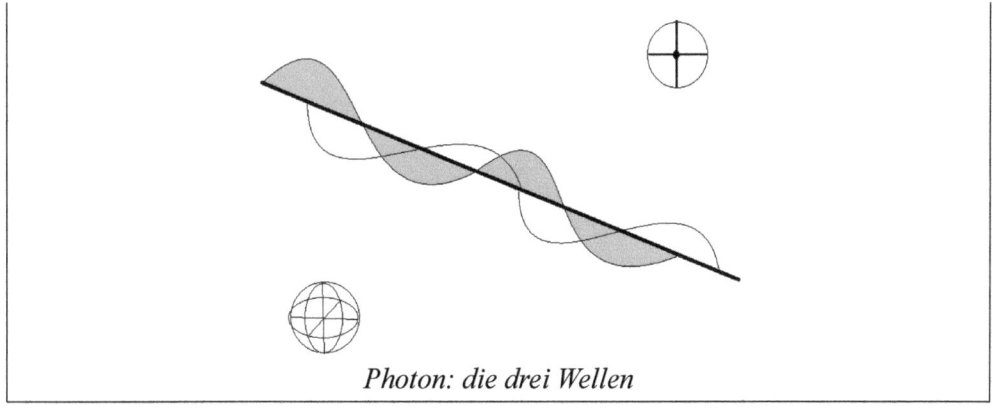

Photon: die drei Wellen

Diese drei Kreise entsprechen den bereits dargestellten Qualitäten:

Die „Dreischritt"-Dynamik				
Schritt	**Bereich**			
	Chakren	*Tierkreis*	*Lebensbaum*	*Photon*
1. Schritt	Sonnengeflecht und Halschakra: konkrete Wünsche	erschaffen	Neues erschaffen	Ursprung: elektrische Welle
2. Schritt	Hara und Drittes Auge: sinnvollen Haltung und effektive Vorgehensweise	ausgestalten	die Elemente zu etwas Größerem kombinieren	sekundäre Form: magnetische Welle
3. Schritt	Wurzelchakra und Scheitelchakra: Kontakt mit der Welt im Hier und Jetzt	anwenden	die Elemente zu maximaler Größe kombinieren	Ergebnis: Austauschbewegung

4. Der Organismus

Auch jedes Lebewesen ist in dieser dreistufigen Weise aufgebaut:

Der Aufbau von Lebewesen			
Organsysteme		**Chakren**	
körperdefinierende Stoffe	DNS, Zellkern, Fortpflanzungsorgane	Herzchakra	
körpereigene Stoffe	Muskeln, Leber, Gehirn, Milz, Herz usw.	1.Chakrenpaar	Halschakra, Sonnengeflecht
körperfremde Stoffe	Verdauungstrakt	2. Chakrenpaar	Hara, Drittes Auge
Wahrnehmungen	Augen, Ohren, Nase, Zunge, Haut usw.	3. Chakrenpaar	Scheitelchakra, Wurzelchakra

Diese Differenzierung ist bei der Betrachtung von Krankheiten sehr hilfreich.

5. Die Dialektik

In der Logik ist die „Dialektik" genannte Methode sehr beliebt. Sie besteht vereinfacht gesagt darin, daß man eine „These" (Aussage) betrachtet und prüft, ob sie Widersprüche enthält oder ob sie die Realität nur unzureichend beschreibt. Alle Abweichungen werden dann zusammengefaßt und bilden die „Antithese". Dann bemüht man sich darum, aus diesem Befund heraus eine neue Beschreibung zu formulieren, die die Realität besser beschreibt: die „Synthese".

Dies sind zwar auch drei Schritte, aber sie haben eine andere Struktur als die in den bisherigen Beispielen beschrieben Vorgänge. Dies liegt daran, daß die bisher beschrieben Vorgänge Schöpfungs- und Differenzierungsvorgänge sind und die Dialektik ein Erkenntnisvorgang ist.

Die Schöpfung verläuft von der Einheit hin zur Vielheit (ein Same wird zum Baum) und die Erkenntnis von der Einheit zur Vielheit (aus vielen Beobachtungen wird ein allgemeines Gesetz abgeleitet).

6. Die Dreigliederung

Ein weiteres recht bekanntes Dreier-System ist die „Dreigliederung", die sich vor allem in der Anthroposophie findet. Sie ist eine eher statische Aussage: Alle System beruhen auf einem Gegensatz, aus dem heraus eine rhythmische Bewegung entsteht. Dies entspricht dem Grundprinzip des Tierkreiszeichens Skorpion.

Die Dreigliederung eignet sich daher genausowenig wie die Dialektik zum Erfassen der Dynamik in den Chakren.

VIII Das Gesamtsystem – Teil 4: die Hülle des Zentralbereichs

Innerhalb des Systems aus den sieben Hauptchakren und den sechs Zwischen-chakren gibt es ein wichtiges Element, das hier noch einmal gesondert betrachtet wird: die Hülle um den zentralen Bereich.

1. Wunschbaum und Thymus-Chakra

In dem schon mehrmals benutzten Gleichnis von dem Großkönig und seinem Königreich sind der Wunschbaum und das Thymus-Chakra die Grenze des „Reiches des Großkönigs", dessen Hauptstadt das Herzchakra ist, in dem die Seele als Groß-könig regiert.

Diesem Großkönig unterstehen die beiden Länder oberhalb und unterhalb von ihm, die von dem „König des Sonnengeflechtes" und dem „König des Halschakras" regiert werden.

Diesen unterstehen wiederum die beiden angrenzenden Reiche des „Königs des Hara" und des „Königs des Dritten Auges", die wiederum die Vasallen der beiden Könige des Sonnengeflechts und des Halschakras sind.

Schließlich unterstehen die beiden äußersten Länder, die den Fürsten des Wurzel-chakras und des Scheitelchakras gehören, den beiden Königen des Hara und des Dritten Auges.

Der Wunschbaum und das Thymus-Chakra bilden die Grenze des „Reiches des Großkönigs".

Der Großkönig im Herzchakra ist die Seele, während die sechs äußeren Chakren die verschiedenen Bereiche der Psyche bilden.

Im Körper findet sich diese Grenze als die Rippen und als das Zwerchfell zwischen Herz/Lunge und den Verdauungsorganen bzw. dem Hals wieder.

2. Seele, Psyche und Körper

Wenn man den Lebensbaum als Strukturierungs-Hilfe auf die Seele anwendet, die das zentrale Element in dem gesamten Chakren-System ist, erhält man die folgenden fünf Bereiche:

```
        o              Gott
-------------    · · · · · · · ·  „Erste Ursache"
    o    o          Götter
         o
-------------    · · · · · · · ·  „Abgrund"
    o    o          Seelen
         o
-------------    · · · · · · · ·  „Graben"
    o    o          Psyche
         o
-------------    · · · · · · · ·  „Schwelle"
                    Körper
         o
```

Die drei unteren Übergänge auf dem Lebensbaum haben traditionelle Namen. Sie heißen von unten nach oben „Schwelle", „Graben" und „Abgrund". Den obersten könnte man „Erste Ursache" nennen.

Der „Graben" genannte Übergang liegt zwischen der Seele und der Psyche und entspricht daher dem Wunschbaum und dem Thymus-Chakra.

Der Kreis direkt oberhalb des Grabens ist die Seele und entspricht somit dem Herzchakra.

Der Kreis rechts unter dem „Graben" ist der Wunsch- und Gefühls-Aspekt der Psyche – er entspricht dem Sonnengeflecht und dem Halschakra.

Der Kreis links unter dem „Graben" ist der Struktur- und Verstandes-Aspekt der Psyche – er entspricht dem Hara und dem Dritten Auge.

Der untere der drei Kreise der Psyche unter dem „Graben" ist der Energie- und Kontakt-Aspekt der Psyche – er entspricht dem Wurzelchakra und dem Scheitelchakra.

Der einzelne Kreis unterhalb der Psyche ist der Körper.

Diese Analogie zwischen dem „Graben" und dem Wunschbaum/Thymuschakra ermöglicht nun, diesen Übergang in verschiedenen Systemen zu betrachten und evtl. Erkenntnisse aus diesen Bereichen auf das Chakrensystem zu übertragen.

67

3. Der Zellkern

In einer Zelle ist der Zellkern (DNS) sozusagen das „Herzchakra", da er das steuernde Elemente innerhalb der Zelle ist. Er ist von einer Hülle umgeben, die ihn von dem Rest der Zelle schützt, damit die Prozesse in dem Zellkern ungestört ablaufen können.

Diese Zellkernhülle entspricht dem Zwerchfell im Menschen, der den Rippenbereich mit Herz und Lunge gegen den Verdauungsbereich abgrenzt.

Der zentrale gestaltende Bereich (Herzchakra) hat eine sehr klare Grenze zu dem gestaltenden Bereich (Sonnengeflecht/Halschakra). Sie erscheint auf dem Lebensbaum als Graben und im Chakrensystem als Wunschbaum und Thymus-Chakra.

Wie man anhand der Zellhülle sehen kann, kommen durch diese Grenze in Richtung „Zelle => Zellkern" vor allem Informationen und in Richtung „Zellkern => Zelle" vor allem Lenkungsimpulse (RNA).

Der Wunschbaum und das Thymus-Chakra scheinen somit eine zweifache Aufgabe zu haben: Das Informieren der Seele über das, was außen vor sich geht, und die Weitergabe der Entscheidungen der Seele im Herzchakra an die übrigen Chakren.

4. Die Lunge und der Schlaf

Es gibt in den Naturwissenschaften zwei Kuriositäten, bei denen zwei Phänomene miteinander gekoppelt sind, die kausal nicht zusammenhängen, sondern nur symbolisch gesehen verwandt sind. Die eine dieser beiden Kuriositäten findet sich in der Evolution: Als die Fische den Luftraum erobert haben, also zu Amphibien geworden sind, haben sie gleichzeitig auch den Schlaf erfunden.

Ob ein Tier (oder ein Mensch) schläft oder nicht, läßt sich anhand seiner Gehirnwellen (EEG) feststellen. Fische schlafen nicht – im Gegensatz zu allen Landlebewesen.

Zwischen der Kiemenatmung (Wasser) und der Lungenatmung (Luft) gibt es einen wesentlichen Unterschied: An den Kiemen fließt das Wasser vorüber, in die Lungen wird die Luft hineingesogen und wieder hinausgestoßen. Die Kiemenatmung ist daher ein gleichförmiger Vorgang, während die Luftatmung ein rhythmischer Vorgang ist.

Ein zweiter Unterschied ist die geatmete Substanz selber: Das Wasser ist das Element, in dem das Leben entstanden ist – das Wasser ist die Heimat des Lebens. Fische sind daher gewissermaßen „zuhause". Die Landlebewesen befinden sich hingegen in einem Element, in dem sie nicht entstanden sind. Sie sind daher gewissermaßen „in der Fremde".

68

Die Hauptfunktion des Schlafes ist die Verarbeitung der Erlebnisse am Tag. Im Traum werden die Erinnerungen in die innere Bilderwelt eingeordnet und im Tiefschlaf werden die inneren Bilder mit der eigenen Seele in Einklang gebracht. Der Schlaf ist das „Stimmen des eigenen Instrumentes" – das Wachen ist das „Spielen des eigenen Instrumentes".

Am Tag gelangen die Impulse der Seele nach außen und werden umgesetzt. In der Nacht werden die dabei entstandenen Erlebnisse wieder mit der Seele in Bezug gesetzt – dadurch wirkt der Schlaf erfrischend.

Je weniger man im Laufe des Tages von seiner eigenen Wahrheit abweicht, desto weniger Schlaf benötigt man. Daher gibt es die Möglichkeit, durch Meditation den Einklang des Wachbewußtseins mit der eigenen Seele herzustellen und dadurch den Schlaf fast oder ganz überflüssig werden zu lassen.

Die Seele ist im Tiefschlaf-Bewußtsein, das Sonnengeflecht und das Halschakra im Traumbewußtsein, das Hara und das Dritte Auge im Wachbewußtsein und schließlich das Wurzelchakra und das Scheitelchakra im Ekstasebewußtsein.

Der Rhythmus der Atmung und der Rhythmus des Schlafes beruht auf derselben Grundstruktur: die Koordination des Innen mit dem Außen durch einen pulsierenden Vorgang.

Wenn man sich diese beiden Vorgänge (Luftatmung, Schlaf) auf dem Lebensbaum anschaut, zeigt sich, daß beide Vorgänge eine Überquerung des „Grabens" sind:

> In dem „Lebensbaum des Menschen" befindet sich oberhalb des Grabens die Seele und unterhalb des Grabens die Psyche, deren Inhalte im Schlaf durch die Seele bewertet, sortiert und integriert werden.
>
> In dem „Lebensbaum der Evolution" ist oberhalb des Grabens der Bereich des Wassers (Fische) und unterhalb von ihm der Bereich der Luft (Amphibien, Reptilien/Vögel, Säugetiere).

Die Psyche ist von ihrer Seelen-Heimat getrennt und die Landlebewesen sind von ihrer Wasser-Heimat getrennt. Da die Entstehung der Psyche und die Entstehung der Luftatmung von ihrer Struktur her analoge Vorgänge sind, sind sie in der Evolution auch gleichzeitig entstanden (als einige Fische zu Amphibien wurden).

Diese Form der Trennung und Abkopplung von der Heimat ist auch ein Aspekt des Wunschbaumes und des Thymuschakras: Aus der Selbstliebe und dem Ruhen der Seele in sich selber im Herzchakra wird die Liebe zu anderen und das Streben nach äußeren Dingen im Sonnengeflecht und im Halschakra.

Die ausführliche Darstellung dieser Vorgänge mithilfe des Lebensbaumes findet sich in „Blüten des Lebensbaumes II".

5. Die Elektronenhülle und das thermische Gleichgewicht

Eine zweite physikalisch unbegründete Koppelung von zwei ähnlichen Vorgängen findet sich bei der Entstehung der Atome.

Die ersten 700 Jahre nach dem Urknall war das Weltall noch so „klein", daß es vollständig von Masse und Energie ausgefüllt war. Das bedeutet, daß damals überall dieselbe Dichte und dieselbe Temperatur geherrscht haben – es gab keine Stellen, die kühler oder dunkler als andere waren. Dieser Zustand wird in der Physik „thermisches Gleichgewicht" genannt.

Als sich das Weltall so weit ausgedehnt hatte, daß „Lücken" entstehen konnten und nicht mehr überall dieselbe Temperatur geherrscht hat, haben sich die ersten Elektronenhüllen um die Atome gebildet. Aus physikalischer Sicht hätten sich die ersten Eletronenhüllen auch schon während des „thermischen Gleichgewichtes" oder erst längere Zeit nach dem Ende dieses „thermischen Gleichgewichts" bilden können – aber die Berechnungen zeigen, daß beides zu genau demselben Zeitpunkt geschehen ist.

Auch hier gibt es einen ursprünglichen Zustand: das „thermische Gleichgewicht", also das Weltall, in dem sich überall dieselbe Dichte von Masse und Energie und somit auch dieselbe Helligkeit und Temperatur findet. Dieser Zustand entspricht in dem vorigen Beispiel aus der Evolution das Leben der Fische im Wasser.

Die Elektronenhülle um den Atomkern ist u.a. eine Analogie zu der Zellkernhülle um den Zellkern.

Die unterschiedlichen Temperaturen und Dichten sind eine Unterscheidung von verschiedenen Zuständen, was u.a. dem Wasser und der Luft entspricht.

Das Ende des „Heimat-Zustandes" erfordert offenbar sowohl eine Unterscheidung (Wasser und Luft; verschiedene Temperaturen) und eine Abgrenzung (Elektronenhülle; Zellkernhülle) als auch einen Rhythmus (Atmung; Wachen und Schlaf), der dafür sorgt, daß das Innen (Seele) und das Außen (Psyche) miteinander koordiniert werden.

In diesen Vorgängen finden sich drei Prinzipien wieder, die auch aus der Meditation, die ja der Herstellung des Einklangs zwischen Seele und Psyche dient, gut bekannt sind:

1. die Atem-Meditationen, die Bejahung des Rhythmus in allen Dingen,
2. die Bejahung aller Dinge und der Gleichmut („thermisches Gleichgewicht"), und
3. das Fließen mit dem Leben (Kiemenatmung).

Auch die beiden gekoppelten Übergänge von Atomkernen zu Atomkernen mit Elektronenhüllen sowie vom „thermischen Gleichgewicht" zu verschiedenen Temperaturen findet sich auf dem Lebensbaum am „Graben" wieder, der den Übergang von dem Bereich der „Heimat" (Seele) über ihm zu dem Bereich der „Fremde" (Psyche) unterhalb von ihm darstellt.

Unterscheidung, Abgrenzung, Verbindung und Rhythmus scheinen somit wesentliche Eigenschaften des Wunschbaumes und des Thymuschakras zu sein. Dabei sind die beiden trennenden Prinzipien Unterscheidung/Abgrenzung offensichtlich fest an die beiden integrierenden Prinzipien Verbindung/Rhythmus gekoppelt. Dies wird auch durch die beiden Beispiele der nicht-kausalen Koppelung von Atmung und Schlaf sowie unterschiedlichen Temperaturen und Elektronenhülle deutlich.

Die beiden Zwischenchakren Wunschbaum und Thymuschakra haben also eine doppelte Funktion: Trennung und rhythmische Verbindung.

Die ausführliche Darstellung dieser Vorgänge mithilfe des Lebensbaumes findet sich in „Blüten des Lebensbaumes II".

6. Das Horoskop und die Zwischenchakren

Der „Graben" entspricht noch einem weiteren wichtigen Element: Die Seele, die sich oberhalb dieses „Grabens" befindet, hüllt sich bei ihrer Inkarnation in ihr Horoskop wie in ein Gewand, das sie dann ihre gesamte Inkarnation über trägt. Dieses Horoskop prägt die Struktur und die Dynamik der gesamten Psyche und auch des Körpers, also des Bereiches unterhalb des Grabens.

Das Horoskop ist die „Farbe" des Gewandes, das eine Seele während einer ihrer Inkarnationen trägt. Dieses Gewand legt sie sich an, wenn sie den Graben zur Psyche hin überschreitet, d.h. wenn sie sich inkarniert.

Der Bereich der Psyche unterhalb des Grabens ist auch der Bereich der Lebenskraft und somit auch der Bereich der Chakren.

7. Das Beziehungsmandala

Das Beziehungsmandala beschreibt die Entstehung von Lebenssituation aus der Seele heraus.

1. Am Anfang war die Seele, die sich zu einer Inkarnation entschlossen hat.

2. Nach der Befruchtung der Eizelle ihres zukünftigen Körpers spiegelt sich die Seele in der Lebenskraft, die aus der Vereinigung ihrer Eltern stammt und aus der ihr späterer Lebenskraftkörper entstehen wird. Da die Lebenskraft polar ist, spiegelt sich die Seele zweimal: einmal als innerer Mann und einmal als innere Frau. Weil die Seele von Selbstliebe erfüllt ist, sind auch der innere Mann und die innere Frau durch Liebe miteinander verbunden – schließlich sind sie beide Spiegelbilder der Seele.

3. Wenn der betreffenden Mensch etwas Heftiges erlebt, kann es sein, daß sich diese beiden inneren Bilder polarisieren. Wenn es sich um eine Gewalttat handelt, könnten diese Bilder z.B. in einen Täter-Mann und einen Opfer-Mann sowie in eine Täter-Frau und in eine Opfer-Frau zerfallen.

4. Schließlich identifiziert man sich mit einem dieser vier Bilder (als Mann z.B. mit dem Täter-Mann) und lebt dessen Dynamik. Die anderen drei Bilder ziehen drei (oder mehr) Menschen mit der entsprechenden Dynamik in das eigene Leben, sodaß man gemeinsam das Drama, das sich aus dem Charakter dieser vier Bilder ergibt, „aufführen" kann.

Die Seele ist im Herzchakra. Die beiden heilen Spiegelbilder der Seele, also der heile innere Mann und die heile innere Frau befinden sich in dem „Land der Seele" also im Brustbereich mit dem Herzchakra als Zentrum, weil dies der „heile Bereich" in dem Chakrensystem ist.

Diese beiden Bilder werden dann, wenn sie heil geblieben sind, mit Menschen, die diesen Bildern entsprechen, verbunden, sodaß man mit ihnen die Liebe, die zwischen dem heilen inneren Mann und der heilen inneren Frau besteht, leben kann. Diese inneren Bilder sind ein (wichtiger) Teil der allgemeinen Wünsche, die aus dem Herzchakra-Bereich kommen und am Wunschbaum und am Thymus-Chakra zu konkreten Wünschen werden, die sich auf konkrete Menschen und Dinge beziehen.

Wenn diese beiden inneren Bilder jedoch durch heftige Erlebnisse polarisiert worden sind, rufen sie mithilfe der dazu passenden Menschen auch diese Polarisierung in das eigenen Leben – was dann eher unangenehme Erlebnisse entstehen läßt.

Die heilen Bilder befinden sich im Herzchakra-Bereich; die Bindungen an konkrete Menschen und somit auch die evtl. polarisierten Bilder befinden sich im Sonnengeflecht und im Halschakra.

Auch in dieser Betrachtung findet sich im Herzchakra-Bereich der heile „Heimat-Zustand" und im Sonnengeflecht und im Halschakra der Versuch, diesen inneren heilen Zustand auch im Außen zu erschaffen. Im Hara und im Scheitelchkra findet sich das den heilen oder polarisierten Bildern entsprechende Verhalten und im Wurzelchakra und im Scheitelchakra werden die ihnen entsprechenden Beziehungs- und

Freundschaftserlebnisse erschaffen.

Die polarisierten Bilder des inneren Mannes und der inneren Frau im Sonnenge-flecht und im Halschakra prägen die gesamten Beziehungsstrukturen – und sind somit das Hauptthema in allen Therapien …

Dieses Mandala und seine Dynamik habe ich in „Das Beziehungsmandala" ausführlich beschrieben.

8. Zusammenfassung

Bei diesen sieben Betrachtungen zu dem Übergang von dem gestaltenden Bereich (Herzchakra) zu dem gestalteten Bereich (Sonnengeflecht/Halschakra) finden sich einige Dynamiken, die man nun gemeinsam anschauen und evtl. zusammenfassen kann.

An der Hülle um den zentralen Bereich finden sich die folgenden Dinge, Strukturen und Dynamiken:

Qualitäten des „Grabens"	
beobachtete Dynamik	*Qualitäten von Wunschbaum und Thymuschakra*
der Übergang von dem Seele-geprägten Bereich zu der Psyche	Übergang
der „Graben" auf dem Lebensbaum	Übergang
das Zwerchfell als Schutz des Rippen-Bereiches	Schutz
die Elektronenhülle, die der Psyche entspricht, um den Atomkern, der der Seele entspricht	Schutz, Hülle
die Grenze des „Reiches des Großkönigs (Seele)"	Abgrenzung
der Übergang von der „Heimat" (Innen) zur „Fremde" (Außen) bei der Entwicklung der Luftatmung, des Schlafes, der Elektronenhülle und der unterschiedlichen Temperaturen	innen Heimat, außen Fremde

Qualitäten des „Grabens" (Fortsetzung)	
beobachtete Dynamik	*Qualitäten von Wunschbaum und Thymuschakra*
das „thermische Gleichgewicht" entspricht einer vollständigen Gleichbehandlung und Integration, was psychisch gesehen der Selbstliebe und somit auch der Eigenständigkeit und dem Selbstbewußtsein entspricht	innen Bejahung aller Dinge, Fülle, Gelassenheit, Integration, Selbstliebe, Eigenständigkeit, Selbstbewußtsein
der Übergang vom Fließen (Seele) zum Rhythmus (Psyche)	innen Fließen, außen Rhythmus
der Übergang von der „fließenden" Kiemenatmung zu der „rhythmischen" Lungenatmung	innen Fließen, außen Rhythmus
die Zellkern-Hülle (Information nach innen hin und Gestaltung nach außen hin)	Schutz; Information nach innen, Gestaltung nach außen
die Integration der Erlebnisse in die inneren Bilder (Traum) und die Einordnung dieser Bilder in die Absichten der Seele (Tiefschlaf)	Integration der Erlebnisse in die Absichten der Seele
das Horoskop, in das sich die Seele bei ihrer Inkarnation wie in eine Gewand hüllt	Horoskop = Prägung
die Übertragung des inneren Männerbildes und des inneren Frauenbildes auf sich selber und einen geliebten Menschen	Konkretisierung der allgemeinen Wünsche

Für den Wunschbaum und das Thymuschakra ergibt sich daraus eine recht klare Charakterisierung und Aufgabenstellung:

- Sie sind der Übergang von der Seele zur Psyche. Sie trennen beides voneinander. Die Seele ist im Fluß, integriert, eigenständig, voller Selbstliebe, bejaht das, was ist, sie ist gelassen und sie ist in der Fülle.
- Die Seele ist die Wurzel und die Heimat der Psyche.
- Die Psyche ist im Gegensatz zur fließenden Seele rhythmisch.
- Die Seele erhält von der Psyche Informationen und sie prägt ihrerseits mit ihren Absichten die Psyche. Die Psyche konkretisiert die allgemeinen Wünsche der Seele.
- Die generelle Prägung der Seele für ihre derzeitige Inkarnation läßt sich anhand des Horoskops erkennen.

Man kann sich fragen, ob das Horoskop tatsächlich an den Wunschbaum und an das Thymuschakra gebunden ist, aber zunächst einmal kann man lediglich sagen, daß diese beiden Zwischenchakren eine Analogie in der Prägung durch das Horoskop haben.

IX Die 14 Extremitäten-Chakren

Neben den sieben Hauptchakren und den sechs Zwischenchakren gibt es noch eine zweite Gruppe von Nebenchakren, die sich in den Armen und in den Beinen befindet. Der Charakter dieser Nebenchakren wird in diesem Kapitel genauer untersucht.

In den traditionellen Texten sind die Nebenchakren in den Beinen deutlich differenzierter dargestellt als die Nebenchakren in den Armen. Da die Arme und Beine in physischer Hinsicht jedoch gleich aufgebaut sind und eine gemeinsame Wurzel in den vier Beinen der frühen Säugetiere haben, stehen die Armen und Beine in einer einfachen Analogie zueinander.

Auf manchen Chakra-Tafeln sind eine ganze Reihe von Nebenchakren an den Armen und Beinen eingezeichnet: an den Schultern, Achseln, Ellbogen, Handgelenken, Hüften, Knien, Fußgelenken und Fußsohlen. Je nach dem benutzten Chakra-Plan finden sich dort auch noch eine Vielzahl an zusätzlichen kleineren Nebenchakren.

Die im Ayurveda verwendeten Marmas (Nebenchakren) an den Armen und Beinen tragen weitgehend dieselben Namen – Arme und Beine werden offenischtlich als analog aufgebaute Körperteile mit dengleichen Nebenchakren aufgefaßt.

A Arme

Für die Betrachtung der Arm-Nebenchakren ist es hilfreich, zunächst einmal die Funktion der einzelnen Teile der Arme genauer zu betrachten.

Während die Beine vor allem die Aufgabe haben, den Körper an den gewünschten Ort zu bringen, haben die Arme die Aufgabe, an diesem Ort die gewünschten Handlungen durchzuführen.

Der Oberarm streckt sich in die Richtung, in der sich das befindet, womit man etwas tun will.

Der Unterarm bewegt sich dann „vor Ort" in der Weise, daß die gewünschte Handlung durchgeführt werden kann.

Die Hand ergreift schließlich das, was in irgendeiner Weise verändert werden soll, oder das, womit etwas anderes verändert werden soll (Werkzeug).

Der Oberarm ist für die generelle Ausrichtung zuständig, der Unterarm für die Bewegung innerhalb der Situation und die Hand für den konkreten Kontakt. Diese Aufgabenteilung entspricht offenbar den drei Hauptchakra-Paaren:

Die Chakren im Leib und in den Armen			
Funktion	*Leib-Chakren*		*Armchakren*
	oben	*unten*	
generelle Ausrichtung	Halschakra	Sonnengeflecht	Oberarm
Bewegung vor Ort	Drittes Auge	Hara	Unterarm
Kontakt	Scheitelchakra	Wurzelchakra	Hand

Aus dieser Analogie ergibt sich, daß die drei Armgelenke den Zwischenchakren entsprechen – sowohl die Gelenke als auch die Zwischenchakren sind die Übergänge zwischen den vier Bereichen.

Die Zwischenchakren und die ihnen entsprechenden Gelenke des Armes sind in der folgenden Tabelle *kursiv* gedruckt.

Die Chakren und Nebenchakren im Leib und in den Armen			
Funktion	*Leib-Chakren*		*Armchakren*
	oben	*unten*	
Zentrum	Herzchakra im Rippenbereich		
Konkretisierung der Wünsche	*Thymuschakra*	*Wunschbaum*	*Schultergelenk*
generelle Ausrichtung	Halschakra	Sonnengeflecht	Oberarm
Eingehen auf die Situation	*Kehldeckelchakra*	*Nabelchakra*	*Ellbogen*
Bewegung vor Ort	Drittes Auge	Hara	Unterarm
Entschluß zum Kontakt	*Stirnchakra*	*Schamhaarchakra*	*Handgelenk*
Kontakt	Scheitelchakra	Wurzelchakra	Hand

Diese Analogie kann bei der Betrachtung dessen, was bereits über die Arm-Nebenchakren bekannt ist, als Orientierungshilfe verwendet werden.

Die Vorstellung, daß die Nebenchakren insbesondere der Beine mit den Hauptchakren verwandt sind, findet sich auch in den indischen Schriften. Mir ist bisher jedoch keine traditionelle indische Beschreibung dieser Analogie bekannt, die einigermaßen systematisch, genau und präzise ist – aber die indischen Schriften sind auch sehr umfangreich …

Die Betrachtung der Teile der Arme von ihrer Funktion her hat sich für das Verständnis von Schmerzen und Krankheiten in den Armen als sehr hilfreich erwiesen.

Man kann diese Zuordnung noch durch einige weitere Überlegungen und durch das Beifügen von einigen häufigen Problemen in den betreffenden Chakren erweitern:

Die Chakren und Nebenchakren im Leib und in den Armen			
Funktion	*Leib-Chakren*		*Armchakren*
	oben	*unten*	
Zentrum: Wille, Absicht, innere Wahrheit	Herzchakra im Rippenbereich		
Konkretisierung der Wünsche: *Entschlüsse, Beginn einer Handlung,* *Gründung; Zögern aufgrund von* *Furcht vor der eigenen Unfähigkeit*	*Thymuschakra*	*Wunsch-* *baum*	*Schultergelenk*
generelle Ausrichtung: Öffentlichkeit	Halschakra	Sonnen- geflecht	Oberarm
Eingehen auf die Situation: *organisieren und strukturieren; sich* *nicht trauen, sich zu zeigen, wie man ist*	*Kehldeckel-* *chakra*	*Nabelchakra*	*Ellbogen*
Bewegung vor Ort: Familie	Drittes Auge	Hara	Unterarm
Entschluß zum Kontakt: *Kontaktwunsch, Sehnsucht; evtl. Fami-* *liengeheimnisse, Angst vor Berührung*	*Stirnchakra*	*Schamhaar-* *chakra*	*Handgelenk*
Kontakt: Ehe, Freundschaft u.ä.	Scheitelchakra	Wurzel- chakra	Hand

1. Schulterchakren

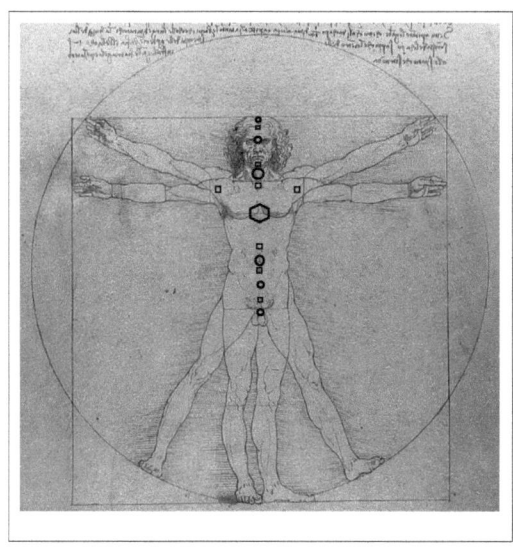

Die Schultergelenk-Nebenchakren entsprechen dem Wunschbaum und dem Thymuschakra und werden daher auch Zwischenchakren sein, d.h. Chakren an einem Übergang. Wie die beiden genannten Zwischenchakren im Leib befinden sich die Schulterchakren am Außenrand des Rippenbereichs. Man kann daher vermuten, daß auch hier die Impulse des Herzchakras im Rippenbereich konkretisiert werden.

Diese Chakren sollen sich vorne vor den Schlüsselbeinen bei den Schultergelenken befinden.

Im Wunschbaum wird der Wille der Seele im Herzchakra zu einem Wunsch; im Thymuschakra wird er zu einem sich-Zeigen; und in den Schulterchakren wird er zu einer Handlung mit den Armen.

In den verfügbaren Beschreibungen findet sich nicht allzu viele Informationen:

- Diese beiden Nebenchakren sollen für die Verantwortung für sich selber und für andere zuständig sein.
Sie sollen zudem mit der eigenen Ernährung und der Ernährung der anderen in Verbindung stehen.
- Es werden auch Erdung, Geduld, Kraft und Engagement genannt.
- Ein anderes Element ist die Zuordnung dieser beiden Nebenchakren zu der inneren Frau (links: „Yin-Chakra") und dem inneren Mann (rechts: „Yang-Chakra"). Dies paßt gut dazu, daß sich am Wunschbaum und am Thymuschakra die beiden inneren Bilder von Mann und Frau mit konkreten Menschen im Außen verbinden.

Die Erwähnung der Fähigkeit, in festen Beziehungen leben zu können, gehört auch zu diesem Thema – wobei das Ausleben der beiden heilen Innenbilder von Mann und Frau nicht notwendigerweise langfristige Beziehungen bedeuten muß.

Es gibt gute Ansätze zu der Erkenntnis des Wesens der Schulter-Nebenchakren, aber es besteht offenbar noch Forschungs-Bedarf.

2. Oberarmchakren

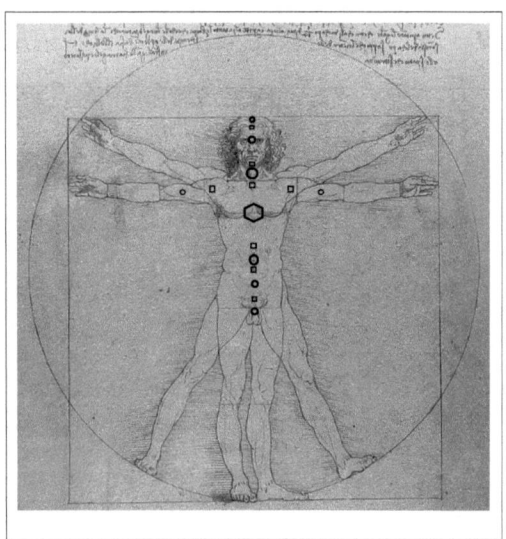

Man könnte in den beiden Oberarmen jeweils ein Chakra erwarten, das von seinem Charakter her dem Sonnengeflecht und dem Halschakra entspricht. Ein solches Nebenchakra wird jedoch nirgendwo erwähnt.

3. Ellbogenchakren

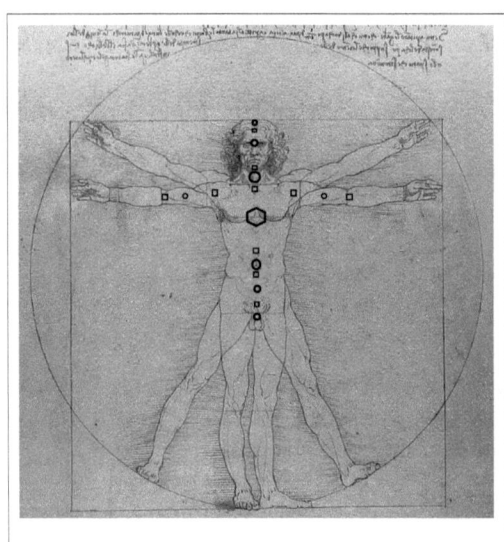

Diese beiden Chakren sollten den beiden Zwischenchakren „Kehldeckelchakra" und „Nabelchakra" entsprechen.

Es ist jedoch wieder kaum etwas über sie bekannt. Die Angabe, daß hier die Fähigkeit liegt, zu den eigenen Ansichten zu stehen, sich durchsetzen und gut streiten können, paßt jedoch gut zu den beiden genannten Nebenchakren und auch zu der Herleitung des Charakters des Ellenbogens aus seiner Funktion im Arm.

In der chinesischen Medizin findet sich am Ellbogen der „He"-Punkt („Meer-Punkt"). Er stärkt den Magen, die Därme, die Haut, und die Nieren – was jedoch zunächst einmal nicht besonders viel weiterhilft.

4. Unterarmchakren

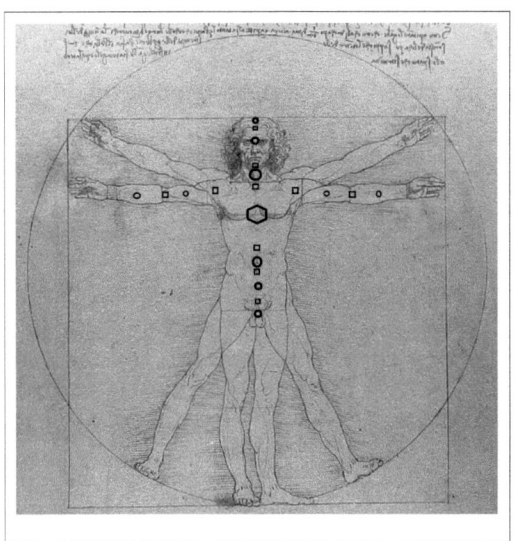

Hier sollten sich analog zum Hara Standfestigkeit und analog zum Dritten Auge Klarheit finden.

Ein solches Nebenchakra ist aber ebenfalls nicht bekannt.

5. Handgelenkchakren

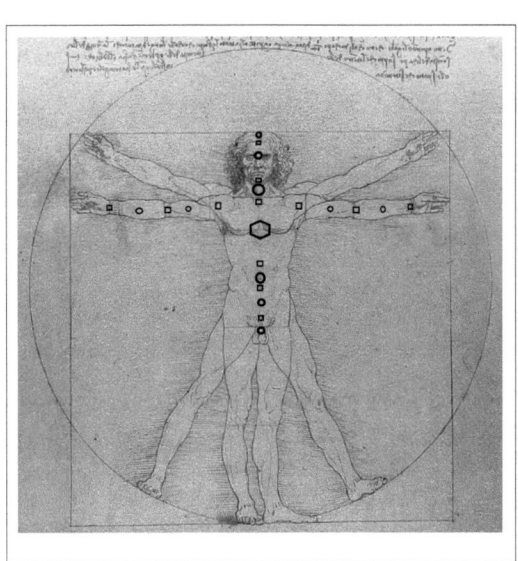

Hier sollte man die Qualitäten der beiden Zwischenchakren „Schamhaarchakra" und „Stirnchakra" erwarten – also die Fähigkeit, aus der Situation heraus erkennen und entscheiden zu können, welcher Kontakt einem gut tut und welcher nicht.

In der chinesischen Medizin findet sich am Handgelenk der „Shu"-Punkt („Bach-Punkt"). Er hilft gegen Schweregefühl und Schmerzen.

6. Handchakren

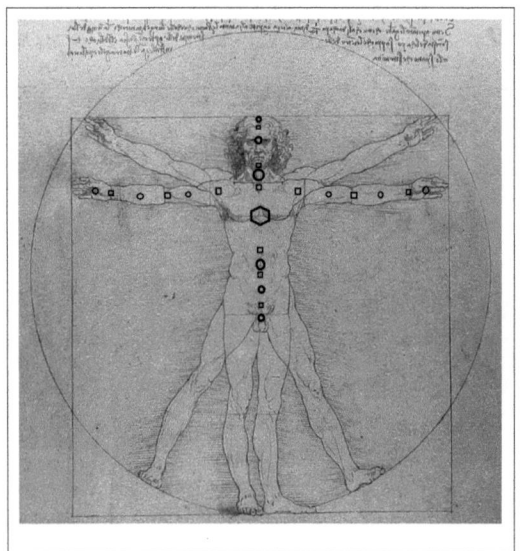

Die Handchakren, die eine Analogie zu dem Wurzelchakra und dem Scheitelchakra sind, werden in allen Texten wie das Wurzelchakra und das Scheitelchakra ebenfalls als Kontakt-Chakren geschildert.

Hier findet sich eine reichhaltige Überlieferung aus den verschiedensten Religionen, Mythologien und spirituellen Lehren: Kontakt, Wahrnehmung der Lebenskraft anderer Menschen sowie von Tieren und Pflanzen, die Lebenskraft spüren und lenken, die Lebenskraft der Sonne, des Mondes und der Erde aufnehmen, segnen, telekinetisch tasten, Reiki u.ä., Verbindung zu anderen Menschen, Heilung und Vertrauen in das Leben (sich auf das Leben einlassen).

Der Charakter der Handchakren ist eindeutig und entspricht genau den aufgrund der Stellung der Hände im Arm erwarteten Eigenschaften.

7. innere Handchakren

Da bei den Füßen neben dem „normalen Fußchakra" ein zweites, inneres Fußchakra erwähnt wird, sollte man auch an den Händen ein solches „inneres Handchakra" erwarten dürfen – das jedoch wieder vollkommen unbekannt zu sein scheint.

B   Beine

Der Charakter der einzelnen Teile des Beines läßt sich in Analogie zu der Übersicht der Teile der Armes recht einfach herleiten:

Die Chakren und Nebenchakren im Leib und in den Armen und Beinen				
Funktion	*Leib-Chakren*		*Armchakren*	*Beinchakren*
	oben	*unten*		
Zentrum	Herzchakra im Rippenbereich			
Konkretisierung der Wünsche	*Thymuschakra*	*Wunschbaum*	*Schultergelenk*	*Hüftgelenk*
generelle Ausrichtung	Halschakra	Sonnengeflecht	Oberarm	Oberschenkel
Eingehen auf die Situation	*Kehldeckel-chakra*	*Nabelchakra*	*Ellbogen*	*Knie*
Bewegung vor Ort	Drittes Auge	Hara	Unterarm	Unterschenkel
Entschluß zum Kontakt	*Stirnchakra*	*Schamhaar-chakra*	*Handgelenk*	*Fußgelenk*
Kontakt	Scheitelchakra	Wurzelchakra	Hand	Fuß

Diese Analogie kann bei der Betrachtung dessen, was bereits über die Bein-Nebenchakren bekannt ist, als Orientierungshilfe verwendet werden.

Die Chakren in den Beinen werden in Indien „Tala-Chakra", d.h. „untere Chakren" genannt und manchmal auch als die „wütenden Chakren" im Sinne von „Chakren mit unerwünschten Eigenschaften" bezeichnet.

Bei der Verwendung der traditionellen indischen Texte zu den Bein-Chakren muß man mitbedenken, daß die Bein-Chakren auch zur Beschreibung der Höllen verwendet worden sind oben sind die „guten" Chakren und unten die „bösen" Talas (ähnlich wie die Qlippoth in der jüdischen Kabbala).

Die astrologische Zuordnung zwischen den Tierkreiszeichen, den Häusern und den Körperteilen ist bei dem Versuch, das Wesen der Beinchakren zu erfassen, eine wichtige Hilfe. Diese bereits angeführte Zuordnung sieht wie folgt aus:

die astrologischen Häuser		
Körperteil	*astrologisches Haus*	*Tierkreiszeichen*
Kopf	1. Haus	Widder
Hals	2. Haus	Stier
Arme	3. Haus	Zwillinge
Lymphsystem	4. Haus	Krebs
Herz, Lunge, Blutkreislauf	5. Haus	Löwe
Verdauung	6. Haus	Jungfrau
Nieren, Haut	7. Haus	Waage
Blase, After, Genitalien	8. Haus	Skorpion
Oberschenkel	9. Haus	Schütze
Knie	10. Haus	Steinbock
Unterschenkel	11. Haus	Wassermann
Füße	12. Haus	Fische

Zwei dieser Zuordnungen lassen sich mühelos in das Chakrensystem einfügen:

> Die Sonne ist das Symbol der Seele. Die Sonne gehört zu dem Löwen, der wiederum dem Herzchakra entspricht, das der „Tempel" der Seele ist.
> Die Genitalien und die Ausscheidungsorgane, die dem Skorpion zugeordnet sind, entsprechen offensichtlich dem Wurzelchakra.

Vermutlich kann man die letzten vier Zuordnungen, die sich auf die Beine beziehen, auch auf die Arme übertragen:

Astrologie und die Chakren an den Armen und Beinen		
Oberschenkel / Oberarme	9. Haus	Schütze
Knie / Ellenbogen	10. Haus	Steinbock
Unterschenkel / Unterarme	11. Haus	Wassermann
Füße / Hände	12. Haus	Fische

1. Hüftchakren

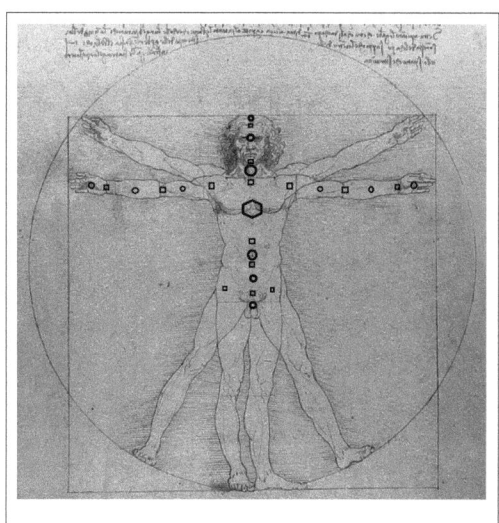

Diese Chakren, die sich vorne auf den beiden Hüftgelenken befinden, haben in Indien den Namen „Atala-Chakra".

Ihnen wird Umsetzungsvermögen und Beweglichkeit zugeschrieben, was in etwa mit der theoretischen Herleitung „Umsetzung der Absichten der Seele in konkrete Schritte" entspricht.

Der Name „Atala" bedeutet „bodenlos" und ist auch die Bezeichnung einer der Höllen in der indischen Mythologie. Diese „Hölle" ist durch verschiedene Gefühle und Verhaltensweisen geprägt: durch sexuelle Begierde, Lüsternheit, Untreue in der Ehe, Unerwachsensein, Eigensinn, Wankelmut, Traumatisierungen, Ablehnung von Selbstverantwortung, Verzweiflung, Cholerik, Angst vor dem Tod, vor dem Leben, vor Gott und vor anderen Menschen, und manchmal auch durch Stolz. Diese Eigenschaften werden in dem Bild einer Schlange zusammengefaßt – vermutlich ist dies ein Bild für die Furcht vor der Kundalini.

Die beiden Hüft-Chakren bzw. dieser Ort in der Hölle wird mit dem magischen Trank von Frauen im Jenseits assoziiert, der sexuelles Verlangen verursacht. Vermutlich ist dieses Motiv eine Umdeutung der Wiederzeugung des Toten mit der Jenseitsgöttin, die der Wiedergeburt des Toten durch die Jenseitsgöttin im Jenseits vorausgeht – der magische Trank ist das Soma amrita, also der Unsterblichkeitstrank, der eine Umdeutung des Wiederstillens und der Milch der Göttin ist.

Diese Beschreibung der beiden Hüftchakren und der zu ihnen gehörenden „Hölle" ist durch ihre Nähe zu den Genitalien und zum Wurzelchakra geprägt worden.

An sich sollte man hier analog zu den Schulterchakren eine Zuordnung des linken Hüftchakras zu der inneren Frau und des rechten Hüftchakras zu dem inneren Mann erwarten, doch über eine solche Zuordnung wird nichts berichtet.

Die beiden Hüftchakren entsprechen wie die beiden Schultergelenkchakren dem Wunschbaum und dem Thymuschakra. Diese sechs Zwischenchakren sind sozusagen die sechs Tore der „Stadt der Seele" (Rippenbereich), in deren Mitte der „Tempel der Seele" (Herzchakra) steht.

2. Oberschenkel-Chakren

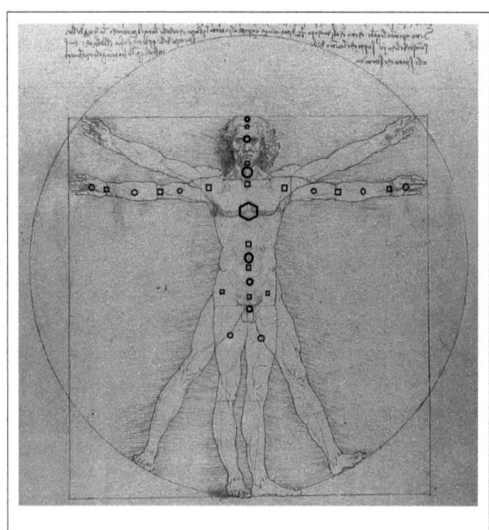

Diese beiden Chakren tragen in Indien den Namen „Vitala-Chakra". Sie entsprechen dem Sonnengeflecht und dem Halschakra und sind somit die konkrete Bewegung in die Welt hinein.

Der Name dieser beiden Chakren und der mit ihnen assoziierten Hölle bedeutet in etwa „das, was ganz unten ist".
Ihnen werden die folgenden Eigenschaften zugeschrieben: Verzweiflung, Verwirrung, Wut und Rache.

Astrologisch entsprechen die Oberschenkel dem 9. Haus und somit dem Tierkreiszeichen Schütze, das in die Welt hinaus aufbrechen und dort das Bestmögliche erreichen will. Diese Charakterisierung entspricht ihrer Analogie zu dem Sonnengeflecht und dem Halschakra.

Die Oberschenkelchakren werden auch traditionell als eine Analogie zu dem Halschakra angesehen – was die in diesem Buch verwendete Analogie zwischen den Leibchakren und den Arm- und Beinchakren bestätigt.

Die Oberschenkelchakren entsprechen auch den beiden Oberarmchakren.

3. Kniechakren

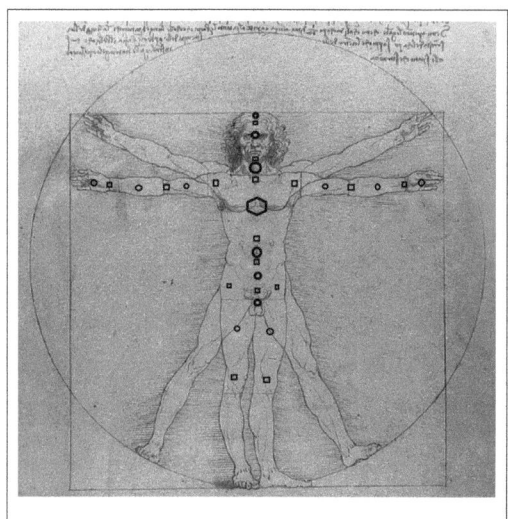

Die beiden „Sutala-Chakren" befinden sich vorne auf den Knien. Sie stehen zum einen für Beweglichkeit, Flexibilität, Anpassungsfähigkeit und Demut und zum anderen aber auch für Motivation, Eigenständigkeit, Beharrlichkeit sowie für die Fähigkeit, mit Hindernissen umgehen zu können.

Die astrologische Entsprechung zu den Knien ist das 10. Haus und der Steinbock, der sich durch Beständigkeit, Gründlichkeit, beharrliches Streben und Realitätssinn auszeichnet. Diese Qualitäten stimmen mit den traditionellen Eigenschaften der Kniechakren recht gut überein.

Der Name „Sutala" bedeutet in etwa „das große Untere" und ist der Name der „dritten Hölle" nach Atala und Vitala. Sie ist durch Eifersucht, Minderwertigkeitsgefühle, Hilflosigkeit und Konkurrenzdenken geprägt. Diese Qualitäten kann man durchaus auch im 10. Haus von Horoskopen finden.

Dieses Chakra wird in Indien als dem Dritten Auge verwandt angesehen. In der in diesem Buch verwendeten Analogie sollte eigentlich das Wadenchakra dem Dritten Auge und dem Hara entsprechen.
Die Analogie zu den Kniechakren sollten der hier verwendeten Analogie zufolge die beiden Zwischenchakren „Kehldeckelchakra" und „Nabelchakra" sowie die beiden Ellbogenchakren sein. An den beiden Kniechakren werden die Bewegungen des Oberschenkels auf das generelle Ziel hin zu den Bewegungen des Unterschenkels in der aktuellen Situation umgewandelt.

4.   Waden-Chakren

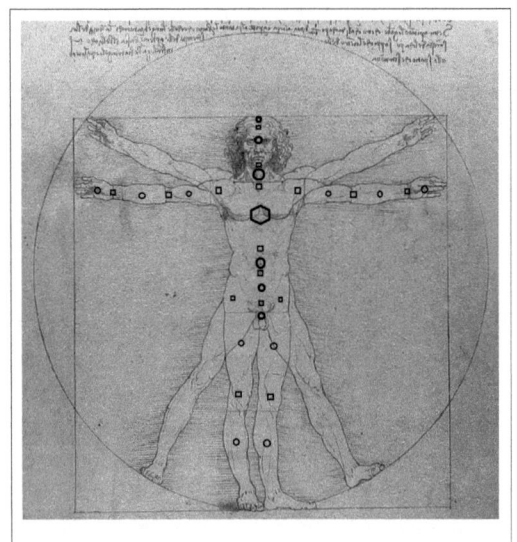

Die „Talatala-Chakren" in den Waden entsprechen dem Hara und dem Dritten Auge. Sie sind die Bewegungen an dem Ort, an dem man etwas bewirken will. Die weiten Bewegungen zu einem Ziel hin werden von dem Oberschenkel gemacht – die kleinen Bewegungen vor Ort bei der dort ausgeführten Tätigkeit werden von dem Unterschenkel durchgeführt.

Die Waden entsprechen den Unterarmen.

In Indien werden die beiden Wadenchakren jedoch als Entsprechung zu dem Scheitelchakra angesehen.

Astrologisch entsprechen die Wadenchakren dem 11. Haus und dem Wassermann. In diesem astrologischen Haus sucht man nach Gleichgesinnten und nach der Gemeinschaft mit den Wahlverwandten, mit denen man dann gemeinsam handelt.

Dieses astrologische Haus entspricht somit recht gut der Schilderung der Wadenchakren, die sich aus der Funktion der Wade als Teil des Beines ergibt.

Der Name „Talatala" bedeutet „tiefes Unteres" und bezeichnet im Hindhuismus die vierte Hölle. Sie ist durch andauernde Verwirrung, Willkür, Herrschsucht, Streben nach materiellen Gütern, Gier und Betrug gekennzeichnet.

Als Heilmittel werden Bewußtheit, ein klarer Geist und Konzentration angeführt – die genau die Stärken des Wassermanns sind.

5. Knöchel-Chakren

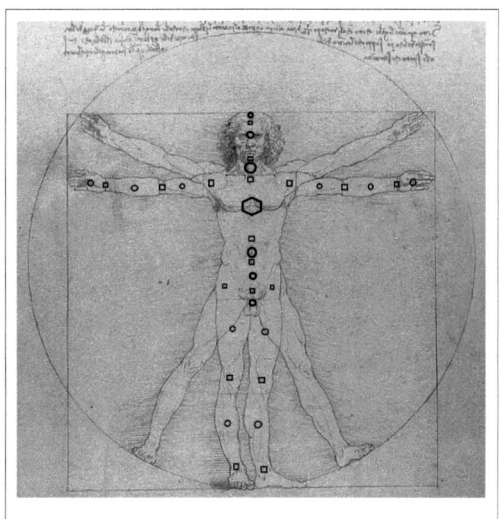

Die beiden Fußgelenkchakren werden „Rasatala-Chakra" genannt. Sie befinden sich in den Knöcheln. Sie werden in den neueren Beschreibungen mit der Realisierung der eigenen Absichten assoziiert und mit der Verfestigung des Körpers in den Knochen, im Stützgewebe, in den Sehnen und im Knorpel verknüpft.

Dar Name „Rasatala" der „fünften Hölle" bedeutet „das Untere der Sinne". In ihr findet sich Egozentrik, Egoismus, Narzißmus, Rücksichtslosigkeit – das „Ich zuerst!" Daraus folgen Eifersucht, Wut und Angst sowie das Horten von Besitz.

In Indien werden diese beiden Chakren als Analogie zu dem Sonnengeflecht angesehen.

Die in diesem Buch verwendete Analogie spricht hingegen für eine Verwandtschaft mit dem Stirnchakra, mit dem Schamhaarchakra und mit den Handgelenkchakren. Diese Chakren befassen sich mit der Entscheidung, welchen Kontakt man in der aktuellen Situation eingehen will – wo man den Fuß auf die Erde setzen will.

6. Fußchakren

Es werden zwei Fußchakren unterschieden: die Fußchakren („innere Fußchakren") und die Fußsohlenchakren („äußere Fußchakren"), die den Handchakren in der Handinnenfläche entsprechen.

Der Name „Mahatala-Chakra" bedeutet „das große Untere" und bezeichnet auch die „sechste Hölle".

Sie wird als das Reich der Bewußtlosigkeit, der inneren Blindheit, des Nicht-Erkennen-könnens der Folgen der eigenen Handlungen und der tiefen Depressionen beschrieben. Hinzu kommen Diebstahl, Arroganz und Stolz. Andere Menschen werden nicht wahrgenommen.

Das Heilmittel ist Wahrnehmung, Klarheit und Bewußtheit.

Dieses Chakra scheint nicht zu den Arm- und Beinchakren zu gehören, die sich als Analogien zu den Haupt- und Zwischenchakren im Leib ergeben. Seine Entsprechung in der Hand ist unbekannt – zumindestens scheint sie nirgendwo erwähnt zu werden.

Es soll dem Hara entsprechen – was jedoch nicht zu der in diesem Buch verwendeten Analogie zu den Haupt- und Nebenchakren paßt.

7. Fußsohlenchakren

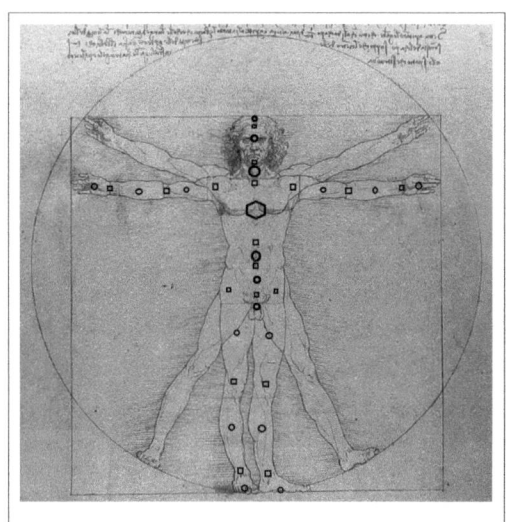

Die beiden letzten der Beinchakren sind die beiden Fußchakren, die als die untersten Chakren vermutlich die bekannten Chakra unter der Fußsohle sind, die den beiden Handchakren entsprechen.

Diese beiden Chakren werden in Indien als Entsprechung zum Wurzelchakra aufgefaßt, was der Analogie der Füße zu dem Wurzelchakra und zu dem Scheitelchakra als „Kontaktstelle zur Welt" entspricht.

In den neueren Texten wird ihnen die Verbindung zur Erde, allgemein die Erdung, Standfestigkeit, Bedächtigkeit, Ausdauer, der innere Antrieb, die Verbundenheit mit Familie, Sippe und Stamm und schließlich noch die Fähigkeit, Ziele zu erreichen, zugeschrieben.

Der Name „Patala-Chakra" bedeutet „gefallenes Unteres" und bezeichnet auch die „siebte Hölle". Möglicherweise werden zwei verschiedene Fußchakren aufgeführt, da man sonst nicht auf sieben Beinchakren (als Analogie zu den sieben Leibchakren) käme – aber das ist nur eine vage, wenn auch begründete Vermutung.

Das andere Fußchakra, das der „6. Hölle" entspricht, wird im nächsten Kapitel beschrieben.

Die „7. Hölle" enthält den Schilderungen zufolge die schlimmsten Qualitäten: Zerstörung, Rache, Mord, Mordlust, Folter, Haß, Bosheit und Grausamkeit.

Als Heilmittel dagegen werden Verständnis und Mitgefühl genannt – die typischen Eigenschaften der Fische und des 12. Hauses, die den Füßen entsprechen.

Der dem Fußchakra entsprechende Akupunkturpunkt trägt den Namen „Yung-Chuan", d.h. „sprudelnde Quelle", was ein Hinweis auf die Fülle an Lebenskraft der Erde ist, die durch die Fußsohlen aufgenommen werden kann.

In den neueren Texten wird als Heilung für diese beiden Chakren empfohlen, sich auf die Fußsohlen zu konzentrieren, sich innerlich mit der Erde zu verbinden, das Unerwünschte in die Erde fließen zu lassen und an dessen Stelle dann aus der Erde Kraft aufzunehmen. Für die Aktivierung dieses Chakras ist naheliegenderweise sehr förderlich, des öfteren barfuß zu laufen.

91

C Chakren und Talas

Das Konzept der Beinchakren als der „7 Höllen" im Menschen, also der Auffassung der Beinchakren als der Schattenseiten der Chakren hat statt der sechs Chakren, die sich natürlicherweise aus den drei Teilen des Beines (Oberschenkel, Unterschenkel, Fuß) und den drei Gelenken des Beines (Hüftgelenk, Knie, Knöchel) ergeben, sieben Chakren erfordert. Das fehlende siebte der „bösen Chakren" ist durch das zweite Fußchakra ergänzt worden.

Die „bösen Talas" sind aber offenbar den „guten Chakren" nicht einfach dadurch zugeordnet worden, daß man sie von oben nach unten hin einander gleichgesetzt hat (wie sich dies bei den Qlippoth in der Kabbala findet), sondern durch die Suche nach Ähnlichkeiten. Leider waren nicht alle sieben Entsprechungen aufzufinden – in der folgenden Liste fehlen das Herzchakra, das Hara und das Wurzelchakra.

traditionelle Analogie von Chakren und Talas			
Chakra (Leib)	*Tala (Beine)*		
	Nebenchakra	*Name*	*Hölle*
?	Hüft-Chakra	Atala („Bodenloses")	1. Hölle
Halschakra	Oberschenkelchakra	Vitala („niederes Unteres")	2. Hölle
Drittes Auge	Kniechakra	Sutala („großes Unteres")	3. Hölle
Scheitelchakra	Wadenchakra	Talatala („tiefes Unteres")	4. Hölle
Sonnengeflecht	Fußgelenkchakra	Rasatala („Sinnen-Unteres")	5. Hölle
?	inneres Fußchakra	Mahatala („großes Unteres")	6. Hölle
?	äußeres Fußchakra	Patala („gefallenes Unteres")	7. Hölle

Die in diesem Buch verwendete Zuordnung der Arm- und Beinchakren zu den Leibchakren ist noch einmal in der folgenden Liste aufgeführt:

Die Chakren und Nebenchakren im Leib und in den Armen				
Funktion	*Leib-Chakren*		*Armchakren*	*Beinchakren*
	oben	*unten*		
Zentrum	Herzchakra im Rippenbereich			
Konkretisierung der Wünsche	*Thymuschakra*	*Wunschbaum*	*Schultergelenk*	*Hüftgelenk*
generelle Ausrichtung	Halschakra	Sonnengeflecht	Oberarm	Oberschenkel
Eingehen auf die Situation	*Kehldeckelchakra*	*Nabelchakra*	*Ellbogen*	*Knie*
Bewegung vor Ort	Drittes Auge	Hara	Unterarm	Unterschenkel
Entschluß zum Kontakt	*Stirnchakra*	*Schamhaarchakra*	*Handgelenk*	*Fußgelenk*
Kontakt	Scheitelchakra	Wurzelchakra	Hand	Fuß

93

D   Chakren, Talas und Lokas

Ganz wie im Christentum steht der Mensch in den indischen Chakren-Darstellungen manchmal zwischen den sieben Himmeln oben („Lokas") und den sieben Höllen unten („Talas").

Die sieben Lokas (Himmel) sind auch sieben Chakren, die über dem Kopf eines nach dem anderen aufsteigen. Das oberste von ihnen ist ungefähr genausoweit vom Scheitelchakra entfernt wie das Fußsohlenchakra vom Wurzelchakra.

Es ist sinnvoll, die Informationen zu den Talas und den Lokas mit Vorsicht zu behandeln, da in ihre Beschreibungen sehr viele mythologische Motive miteingeflochten worden sind und ihre Schilderungen nur zu einem Teil aus Meditaitonserfahrungen stammen.

Diese drei Siebenergruppen der Chakren, Tapas und Lokas scheinen manchmal auch den sieben Planeten (Mond, Merkur, Venus, Sonne, Mars, Jupiter, Saturn) in unsystematischer Folge zugeordnet worden zu sein.

1. Lokas
(über dem Kopf)
„Himmel"

Loka	Übersetzung	Herrscher	Eigenschaften
Satyaloka	„Welt der Wahrheit"	Brahma	Befreiung von der Wiedergeburt
Taparloka	„Welt der Hitze"	Götter und Göttinnen	Spiritualität (Hitze = erwachte Kundalini?)
Janaloka	„Welt der Befreiung"	Söhne des Brahma	reines Bewußtsein
Maharloka	„große Welt"	Weise, Yogis	Erkenntnis der Einheit von Seele und Gott
Svarloka	„Sternenwelt"	Indra; Götter, Göttinnen, Wei-se, Apsaras ; Sonne, Polarstern	Ekstase, innere Visionen
Bhuvarloka	„Luftwelt"	Sonne, Planeten, Sterne, Atmosphäre	Stärke
Bhurloka	„Erdwelt"	Umraum der Erde	Leben auf der Erde

2. Chakren
(im Leib)
„Erde"

Chakra	Übersetzung	Herrscher	Eigenschaften
Sahasrara (Scheitelchakra)	„Tausendblättriger (Lotus)"	-	Bewußtheit
Ajna (Drittes Auge)	„Befehl"	-	Wille
Vishuddhi (Halschakra)	„das ganz Reine"	-	Sprache
Anahata (Herzchakra)	„der nicht angeschlagene (Ton)"	Seele	Identität
Manipura (Sonnengeflecht)	„Stadt der Edelsteine"	-	Tatkraft
Svadhisthana (Hara)	„Fundament"	-	innerer Halt
Muladhara (Wurzelchakra)	„Wurzelstütze"	-	Lebenskraft

3. Talas
(in den Beinen)
„Hölle"

Tala	Übersetzung	Herrscher	Eigenschaften
Atala (Hüftgelenkchakren)	„Bodenloses"	Bala der Sohn der Maya	Lust, Sexualität
Vitala (Oberschenkel-chakren)	„niederes Unteres"	Hara-Bhava (eine Shiva-Inkarnation)	Lust, Dämonen, Gier nach Gold
Sutala (Kniechakren)	„großes Unteres"	Dämonenkönig Mahabali	Einsamkeit, Verwirrung
Talatala (Unter-schenkelchakren)	„tiefes Unteres"	Dämonenbaumeister Maya	Finsternis, Gier, Betrug
Rasatala (Fußgelenkchakren)	„Sinnen-Unteres"	vielköpfige Nagas (Schlangen/Drachen)	Ausgestoßensein, Narzißmus, Schmerz
Mahatala (Fußchakren)	„großes Unteres"	Danavas-Dämonen	Lust, Krankheiten, Sinne, Unbewußtheit
Patala (Fußsohlenchakren)	„gefallenes Unteres"	Vasuki	Schlangen, Finsternis, Gift

96

E   Die Akupunktur-Meridiane und die Arm- und Beinchakren

Bei der Betrachtung der Nebenchakren an den Armen und Beinen könnte der Vergleich dieser Nebenchakren mit den Akupunktur-Meridianen hilfreich sein, da diese auch an den Armen und den Beinen verlaufen.

Wie die Chakren sind auch die Akupunktur-Punkte und die sie verbindenden Meridiane Elemente des Lebenskraftkörpers. Da sowohl die Chakren als auch die Akupunktur-Punkte durch Erleben gefunden worden sind und bei Heilungen erfolgreich angewendet werden, sollten sie daher dasselbe System von „Organen" und „Leitungen" des Lebenskraftkörpers beschreiben wie das Chakrensystem.

Es gibt insgesamt 26 Meridiane. Diese teilen sich in zwei grundlegend verschiedene Gruppen auf:

> - 2 Meridiane, die zusammen einen Kreis bilden und die genau über die Körpermitte (Nase – Scheitel – Rückenwirbel – Genitalien – Bauchnabel – Nase) verlaufen und deren hintere Hälfte Yang (männlich, aufsteigend, „herrschend") und deren vordere Hälfte Yin (weiblich, absteigend „empfangend") ist;
> - 24 Meridiane, die zu je 12 auf beide Seiten des Körpers symmetrisch verteilt sind und genau dieselben Eigenschaften haben, also 12 Paare bilden.

Der zweiteilige Mittelmeridian ist offensichtlich die Verbindungslinie der sieben Hauptchakren, die in Indien „Sushumna" genannt wird. (Sie wird später in Kapitel XVI genauer betrachtet.)

Bei einer Anzahl von 12·2 „Seitenmeridianen" liegt es nahe, sie daraufhin zu untersuchen, ob sie evtl. den 12 Tierkreiszeichen entsprechen. Falls eine solche Entsprechung existieren sollte, wäre der Mittelmeridian gewissermaßen die „Sonne" und die 12 „Seitenmeridiane" der von ihr ausgestrahlte Tierkreis.

Schon auf den ersten Blick zeigt sich bei den Meridianen die „3·4"-Systematik, die sich auch in dem Tierkreis findet – die Meridiane sind in vier Dreiergruppen angeordnet. Die „3" in diesem System hat denselben Charakter wie der „Drei-Schritt" in dem bisher betrachteten Chakrensystem.

Zwei Meridian-Dreiergruppen verlaufen von den Fingern zum Körper bzw. zum Kopf und die beiden anderen Dreiergruppen von den Zehen zum Oberleib bzw. zum Kopf. Die Chancen, daß die Akupunktur Punkte an den Armen und Beinen dieselben Strukturen wie die Nebenchakren an den Armen und Beinen beschreiben, stehen also recht gut.

Die drei Meridiane in einer Gruppe werden nach ihrer Lage als „innen", „mittel" und „außen" unterschieden.

97

Die Akupunktur-Meridiane

Meridiangruppe	Lage des Meridians	der Meridian wirkt auf:
A Drei Meridiane verlaufen von der Handinnenseite über die Körpervorderseite; *Gemeinsamkeit: Pulsieren*	1. innen: <u>Lungenmeridian</u>: von der Daumeninnenseite den Innenarm entlang zur Brust	„Yin"; Atem, Hals, Kopf, Ohnmacht
	2. mittel: <u>Herzbeschützer</u>: von der Innenseite des Mittelfingers den Innenarm entlang zur Achsel	„Yin"; Bewußtlosigkeit, Erschöpfung, Herz, Schlaf
	3. außen: <u>Herzmeridian</u>: von der Innenseite des kleinen Fingers über den Innenarm zur Achsel	„Yin"; Bewußtsein, Langzeitgedächtnis, klares Denken, Schlaf, Herz
B Drei Meridiane von der Handaußenseite über die Körperrückseite; *Gemeinsamkeit: Verdauung*	1. innen: <u>Dickdarmmeridian</u>: von der Außenseite des Zeigefingers über den Außenarm und den Hals zur Nase	„Yang"; Schmerzen, Schwächung durch Öffnen (z.B. Nasenbluten), Dickdarm
	2. mittel: <u>Dreifacher Erwärmer</u>: von der Außenseite des Ringfingers über den Außenarm zur Schläfe	„Yang"; Wärmeverteilung, Verdauung
	3. außen: <u>Dünndarmmeridian</u>: von der Außenseite des Kleinen Fingers über den Außenarm zum Ohr	„Yang"; Dünndarm
C Drei Meridiane von der Fußoberseite (entspricht Handaußenseite) über die Körpervorderseite; *Gemeinsamkeit: Verarbeiten*	1. innen: <u>Lebermeridian</u>: vom Dicken Zeh über die Körpervorderseite zur Brust	„Yin"; Gefühlsharmonie, Kopf, Gleichgewicht, Leber
	2. mittel: <u>Magenmeridian</u>: vom „Zeigezeh" über die Körpervorderseite zu Auge und Schläfe	„Yang"; Überanstrengung, Starre, Müdigkeit
	3. außen: <u>Gallenblasenmeridian</u>: vom „Ringzeh" über die Körperseite zu Auge und Schläfe	„Yang"; Ohr, Gleichgewicht
D Drei Meridiane von der Fußunterseite über die Körperrückseite; *Gemeinsamkeit: Ausscheidung*	1. innen: <u>Milzmeridian</u>: vom Dicken Zeh (abweichend) über die Körpervorderseite zur Achsel	„Yin"; Lernen, Haut, Neurodermitis, Konzentration, sexuelle Probleme bei Frauen
	2. mittel: <u>Nierenmeridian</u>: von der Fußsohle (abweichend) über die Körpervorderseite zur Brust	„Yin"; Geburt, Zeugung, Epilepsie, Menstruation, Erholung
	3. außen: <u>Blasenmeridian</u>: vom kleinen Zeh über den Rücken und den Kopf zum Augeninnenwinkel	„Yang"; Schwäche; hat die weitaus größte Vielfalt von Anwendungsbereichen

Wenn man sich diese Tabelle näher anschaut, fällt zunächst einmal auf, daß sich die vier Meridian-Dreiergruppen ohne große Mühe jeweils unter einem gemeinsamen Begriff zusammenfassen lassen, was dafür spricht, daß diese Einteilung in Dreiergruppen realitätsnah ist. Wenn man die Yin/Yang-Zuordnung von Leber und Blase vertauschen würde, wären zudem die Dreiergruppen immer vollständig zu Yin oder Yang zugeordnet.

Der nächste Schritt ist nun, zu schauen, ob es Meridiane gibt, bei denen eine Verwandtschaft zu einem Tierkreiszeichen ins Auge fällt.

Dies ist zunächst einmal die Verwandtschaft der drei ersten Meridiane mit den Feuerzeichen, wobei Herzbeschützer oder Herzmeridian dem Löwen entsprechen müßte. Dann könnte man eine Verwandtschaft des Dünndarmmeridians mit der Jungfrau vermuten – Erde. Schließlich hat der Milzmeridian Ähnlichkeit mit dem Krebs und der Nierenmeridian einen deutlich skorpionischen Charakter – Wasser. Daraus ergäbe sich dann für die drei letzten Meridiane die Zuordnung zur Luft.

Dies ergibt dann folgende vorläufige Zuordnung:

1. Lungenmeridian – Widder
2. Herzbeschützer – Löwe
3. Herzmeridian – Schütze

4. Milzmeridian – Krebs
5. Nierenmeridian – Skorpion
6. Blasenmeridian – Fische

7. Lebermeridian – Waage
8. Magenmeridian – Wassermann
9. Gallenblasenmeridian – Zwillinge

10. Dickdarmmeridian – Steinbock
11. Dreifacher Erwärmer – Stier
12. Dünndarm – Jungfrau

Wenn man diese Zuordnung im Detail betrachtet, findet man einige Zuordnungen zwischen den Meridianen und den Tierkreiszeichen, die recht gut passen:

Die drei Feuer-Meridiane:

1. Atem, Kopf und Ohnmacht passen recht gut zum Widder, dem ja auch astrologisch der Kopf zugeordnet ist.

2. Der Herzbeschützer, der bei Bewußtlosigkeit, Erschöpfungszuständen und Herzbeschwerden behandelt wird, paßt gut zum Löwen, da diese Krankheitssymptome dem Zustand eines geschwächten Löwen entsprechen.

3. Der Herzmeridian unterscheidet sich kaum von dem Herzbeschützer und ist für die Behandlung von Herzbeschwerden, Bewußtlosigkeiten, Schlafstörungen und zur Förderung des klaren Denkens und des Langzeitgedächtnisses von Nutzen. Zumindest beißen sich diese Krankheitssymptome nicht mit dem, was man von einem Schützen im Streß erwarten kann bzw. was dessen Stärken sind.

Die drei Wasser-Meridiane:

4. Der Milzmeridian ist ganz deutlich dem Krebs verwandt: Haut, Neurodermitis, sexuelle Probleme bei Frauen, Konzentration, Übergewicht, Menstruation, Schlaflosigkeit.

5. Ebenso deutlich ist die Verwandtschaft des Nierenmeridians mit dem Skorpion: Geburt, Wachstum, Zeugung, Wille, Epilepsie (Negativseite der skorpionischen Spannung), Menstruation, Erholung.

6. Den Blasenmeridian und die Fische verbindet zunächst einmal die große Fülle an Symptomen, für die die einzelnen Punkte auf diesem Meridian angewendet werden, da es für den Fisch typisch ist, an allem teilzunehmen und auf alles zu reagieren. Es kommen viele diffuse Krankheits-Symptome vor (wie es typisch für einen Fisch ist) wie Erschöpfung, müde Beine, Schluckauf, leichte Störbarkeit (Schattenseite des Neptun), Bettnässen u.v.m.

Die drei Luft-Meridiane:

7. In den Symptomen, bei denen man nach dem Lebermeridian schaut, findet man sofort die guten und die negativen Eigenschaften der Waage wieder: Gefühlsharmonie, Gleichgewicht, Unfruchtbarkeit, Planen.

8. Der Zusammenhang zwischen dem Magenmeridian und dem Wassermann ist nicht so recht deutlich: Anspannung, Starre, Zahnweh, Bluthochdruck, müde Beine – die Waden gehören astrologisch gesehen zum Wassermann und Bluthochdruck kommt bei der Uranus-Prägung des Wassermanns auch schon einmal vor.

9. An Zusammenhängen zwischen dem Gallenblasenmeridian und Zwilling findet sich eine Betonung der Sinne (Augen, Ohrenklingen, Schwindelgefühl) und evtl. noch Kopfschmerzen.

Die drei Erd-Meridiane:

10. Die drei den Erdzeichen zugeordneten Meridiane zeigen eine eher undeutliche Verwandtschaft mit den betreffenden Tierkreiszeichen. Den Dickdarmmeridian verbindet mit dem Steinbock die Schwächung durch ein zu großes sich-Öffnen und die Tendenz dieses Meridians, wenn er behandelt wird, den Körper ganz allgemein zu stärken.

11. Die Verbindung des dreifachen Erwärmers mit dem Stier ist undeutlich.

12. Der Dünndarmmeridian wiederum bezieht sich schon in seinem Namen auf ein Organ, das auch astrologisch der Jungfrau zugeordnet ist.

Die Akupunktur ist eine empirische Wissenschaft, die ein wenig der Geographie ähnelt. Insofern kann man schon die Überlegung anstellen, ob es einen Sinn gäbe, den Lebermeridian als Yang und den Blasenmeridian als Yin anzusehen, aber man sollte bei solchen Betrachtungen vorsichtig sein, da solche alten Traditionen meist nicht ohne Grundlage sind. Man sollte eigentlich auch erwarten, daß die Luft- und Feuer-Tierkreiszeichen Yang sind und die Wasser- und Erd-Tierkreiszeichen Yin – oder daß sich zumindest Yin und Yang auf beide verteilen. Vermutlich ist die Yin-Yang-Gegensatzergänzung nicht ohne weiteres dem „Feuer/Luft-Wasser/Erde"-Gegensatz gleichzusetzen.

Die solche vergleichende Betrachtung der Meridiane mit den Tierkeiszeichen sollte zu dem einen oder anderen Ergebnis führen, daß auch Kuriositäten der Meridiane erklärt oder den einen oder anderen Aspekt an der Akupunktur besser und klarer verständlich werden läßt. Ein solcher Punkt könnte sein, daß man aus Analogiegründen ja eigentlich erwarten sollte, daß der Milzmeridian und der Nierenmeridian an der Rückseite des Körpers entlanglaufen. Nun ist es kurioserweise so, daß der dritte Meridian, der einem Wasserzeichen entspricht, also der Blasenmeridian, auch tatsächlich am Rücken entlangläuft und sich vom Knie bis hoch zum Nacken in zwei getrennte Linien aufspaltet. Könnte eine dieser beiden Linien vielleicht zum Milz- oder Nierenmeridian gehören?

Generell auffällig an dem Meridiansystem ist, daß die Chinesen im allgemeinen in ihren Strukturen die 2 und die Potenzen der 2 benutzen (2, 4, 8, 16, 32, 64 …) wie zum Beispiel den Yin-Yang-Gegensatz, die acht sich aus ihnen ergebenden Trigrammen und die 64 sich aus der Kombination von zwei Trigrammen ergebenden Zeichen des I Ging. Im Meridiansystem ist nun aber ganz deutlich die „3" (3·4=12) enthalten, was dafür spricht, daß in den Lebenskraft-Bewegungen, die die Chinesen mit den Meridianen beschrieben haben, tatsächlich eine 12er-Struktur enthalten ist.

Wäre die Akupunktur bei uns im Abendland im Einflußbereich der astrologischen

12er-Kreise entstanden, könnte man vermuten, daß man die empirischen Beobachtungen aus harmonikalen Gründen in eine 12er-Teilung eingeordnet hat, was bei den Chinesen aufgrund ihrer Vorliebe für die 2 und ihren Potenzen jedoch weitgehend auszuschließen ist.

Der nächste Schritt ist nun, zu schauen, ob sich auf den Akupunkturmeridianen Akupunkturpunkte finden, die von ihrer Lage her den Nebenchakren entsprechen. Dies ist insofern schwierig, als zwar die Lage der Gelenke und der mit ihnen verbundenen Zwischenchakren präzise bekannt ist, aber die Lage der Nebenchakren auf den Oberschenkeln, den Unterschenkeln, den Oberarmen und den Unterarmen ausgesprochen vage ist und zumindestens auf den Armen bisher lediglich vermutet werden.

Daher sind in der folgenden Liste nur die Akupunkturpunkte, die zu den Zwischenchakren auf den Gelenken gehören, sowie die Punkte im Zentrum der Handinnenfläche (Handchakra) und auf der Mitte der Fußsohle (Fußchakra) sicher. Für die Nebenchakren auf den Oberschenkeln, den Unterschenkeln, den Oberarmen und den Unterarmen sind jeweils die Punkte angeführt worden, die auf der Mitte dieses Körperteil liegen – das ist zunächst einmal die bestmögliche Annäherung.

Wenn sich an diesen Körperstellen Akupunkturpunkte finden, kann man deren Aufgabenbereich mit dem z.T. lediglich theoretisch aus den Analogien hergeleiteten Charakter dieser Chakren vergleichen.

Die Akupunkturpunkte werden meistens mit den ersten beiden Buchstaben des Meridians („Lu" = Lungenmeridian) und einer Zahl, die aus der Durchnummerierung der Punkte auf diesem Meridian stammt, bezeichnet.

Die in der folgenden Liste vorkommenden Abkürzungen für die Meridiane sind:

„Lu"   = Lungen-Meridian
„Di"   = Dickdarm-Meridian
„Ma"   = Magen-Meridian
„Mi"   = Milzmeridian
„He"   = Herz-Meridian
„Dü"   = Dündarm-Meridian
„Le"   = Leber-Meridian
„Bl"   = Blasen-Meridian
„Ni"   = Nierenmeridian
„Hb"   = Herzbeschützer-Meridian
„DE"   = Dreifacher Erwärmer
„Gb"   = Gallenblasen-Meridian

In der folgenden Liste finden sich noch einige weitere Punkte aus dem japanisch-tibetischen „Rang Dröl", das eine Variante der Akupressur ist. Sie werden mir „SES" und einer Zahl abgekürzt. „SES" steht für „sechundzwanzig Energieschlösser", d.h. für die 26 im Rang Dröl verwendeten Punkte auf dem Körper.

Im Rang-Dröl gibt es keine Punkte auf der Körpermitte – die Hauptchakren sind daher nicht in ihnen enthalten.

Als drittes sind auch einige Marma-Punkte aus dem indischen Ayurveda aufgeführt. Die sieben Hauptchakren sind in den 107 Marma-Punkten enthalten. Wie die Akupunkturpunkte und die Punkte des Rang-Dröl erscheinen auch alle Marma-Punkte einmal auf der rechten und einmal auf der linken Körperhälfte.

Die Marma-Punkte auf den Armen und auf den Beinen haben dieselben Namen. Sie sind offenbar als Analogien zueinander aufgefaßt worden.

Die Marmas werden mit ihrem indischen Namen aufgeführt.

die Akupunkturpunkte und die Zwischenchakren 1	
- Schulterchakren -	
Punkte	*Wirkung der Punkte*
Lu 1	für Lunge, Arm und Schulter
He 1	stärkt das Herz, beruhigt, vertreibt Trauer, Angst, Unruhe und Schlaflosigkeit
Di 15	beruhigt Gemüt und Schmerzen
Dü 10	gegen Schulterschmerzen
DE 14	Schmerz- und Schwere-lösend in Arm und Schulter
Di 16	für die Lunge
Amsa	Schulterschmerzen, Atemprobleme
Diese Angaben sind nicht spezifisch genug, um daraus auf eine Übereinstimmung mit der bisherigen Beschreibung dieses Zwischenchakras zu schließen.	

die Akupunkturpunkte und die Zwischenchakren 2
- Oberarmchakren -

Punkte	Wirkung der Punkte
Lu 4	Atembeschwerden, Bedrücktheit, Übelkeit
Hb 2	gegen Armschmerzen, Herzklopfen, Angina
DE 12	gegen steifen Hals und Kopfschmerzen
Ani	Muskelspannung

Es gibt zwei Entsprechungen zu dem Halschakra, das dem Oberarmchakra entsprechen sollte: Atembeschwerden (Lu 4) und steifer Hals (DE 12).

die Akupunkturpunkte und die Zwischenchakren 3
- Ellbogenchakren -

Punkte	Wirkung der Punkte
Lu 5	schleimlösend, hilft Lunge und Knie
He 3	gegen Angst und Unruhe
Dü 8	entspannt den Hals, gegen Zahnfleischschwellungen
Di 11	Fieber-senkend, Blutdruck-senkend
Hb 3	beruhigt bei Angst, Aufregung und Zittern
DE 10	schleimlösend, gegen Halsschmerzen
SES 19	sich selber wieder trauen, die Opferrolle beenden, Verantwortung übernehmen
Kurpara	Lungen, Herz, Milz, Leber

Hier findet sich die Analogie zwischen Ellbogen und Knie wieder (Lu 5). Es findet sich auch die Entsprechung zwischen dem Ellbogen-Zwischenchakra und dem Kehldeckelchakra (Dü 8; DE 10).

Die Eigenschaften von He 3, Hb 3 und SES 19 passen zu der vermuteten Aufgabe des Ellbogen-Zwischenchakras, das dafür zuständig ist, sich innerhalb der eigenen Familie so zu zeigen, wie man tatsächlich ist.

die Akupunkturpunkte und die Zwischenchakren 4

- Unterarmchakren -

Punkte	Wirkung der Punkte
Lu 6	Husten, Halsschmerzen
Dü 7	hilft gegen Fieber, Schwindel, unklares Sehen, steifen Hals, Angst, Traurigkeit, Unruhe
Hb 4	beruhigt den Geist, gegen Nasenbluten, Herzschmerzen, Husten, Angst
DE 9	gegen den Verlust des Gehörs oder der Stimme, gegen Hals- und Ohrenschmerzen
Indrabasti	Dickdarm, Lungen

Der Schwindel (Dü 7), das unklare Sehen (Dü 7), das Nasenbluten (Hb 4), der Gehörverlust (DE 9), die Ohrenschmerzen (DE 9), die Unruhe (Dü 7) und die Angst (Hb 4) sind alles Symptome, die sich auch bei Problemen mit dem Dritten Auge finden, das diesem Chakra entspricht.

Es finden sich jedoch auch einige Entsprechungen zu dem Halschakra: der steife Hals (Dü 7), die Halschmerzen (DE 9) und der Stimmverlust (DE 9).

- Handgelenkchakren -

Punkte	Wirkung der Punkte
Di 5	beruhigt, klärt die Wahrnehmung, gegen Zahnschmerzen
He 7	gegen manisch-depressives Verhalten, gegen Angst, Trauer, Schüchternheit und das Anschreien von Menschen
Lu 9	für die Lunge, gegen Husten
Dü 6	gegen steifen Nacken und Kopfschmerzen
Hb 7	beruhigt bei Schlaflosigkeit und Unruhe
DE 4	beruhigend, gegen Fieber und Tinitus
SES 17	sich beruhigen; Intuition und Klarheit wiederherstellen; hilft auch den Fußgelenken
Manibandha	löst Steifheit auf

Dieses Gelenk-Zwischenchakra entspricht dem Stirnchakra und dem Schamhaarchakra. Zu dem Stirnchakra passen die Beruhigung (Di 5, Hb 7, DE 4, SES 17), das Wiederfinden der Klarheit (Bi 5, SES 17), die Kopfschmerzen (Dü 6), die Schlaflosigkeit (Hb 7), der Tinitus (DE 4) sowie evtl. auch das manisch-depressive Verhalten (He 7).

Hier findet sich auch die Analogie zwischen den Handgelenken und den Fußgelenken (SES 17).

Das Auflösen von Steifheit durch das Manibandha-Marma ist eine Wirkung, die man auch von dem Schamhaarchakra erwarten kann.

die Akupunkturpunkte und die Zwischenchakren 6

- Handchakren -

Punkte	*Wirkung der Punkte*
Kshipra	zwischen dem rechten Daumen und dem Zeigefinger: Heilkraft, heilende Hand (Feuer); Herz, Lunge
	zwischen dem linken Daumen und dem Zeigefinger: beruhigend, nährend (Wasser); Herz, Lunge
Tala-hridaya	Mitte der rechten Handfläche: (Feuer) Lunge, Wasser-Stoffwechsel, Bauchspeicheldrüse, Diabetes
	Mitte der linken Handfläche: (Wasser) Lunge, Wasser-Stoffwechsel, Bauchspeicheldrüse, Diabetes

Es sind keine Akupressurpunkte in der Mitte der Handinnenfläche, an der sich das Handchakra befindet, bekannt, aber die Wirkung des Kshipra-Marmas entspricht den allgemeinen Vorstellungen über die „heilenden Hände".

Es ist bemerkenswert, daß bei den Marmas die Wirkung der Punkte an der rechten Hand und an der linken Hand unterschieden werden.

die Akupunkturpunkte und die Zwischenchakren 7	
- Hüftgelenkchakren -	
Punkte	*Wirkung der Punkte*
Mi 13	gegen Becken- und Hüftschmerzen
Gb 29	gegen Schmerzen im Uterus und im unteren Rücken
Le 10	entspannt die Beinmuskeln und die Beinsehnen
Le 11	entspannt die Beinmuskeln und die Beinsehnen
Le 12	entspannt die Beinmuskeln und die Beinsehnen; gegen Leistenschmerzen und genitale Probleme
Kukundara	Uterus, Eileiter, prämenstruelles Syndrom, Menstruationsprobleme, Wechseljahre, Fruchtbarkeit, Dickdarm, Blase, Urin, Zeugung, Schwangerschaft, Ausscheidung, Beweglichkeit der Beine, Penis, Hoden, Impotenz, Prostata, Tuberkolose

Diese Akupunkturpunkte und das Marma beziehen sich alle auf das Hüftgelenk und seine nähere Umgebung. Daher läßt sich aus ihnen nichts über das Wesen dieses Zwischenchakras ableiten.

die Akupunkturpunkte und die Zwischenchakren 8	
- Oberschenkelchakren -	
Punkte	*Wirkung der Punkte*
Ani	vier Fingerbreit über der Kniescheibe: Muskelspannung
Urvi	etwas oberhalb der Mitte des Oberschenkels (Vorderseite und Rückseite): Wasserstoffwechsel, Bauchspeicheldrüse, Diabetes, Enddarm, Anus, Durchfall, Verdauungstörungen, Dickdarmentzündung, Blut im Stuhlgang, Hämorrhiden

Auf der Mitte des Unterschenkels finden sich keine Akupunkturpunkte. Die beiden Marmas sind nicht sonderlich aufschlußreich.

die Akupunkturpunkte und die Zwischenchakren 9	
- Kniechakren -	
Punkte	**Wirkung der Punkte**
Mi 9	erleichtert und reguliert das Wasserlassen
Bl 38	gegen Schmerzen im hinteren Oberschenkel
Bl 39	hilft beim Wasserlassen und gegen Bettnässen
Bl 40	Fieber-senkend, gegen Hitzschlag, gegen Schwere und gegen Schmerzen im unteren Rücken
Ma 35	hilft dem Knie
Ni 10	gegen Bauchschmerzen und Schwierigkeiten beim Wasserlassen
Gb 34	beruhigt die Leber, gegen Übelkeit, schlechte Laune, Depressionen und Steifheit
Le 7	gegen Schmerzen und Steifheit im Knie
Le 8	reguliert die Menstruation, gegen Impotenz, gegen Juckreiz an den Genitalien und Schwierigkeiten beim Wasserlassen
SES 1	Dinge in den Fluß bringen, ausatmen, zielgerichtet handeln
SES 8	Harmonisierung des Muskeltonus und der Verdauung; neuen Mut zum Handeln geben; Rhythmus
Janu	Herz, Milz, Leber

Hier passen einige Dinge gut zu den astrologischen Qualitäten des Steinbocks und des 10. Hauses, die dem Knie entsprechen: Schwere im unterem Rücken (Bl 40), Mühe mit dem Loslassen (Mi 9, Bl 39, Ni 10, Le 8), Depression und Steifheit (Gb 34, Le 7), zielgerichtetes Handeln (SES 1) und Tatkraft (SES 8).

Diese Entsprechungen bestätigen die bisherige Beschreibung dieses Zwischenchakras.

- Unterschenkelchakren -

Punkte	*Wirkung der Punkte*
Ma 37	beruhigt den Magen
Ma 38	beruhigt den Magen, hilft bei Lähmungen
Ma 40	beruhigt und klärt auf vielfältige Weise
Mi 7	hilft bei Völlegefühl, Schmerzen, Kältegefühl, Taubheit und Lähmung der Beine
Bl 57	gegen Schmerzen im unteren Rücken, Beinschmerzen, Hämorrhoiden, Schwierigkeiten mit dem Sitzen; entspannt die Sehnen
Bl 58	gegen Schmerzen im unteren Rücken, Hämorrhoiden, Halsschmerzen, Schwindel, Tinitus
Gb 35	gegen Schmerzen im Knie und im Unterschenkel
Gb 36	gegen Schmerzen in den Beinen
Le 6	gegen Bauchschmerzen und Blasenentzündung
Indrabasti	Verdauung, Eingeweide, Blut, Hämoglobin, Leber, Milz, Blutungsstörungen, Haut, Hautausschlag, Verdauungsstörungen, Blähungen, Übelkeit, Durchfall, Magen, Eingeweide

Einige Qualitäten entsprechen dem Hara und dem Dritten Auge, zu denen dieses Chakra eine Analogie ist: die Beruhigung (Ma 37, Ma 38, Ma 40), Halsschmerzen (Bl 58) und insbesondere die Schmerzen im unteren Rücken, die sehr typisch für Hara-Probleme sind (Bl 57, Bl 58).

die Akupunkturpunkte und die Zwischenchakren 11	
- Fußgelenkchakren -	
Punkte	*Wirkung der Punkte*
Mi 5	stärkt die Milz, gegen Lethargie und Alpträume
Ma 41	klärt, beruhigt, vertreibt Schwindel, gegen Epilepsie
Bl 62	harmonisiert links und rechts, beruhigt den Kopf, gegen steifen Hals, gegen Zittern
Ni 6	beruhigt den Geist, reguliert die Menstruation, gegen Schwindel, Sehschwierigkeiten, unfreiwillige Erektion, Angst
Gb 40	beruhigt die Leber, gegen Depressionen, schlechte Laune, Unentschlossenheit, Schüchternheit
Le 4	gegen Schmerzen im Uterus und in den Genitalien, gegen Schwierigkeiten beim Wasserlassen
SES 5	gegen Angst, erfrischt, loslassen, bereit für Neues
Gulpha	löst Steifheit auf

Hier findet sich wie beim Handgelenk-Zwischenchakra vor allem die Entsprechung zu dem Stirnchakra wieder: Lethargie (Mi 5), Schwindel (Ma 41, Ni 6), Beruhigung und Klärung (Mi 41, Bl 62, Ni 6), Sehschwierigkeiten (Ni 6), die Bereitschaft für Neues (SES 5) und evtl. auch die Depressionen (Gb 40).

die Akupunkturpunkte und die Zwischenchakren 12	
- Fußchakren -	
Punkte	*Wirkung der Punkte*
Mi 4	beruhigt und klärt, gebt der Menstruation den Rhythmus zurück
SES 6	Spannungen in Beinen und Rücken lösen; hilft dem Ohr (Gleichgewichtssinn)
Kshipra	zwischen dem linken Dicken Zeh und dem „Zeigezeh": Herz, Lunge
Talahridaya	Mitte der rechten Fußsohle: (Feuer) Lunge
	Mitte der linken Fußsohle: (Wasser) Lunge

Von dem Fußchakra ist allgemein die beruhigende und entspannende Wirkung (Mi 4, SES 6) und somit indirekt auch die Wiederherstellung des gesunden Rhythmus (MI 4) bekannt.

Die Ergebnisse aus diesen 6 Arm-Tabellen und 6 Bein-Tabellen lassen sich nun in einer Übersicht zusammenfassen:

Ergebnisse für die Arm- und Bein-Zwischenchakren			
Arm		*Bein*	
Chakra	*Qualität*	*Chakra*	*Qualität*
Schulter	unspezifisch	Hüfte	unspezifisch
Ober-schenkel	dort liegen keine Punkte	Ober-arme	zwei Entsprechungen zum Halschakra
Ellbogen	Analogie Ellbogen – Knie; sich in der Familie zeigen, wie man ist	Knie	entsprechen den astrologischen Beschreibungen des Knies
Unter-schenkel	einige Entsprechungen zu Hara und Drittes Auge	Unter-arme	deutliche Entsprechung zum Dritten Auge; einige auch zum Halschakra
Hand-gelenke	entsprechen den Fußgelenk-Chakren und dem Stirnchakren; weisen die vermuteten Eigenschaften auf	Fuß-gelenke	entsprechen den Handgelenk-Chakren und dem Stirnchakren; weisen die vermuteten Eigenschaften auf
Hand-chakren	die Marmas entsprechen der allgemeinen Darstellung der Handchakren	Fuß-chakren	entsprechen in etwa den bekannten Eigenschaften der Fußchakren

Diese Ergebnisse sind recht auffällig:

1. Die Akupunkturpunkte auf den Schultern und auf den Hüftgelenke haben keinen spezifischen Charakter.
Das läßt vermuten, daß sie nicht besonders wichtig sind – oder aus irgendeinem Grund noch nicht ausreichend erforscht worden sind.

2. Die Akupunkturpunkte auf den Ellbogen und Knien sowie auf den Handgelenken und den Fußgelenken entsprechen den vermuteten Eigenschaften und zudem auch einander und dem ihnen verwandten Stirnchakra.
Die aus den früheren Überlegungen in diesem Buch stammende Vermutung

113

der Verwandtschaft der Arm-Zwischenchakren mit den Bein-Zwischenchakren sowie mit den Zwischenchakren im Leib wird somit bestätigt. Warum allerdings nur Analogien zu den oberen Leib-Zwischenchakren vorhanden sind und nicht zu den unteren Leib-Zwischenchakren, ist zunächst einmal noch unklar.

3. Die Akupunkturpunkte zu den vermuteten Chakren auf den Oberarmen, auf den Unterarmen sowie an den Unterschenkeln entsprechen den vermuteten Analogien zum Halschakra/Sonnengeflecht bzw. zum Hara/Dritten Auge. Auf dem Oberschenkel gibt es jedoch keine zentral gelegenen Akupunkturpunkte.

4. Die Handchakren tauchen nur im Marma-System auf und die Fußchakren nur mit zwei Punkten, die möglicherweise noch identisch miteinander sind, da sie aus zwei verschiedenen Systemen stammen.
Diese Chakren scheinen einen anderen Charakter als die Akupunkturpunkte zu haben.

Diese Ergebnisse sind auf eine regelmäßige Weise differenzierter, als man zunächst einmal vermuten konnte. Sie bestätigen jedoch die Richtigkeit des bisher verfolgten Ansatzes der Strukturierung des Chakrensystems durch den „Drei-Schritt" der Chakren und die sie trennenden Zwischenchakren sowie die Annahme der Analogie zwischen allen diesen Dreiergruppen von Chakren, Nebenchakren und Zwischenchakren.

F Chakren, astrologische Häuser und Meridiane

1. astrologische Häuser und Chakren

In den bisherigen Betrachtungen fällt auf, daß die Eigenschaften von fünf der 12 astrologischen Häuser der Qualität der Chakren und Nebenchakren entsprechen, die in dem Bereich liegen, der mit diesen astrologischen Häusern verbunden ist.

Diese 12 astrologischen Häuser entsprechen in der folgenden Weise den 12 Tierkreiszeichen und den ihnen zugeordneten Körperbereichen:

Häuser, Tierkreiszeichen und Körperbereiche		
astrologisches Haus	*Tierkreiszeichen*	*Körperbereich*
1. Haus	Widder	Kopf
2. Haus	Stier	Hals
3. Haus	Zwillinge	Arme
4. Haus	Krebs	Lymphsystem
5. Haus	Löwe	Herz, Lunge
6. Haus	Jungfrau	Verdauung
7. Haus	Waage	Nieren
8. Haus	Skorpion	Genitalien, Blase, After
9. Haus	Schütze	Oberschenkel
10. Haus	Steinbock	Knie
11. Haus	Wassermann	Unterschenkel
12. Haus	Fische	Füße

Fünf der Chakren bzw. Nebenchakren stimmen in ihren Qualitäten mit den Qualitäten der ihnen entsprechenden astrologischen Häuser, in deren Körperbereichen diese Chakren liegen, überein.

Das sind zwar keine Übereinstimmung von allen zwölf astrologischen Häusern mit den Chakren und Nebenchakren, aber 5 von 12 möglichen Übereinstimmungen sind deutlich mehr als ein normaler Zufall.

115

Hinzu kommt, daß zusätzlich auch die Oberschenkel-Nebenchakren und die Waden-Chakren in etwa dem 9. bzw. 11. astrologischen Haus entsprechen. Sie sind in der folgenden Übersicht über die Übereinstimmungen zwischen den Häusern und den Chakren *kursiv* gedruckt.

Chakren und Häuser		
Qualität	*Chakra/Nebenchakra*	*astrologisches Haus*
das eigene Verhältnis nach außen hin	Halschakra	2. Haus
Zentrum	Herzchakra	5. Haus
Lebenskraft-Zentrum	Wurzelchakra	8. Haus
Zielstrebigkeit	*Oberschenkel-Nebenchakren*	*9. Haus*
Wirken in der Öffentlichkeit	Knie-Nebenchakren	10. Haus
Gemeinschaft	*Waden-Nebenchakren*	*11. Haus*
Verbindung zur Welt	Fuß-Nebenchakren (Hand-Nebenchakren)	12. Haus

Die Tierkreiszeichen und analog zu ihnen auch die astrologischen Häuser kann man als die drei Dynamiken der vier Elemente auffassen. Diese „3·4"-Struktur wird in der folgenden Tabelle benutzt, da sich in ihr evtl. Symmetrien in der Übereinstimmung besser als in einer einfachen Liste (Widder, Stier … Wassermann, Fische) auffinden lassen.

In der folgenden Tabelle sind die astrologischen Häuser, die den Chakren in ihrem Bereich entsprechen, grau hinterlegt. Die beiden in etwa mit den Chakren überein-stimmenden Häuser sind hellgrau hinterlegt und *kursiv* gedruckt.

Auch hier ist das Ergebnis wieder keine vollkommene Symmetrie, aber deutlich geordneter, als es eine zufällige Verteilung sein sollte – insbesondere die Entspre-chungen zu den vier fixen Tierkreiszeichen.

Übereinstimmung der astrologischen Häuser mit den Chakren			
- Dynamik/Element-Tabelle -			
	erschaffend (kardinal)	*zentrierend (fix)*	*ausgestaltend (beweglich)*
Feuer	Widder = 1. Haus	Löwe = 5. Haus	*Schütze = 9. Haus*
Wasser	Krebs = 4. Haus	Skorpion = 8. Haus	Fische = 12. Haus
Luft	Waage = 7. Haus	*Wassermann = 11. Haus*	Zwillinge = 3. Haus
Erde	Steinbock = 10. Haus	Stier = 2. Haus	Jungfrau = 6. Haus

2. Tierkreiszeichen und Meridiane

Die Akupunkturmeridiane sind, wie bereits in Kapitel „IX E" dargestellt worden ist, symmetrisch über den Körper verteilt und beschreiben den Fluß der Lebenskräfte in ihm. Dadurch sind sie den Chakren recht ähnlich.

Der Charakter der 12 Meridiane läßt sich aus der in Kapitel „IX E" angeführten Tabelle ersehen:

117

Die Akupunktur-Meridiane		
Meridiangruppe	*Lage des Meridians*	*der Meridian wirkt auf:*
A Drei Meridiane verlaufen von der Handinnenseite über die Körpervorderseite; *Gemeinsamkeit: Pulsieren*	1. innen: <u>Lungenmeridian</u>: von der Daumeninnenseite den Innenarm entlang zur Brust	„Yin"; Atem, Hals, Kopf, Ohnmacht
	2. mittel: <u>Herzbeschützer</u>: von der Innenseite des Mittelfingers den Innenarm entlang zur Achsel	„Yin"; Bewußtlosigkeit, Erschöpfung, Herz, Schlaf
	3. außen: <u>Herzmeridian</u>: von der Innenseite des kleinen Fingers über den Innenarm zur Achsel	„Yin"; Bewußtsein, Langzeitgedächtnis, klares Denken, Schlaf, Herz
B Drei Meridiane von der Handaußenseite über die Körperrückseite; *Gemeinsamkeit: Verdauung*	1. innen: <u>Dickdarmmeridian</u>: von der Außenseite des Zeigefingers über den Außenarm und den Hals zur Nase	„Yang"; Schmerzen, Schwächung durch Öffnen (z.B. Nasenbluten), Dickdarm
	2. mittel: <u>Dreifacher Erwärmer</u>: von der Außenseite des Ringfingers über den Außenarm zur Schläfe	„Yang"; Wärmeverteilung, Verdauung
	3. außen: <u>Dünndarmmeridian</u>: von der Außenseite des Kleinen Fingers über den Außenarm zum Ohr	„Yang"; Dünndarm
C Drei Meridiane von der Fußoberseite (entspricht Handaußenseite) über die Körpervorderseite; *Gemeinsamkeit: Verarbeiten*	1. innen: <u>Lebermeridian</u>: vom Dicken Zeh über die Körpervorderseite zur Brust	„Yin"; Gefühlsharmonie, Kopf, Gleichgewicht, Leber
	2. mittel: <u>Magenmeridian</u>: vom „Zeigezeh" über die Körpervorderseite zu Auge und Schläfe	„Yang"; Überanstrengung, Starre, Müdigkeit
	3. außen: <u>Gallenblasenmeridian</u>: vom „Ringzeh" über die Körperseite zu Auge und Schläfe	„Yang"; Ohr, Gleichgewicht
D Drei Meridiane von der Fußunterseite über die Körperrückseite; *Gemeinsamkeit: Ausscheidung*	1. innen: <u>Milzmeridian</u>: vom Dicken Zeh (abweichend) über die Körpervorderseite zur Achsel	„Yin"; Lernen, Haut, Neurodermitis, Konzentration, sexuelle Probleme bei Frauen
	2. mittel: <u>Nierenmeridian</u>: von der Fußsohle (abweichend) über die Körpervorderseite zur Brust	„Yin"; Geburt, Zeugung, Epilepsie, Menstruation, Erholung
	3. außen: <u>Blasenmeridian</u>: vom kleinen Zeh über den Rücken und den Kopf zum Augeninnenwinkel	„Yang"; Schwäche; hat die weitaus größte Vielfalt von Anwendungsbereichen

Es gibt einige Übereinstimmungen zwischen dem Charakter der Meridiane und den Tierkreiszeichen bzw. astrologischen Häusern, die ihnen zu entsprechen scheinen.

Die deutlichen Übereinstimmungen finden sich bei:
     Herzbeschützer = Löwe (5. Haus)
     Milzmeridian = Krebs (4. Haus)
     Nierenmeridian = Skorpion (8. Haus)
     Blasenmeridian = Fische (12. Haus)
     Dünndarmmeridian = Jungfrau (6. Haus)

Die noch erkennbaren, aber undeutlichen Verwandtschaften finden sich bei:
     Lungenmeridian =?= Widder (1. Haus)
     Herzmeridian =?= Schütze (9. Haus)
     Lebermeridian =?= Waage (7. Haus)
     Gallenblasenmeridian =?= Zwilling (3. Haus)

Bei den folgenden Paaren sind keine deutlichen Zusammenhänge ersichtlich:
     Magenmeridian ≠ Wassermann (11. Haus)
     Dickdarmmeridian ≠ Steinbock (10. Haus)
     Dreifacher Erwärmer ≠ Stier (2. Haus)

Die gut erkennbar übereinstimmenden Tierkreiszeichen und Meridiane sind in der folgenden Tabelle wieder mittelgrau hinterlegt; die unklaren Übereinstimmungen sind hellgrau hinterlegt und zusätzlich *kursiv* gedruckt:

Übereinstimmung der Meridiane mit den Chakren *- Dynamik/Element-Tabelle -*			
	erschaffend (kardinal)	*zentrierend (fix)*	*ausgestaltend (beweglich)*
Feuer	*Widder = 1. Haus*	Löwe = 5. Haus	*Schütze = 9. Haus*
Wasser	Krebs = 4. Haus	Skorpion = 8. Haus	Fische = 12. Haus
Luft	*Waage = 7. Haus*	Wassermann = 11. Haus	*Zwillinge = 3. Haus*
Erde	Steinbock = 10. Haus	Stier = 2. Haus	Jungfrau = 6. Haus

Fünf gute und vier undeutliche Übereinstimmung sind zwar wieder keine vollständige Übereinstimmung, aber doch wieder mehr, als man nur aufgrund von Zufällen erwarten sollte.

Es ist auch auffällig, daß die drei Wasser-Meridiane eine so gute Entsprechung zu den drei Wasser-Tierkeiszeichen haben.

3.   Chakren, astrologische Häuser und Meridiane

Man kann nun die teilweisen Übereinstimmungen von Chakren und Tierkreiszeichen mit den teilweisen Übereinstimmungen der Meridiane mit den Tierkeiszeichen vergleichen:

Übereinstimmung der astrologischen Häuser mit den Chakren		
- Dynamik/Element-Tabelle -		
	erschaffend *(kardinal)*	*zentrierend* *(fix)*	*ausgestaltend* *(beweglich)*
Feuer	*Widder* *= 1. Haus*	Löwe = 5. Haus	*Schütze* *= 9. Haus*
Wasser	Krebs = 4. Haus	Skorpion = 8. Haus	Fische = 12. Haus
Luft	*Waage* *= 7. Haus*	Wassermann = 11. Haus	*Zwillinge* *= 3. Haus*
Erde	Steinbock = 10. Haus	Stier = 2. Haus	Jungfrau = 6. Haus

Übereinstimmung der Meridiane mit den Chakren		
- Dynamik/Element-Tabelle -		
	erschaffend *(kardinal)*	*zentrierend* *(fix)*	*ausgestaltend* *(beweglich)*
Feuer	Widder = 1. Haus	Löwe = 5. Haus	*Schütze* *= 9. Haus*
Wasser	Krebs = 4. Haus	Skorpion = 8. Haus	Fische = 12. Haus
Luft	Waage = 7. Haus	*Wassermann* *= 11. Haus*	Zwillinge = 3. Haus
Erde	Steinbock = 10. Haus	Stier = 2. Haus	Jungfrau = 6. Haus

Löwe, Skorpion und Fische haben in beiden Tabellen eine deutliche Übereinstimmung – das ist wieder mehr als man zufällig erwarten sollte. Die einzige undeutliche Übereinstimmung, die in beiden Tabellen auftritt, ist der Schütze.

Es stellt sich hier die Frage, was wohl die deutliche Übereinstimmung von Löwe, Skorpion und Fische in den drei Systemen der Chakren, der Astrologie und der Meridiane bewirkt haben mag.

Der Löwe bezieht sich auf das Herz, das als Zentrum das am leichtesten erkennbare Element in jedem System ist.

Der Skorpion bezieht sich auf die Sexualität und den Überlebenstrieb, die in jedem System das energiereichste Element sind.

Die Fische beziehen sich auf den Kontakt zur Welt, der in jedem System mit der Außenhülle verbunden ist.

Diese drei Übereinstimmungen sind offenbar so deutlich, weil sie sich auf derart markante Elemente ihres jeweiligen Systems beziehen.

Man kann zumindestens vermuten, daß bei einer gründlicheren Erforschung der Zusammenhänge zwischen diesen drei Systemen (Chakren, Meridiane, Astrologie) noch weitere Übereinstimmungen deutlich werden würden.

Für die Betrachtung der Chakren und der Nebenchakren zeigen diese drei Übereinstimmungen vor allem die Wichtigkeit des Herzchakras (Seele) und des Wurzelchakras (Kundalini) sowie der Fußchakren und in Analogie zu ihnen auch der Handchakren (Kontakt zur Welt).

Die Selbstliebe (Seele im Herzchakra), die Bejahung des Lebens (Kundalini im Wurzelchakra) und der Kontakt zur Welt und das Ruhen in ihrer Fülle (Hand- und Fußchakren) sind zudem die drei Grundlagen des heilen Zustandes der Psyche – und daher auch jeder Therapie.

Auffällig ist auch, daß die vier fixen Zeichen gut den astrologischen Zuordnungen entsprechen und daß die drei Wasserzeichen gut den Meridianen entsprechen. Beiden Reihen ist das fixe Wasserzeichen Skorpion gemeinsam – das Tierkreiszeichen, das den Überlebensdrang, die Sexualität und die Kundalini (Lebenskraft) repräsentiert …

G Zusammenfassung

1. Übersicht

Anhand der bisher betrachteten Chakren zeigt sich, daß es verschiedene Arten von Chakren gibt.

1. Das Zentrum des gesamten Chakrensystems ist das Herzchakra, das der Sitz der Seele ist. Man könnte es das „Quellchakra" nennen.

2. Aus dem Herzchakra heraus entstehen nach oben und nach unten hin jeweils drei weitere Chakren, die zusammen mit dem Herzchakra die sieben Hauptchakren bilden.

3. Die Chakren in den Oberarmen und Oberschenkeln, in den Unterarmen und Unterschenkeln sowie in den Händen und Füßen sind wie die drei Hauptchakren unterhalb und oberhalb des Herzchakras als „Dreischritt" aufgebaut, aber sie scheinen nur eine geringe Bedeutung zu haben. Sie können daher als „Nebenchakren" bezeichnet werden.
Man kann die Frage stellen, ob diese Nebenchakren wirklich alle existieren, da die sieben Beinchakren in Indien offenbar als Negativ-Gegensatz zu den sieben Hauptchakren beschrieben und als „Hölle im eigenen Leib" aufgefaßt werden.
Da jedoch die Handchakren die am leichtesten zu erweckenden Chakren sind und auch die Fußchakren gut bekannt sind und sie zudem als „Chakren des Kontaktes nach außen" dem Wurzelchakra und dem Scheitelchakra entsprechen, sollte es eigentlich auch die vier anderen Arm- und Beinchakren geben.
Die Existenz der Nebenchakren in den Oberarmen und Unterarmen sowie in den Oberschenkeln und Unterschenkeln wird auch durch die mit ihnen übereinstimmenden Akupunkturpunkte und Marma-Punkte bestätigt.

4. Zwischen den sieben Hauptchakren befinden sich sechs Übergänge, die einen anderen Charakter als die Haupt- und Nebenchakren haben und Tore, Gelenke, Ventile und somit Orte der Verwandlung und Konkretisierung sind. Dieselbe Art von Chakren findet sich auch zwischen den Nebenchakren in den Armen und Beinen. Diese Art von Chakren werden in diesem Buch „Zwischenchakren" genannt.

5. Schließlich gibt es noch die beiden „inneren Fußchakren" und analog dazu vermutlich auch die beiden „inneren Handchakren", die aus der übrigen Ordnung, die durch den „Drei-Schritt" geprägt ist, herausfallen.

Sie sind möglicherweise nur als eigenständige Chakren aufgefaßt worden, um eine vollständige Analogie zu den sieben Hauptchakren entwerfen zu können.

2.   Das erweiterte Bild der „7 Königreiche"

Das in einem früheren Kapitel bereits entworfene Bild des Chakrensystems läßt sich nun um einige Details erweitern:

Herzchakra

Im Zentrum steht der Tempel des Herzchakras, der der Seele geweiht ist. Von ihr gehen alle Impulse in dem gesamten Chakrensystem aus. Die Seele ist sozusagen der „Großkönig" in dem gesamten Reich.

Das „Land der Sonne"

Das Land, das zu dem Herzchakra gehört, ist der gesamte Bereich innerhalb der Rippen. Dieses Land ist nicht nur durch die Rippen, sondern auch durch die Schulterblätter, die Schlüsselbeine und das Zwerchfell geschützt. In diesem Land befindet sich nur das Eigene und nichts Fremdes – es schwingt im Eigenrhythmus und ist autark, eigenständig, selbstbewußt, leuchtend, strahlend, wärmend und voller Selbstliebe.

Alles in diesem Bereich lebt ganz aus dem „Ich" heraus und braucht kein „Wir".

Die ersten sechs Tore

Innerhalb dieser „Mauer" rings um das „Land der Sonne" gibt es sechs Tore: nach unten hin den Wunschbaum, nach oben hin das Thymus-Chakra, nach links und rechts hin die beiden Schulterchakren und nach unten hin (ohne direkten Anschluß an den Rippenbereich) die beiden Hüftchakren. Diese letzten vier Tore sind jedoch kaum sichtbar, obwohl sie vorhanden sein müßten.

An diesen Toren werden die allgemeinen Impulse der Seele zu konkreten Wünschen verwandelt: im Wunschbaum zu Wünschen für den Körper, im Thymuschakra zu Wünschen für die Gemeinschaft, in der man leben will, in den Hüftchakren zu dem Wunsch, an einen bestimmten Ort zu gehen, und in den Schulterchakren schließlich zu dem Impuls, an diesem Ort etwas bestimmtes zu tun.

Die sechs Länder der Gefühle

Diese konkretisierten Wünsche führen dann in den nächstäußeren Bereichen, die man als Länder, die dem Großkönig direkt unterstehen, auffassen kann, zu einer generellen Ausrichtung auf das erwünschte konkrete Ziel: Im Sonnengeflecht beschließt man eine bestimmte Bewegung, im Halschakra zeigt man sich der Gemeinschaft, in den Oberschenkelchakren ist die Bewegung zu einen bestimmten Ort hin zu finden und in den Oberarmchakren ist die Bewegung, die die Grundlage für eine bestimmte Tat ist.

Diese sechs Bereiche enthalten Impulse, d.h. sie sind Gefühls-Bereiche. Diese sechs Länder brauchen etwas im Außen, um sich entfalten zu können – dies ist nicht ohne ein „Du" möglich, aber trotzdem bleibt das „Ich" des Herzchakras stets die Grundlage, sodaß das „Du" oder das „Wir" niemals über dem „Ich" steht.

Die zweiten sechs Tore

In dem Nabelchakra, dem Kehldeckelchakra, den Kniechakren und den Ellbogenchakren wird aus der generellen Ausrichtung eine konkrete Handlung in der augenblicklichen Situation.

Die sechs Länder der Form

Im Hara, im Dritten Auge, in den Unterschenkelchakren und in den Unterarmchakren nimmt man nun eine bestimmte Haltung ein (Hara), strebt ein bestimmtes gemeinsames Ziel an (Drittes Auge), sucht an dem angestrebten Ort nach dem richtigen Platz (Unterschenkelchakren) und richtet sich auf Menschen und Dinge aus (Unterarmchakren).

Diese sechs Länder haben viel mit der Erschaffung von passenden Formen und daher auch mit dem Denken zu tun.

Die dritten sechs Tore

Als nächstes wird entschieden, womit man konkret Kontakt aufnehmen will. Das Schamhaarchakra wählt den konkreten körperlichen Kontakt aus, das Stirnchakra wählt den konkreten geistigen Kontakt aus, die Fußgelenkchakren prüfen den Boden, auf den man den Fuß aufsetzen will, und die Handgelenke bringen die Hände in die richtige Position für das angestrebte Berühren eines Menschen oder für das Ergreifen einer Sache.

Die sechs Länder der Berührung

Jetzt kommt es zur konkreten Berührung: am intensivsten ist diese Berührung in der sexuellen Vereinigung (Wurzelchakra) und in der Erleuchtung (Scheitelchakra); das Fußsohlenchakra berührt nicht nur die Erde, sondern verbindet auch die eigene Lebenskraft mit der Lebenskraft der Erde; die Handchakren können schließlich nicht nur physisch greifen, sondern auch Lebenskraft aufnehmen und abgeben.

X Das Gesamtsystem – Teil 5: Die Chakren und das Horoskop

1. Die Kombination des Chakrensystems mit der Astrologie

Das Chakrensystem und die Astrologie unterscheiden sich in einem Punkt sehr grundlegend: Das Chakrensystem beschreibt die allgemeingültige innere Ordnung der Lebenskraft und somit auch der Psyche, während das Horoskop die individuelle Ausformung des allgemeinen Prinzips, nach dem ein Mensch gestaltet ist, beschreibt.

Um ein ausgewogenes Weltbild zu erhalten, das sowohl das für alle Allgemeingültige als auch das an dem Einzelnen Besondere erfaßt, ist es hilfreich, sich mit beiden Systemen vertraut zu machen.

Wenn man nur das Allgemeingültige betrachtet, könnte man dazu neigen, alle als gleich anzusehen, alles für möglich zu halten, die Individualität in seinen Urteilen und evtl. auch in seinen Ratschlägen zu vernachlässigen und letztendlich nur Gott und die Erleuchtung als real anzusehen – und sich selber somit als vollkommen frei.

Wenn man nur das Individuelle betrachtet, insbesondere wenn man dies auf astrologische Weise macht, könnte man dazu neigen, alle als verschieden anzusehen, alles als vorbestimmt aufzufassen und die Entwicklungsmöglichkeiten kaum zu sehen – und sich selber letztlich als vollkommen determiniert anzusehen.

Wenn man beide Blickwinkel kombiniert, erhält man das Individuum, das nach allgemeingültigen Prinzipien aufgebaut, aber in einer sehr individuellen Weise variiert worden ist. Es ist zum einen durch sein Horoskop geprägt worden, aber es hat zum anderen die Freiheit, diese Prägung auf ein immer höheres Niveau zu bringen.

Die gerade, freie Linie der Entwicklung, die sich aus dem Chakrensystem ergibt, und der lebenslang geprägte Kreis, der sich aus dem Horoskop ergibt, verbinden sich dann zu einer Entwicklungs-Spirale, die die Einseitigkeiten beider Blickweisen vermeidet.

2. Die „12"

Die Zahl „12" ist in den bisherigen Betrachtungen schon des öfteren aufgetreten. Es ist daher sinnvoll, sich diese Zahl einmal näher anzuschauen.

Die Heisenberg'sche Spinkette

Die Zahl „12" findet sich in den Naturwissenschaften an der Wurzel des heutigen physikalischen Weltbildes. Seit gut 30 Jahren werden alle Elementarteilchen und alle Energiequanten, also alles, was es gibt, als „Superstrings" beschrieben. Man kann sich diese „Strings", wie eine kreisförmige, schwingende Saite vorstellen – deshalb wurden sie auch „strings", also „Saite" genannt.

Der Name „string" wurde gewählt, weil eine Saite als „stehende Welle" schwingt, d.h. weil es auf einer Saite Stellen gibt, an denen sie auf und ab schwingt, und Stellen, an denen sie stets ruht. Die Längen der schwingenden Bereiche sind stets genau gleich lang.

Der allereinfachste dieser Superstrings, der von Werner Heisenberg gefunden worden ist, ist ein Kreis, auf dem sich zwölf Wellenberge bzw. Wellentäler befinden. Dieser Kreis, dessen Wellenberge bzw. Wellentäler durch scharfe Grenzen voneinander abgegrenzt sind, entspricht somit von seinem Aufbau her genau dem Tierkreis, der ebenfalls aus zwölf klar abgegrenzten Bereichen besteht, die alle gleichlang sind. Jeder dieser zwölf Bereiche entspricht einem Tierkreiszeichen.

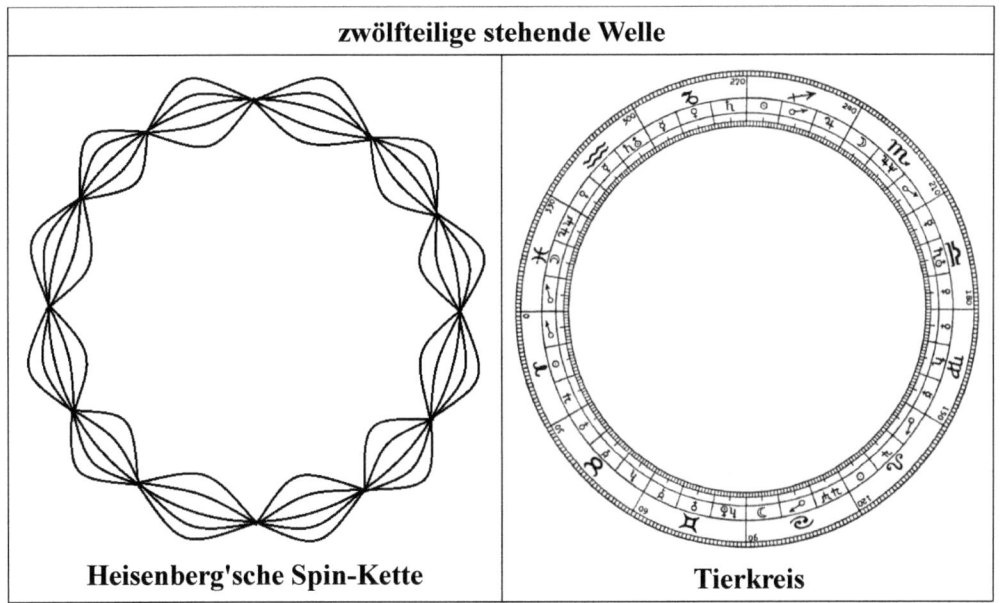

zwölfteilige stehende Welle	
Heisenberg'sche Spin-Kette	Tierkreis

Die Elementarteilchen-Familie

Eine Stufe näher an der gewohnten Welt findet sich die „12" noch ein zweites mal: Es gibt insgesamt 12 verschiedene Elementarteilchen, aus denen sich der Rest der Welt aufbaut. Jedes dieser Teilchen ist ein solcher String, wie eben beschrieben worden ist – sie unterscheiden sich nur durch ihre verschiedene Schwingungsmuster.

Es gibt vier verschiedene grundlegende Arten von Teilchen: das up-Quark, das down-Quark, das Elektron und das Neutrino. Die beiden allgemein bekannten Teilchen „Proton" und „Neutron" sind keine primären Teilchen, sondern setzten sich aus jeweils drei Quarks zusammen.

Diese vier grundlegenden Arten von Teilchen entsprechen den vier Elementen im Tierkreis und in den Akupunktur-Meridianen (Feuer, Wasser, Luft und Erde).

Von diesen vier Grundarten von Teilchen gibt es jeweils drei Größen, sodaß sich 12 verschiedene grundlegende Elementarteilchen ergeben. Diese drei Größen entsprechen dem „Drei-Schritt" bei den Chakren und den drei „Dynamiken" im Tierkreis (erschaffend, gestaltend und beweglich). Die „12" der zwölf grundlegenden Teilchen ist also offenbar wie im Tierkreis und in den Akupunktur-Meridianen eine „3·4".

129

Die 12 grundlegenden Elementarteilchen - Dynamik/Element-Tabelle -		
	1. Familie normale Teilchen; erschaffende Tierkreiszeichen	**2. Familie** schwere Teilchen; gestaltende Tierkreiszeichen	**3. Familie** sehr schwere Teilchen; bewegende Tierkreiszeichen
Quarks *mit Ladung +2/3* *Feuer*	„up"-Quark Widder	„charm"-Quark Löwe	„truth"-Quark Schütze
Quarks *mit Ladung -1/3* *Wasser*	„down"-Quark Krebs	„strange"-Quark Skorpion	„beauty"-Quark Fische
Leptonen *mit Ladung -1* *Luft*	Elektron Waage	Myon Wassermann	Tauon Zwillinge
Neutrinos *mit Ladung 0* *Erde*	Elektron-Neutrino Steinbock	Myon-Neutrino Stier	Tauon-Neutrino Jungfrau

Die Elektronenhülle

Schließlich findet sich die „12" noch ein drittes mal in dem Aufbau der Elektronenhülle, in der sich die Elektronen in 12 verschiedenen Arten von Umlaufbahnen um den Atomkern bewegen können.

Diese Elektronenhülle ist eine Analogie zu dem Horoskop eines Menschen und zu den 2·12 Akupunkturmeridianen in dem Lebenskraftkörper.

Die Übergänge auf dem Lebensbaum

Wenn man die Superstrings, die Elementarteilchen und die Elektronenhüllen auf dem kabbalistischen Weltenbaum einordnet, stellt sich heraus, das sie sich jeweils an den Übergängen befinden. Die „12" ist offenbar mit der Konkretisierung oder

Erschaffung einer Sache verbunden – auch das Horoskop entsteht, wenn ein Mensch geboren oder eine Unternehmung gegründet wird.

```
       o            Raumzeit
--------------  · · · · · · ·  „Erste Ursache": 12-teilige Superstrings
     o   o          Energiequanten
       o
--------------  · · · · · · ·  „Abgrund": 12 grundlegende Elementarteilchen
     o   o          Elementarteilchen
       o            Atomkerne
--------------  · · · · · · ·  „Graben": 12 Arten des Elektronen-Orbits
     o   o          Moleküle                    (Horoskop)
       o
--------------  · · · · · · ·  „Schwelle": (astrologische Transite)
                    Gegenstände
       o
```

Es stellt sich spätestens an dieser Stelle die Frage, welche Bedeutung die „12" für das Chakrensystem hat. Da die „12" die Entstehung von Systemen prägt und das Chakrensystem die Ausformung des Impulses der Seele im Herzchakra ist, könnte sich die „12" auch im Chakrensystem wiederfinden. Bisher ist sie jedoch nur in den 2·12 Akupunkturmeridianen aufgetreten.

Sie findet sich jedoch auch in dem Kreis der 12 „Kshetrams", die im folgenden Kapitel betrachtet werden.

XI Die 12 Kshetrams

Im klassischen Yoga und in dem Zweig der indischen Medizin, der sich auf das Prana (Lebenskraft) konzentriert, wird zwischen den Chakren und den Kshetrams unterschieden. Das Chakra liegt im Körperinneren und das Kshetram auf der Körpervorderseite – dort wird es auch auf den meisten Darstellungen abgebildet (und oft als „Chakra" bezeichnet).

In einigen nicht-indischen Chakra-Systemen wie z.B. dem der Yaqui-Indianer, werden auch Kshetrams auf dem Rücken beschrieben.

Das Scheitelchakra ist mit seinem Kshetram identisch und ebenso das Wurzelchakra. Dies liegt daran daß diese beiden Chakren bereits wie die Kshetrams auf der Körperoberfläche liegen.

Es gibt die 5 Kshetrams der 5 mittleren Chakren auf der Körpervorderseite, die 5 Kshetrams der 5 mittleren Chakren auf der Körperrückseite sowie das Scheitelchakra und das Wurzelchakra, die mit ihren jeweiligen Kshetrams identisch sind.

Daraus ergibt sich ein senkrechter Kreis oder eher eine senkrechte Ellipse, die rings um den Körper führt und auf der sich 5+1+5+1=12 Chakren/Kshetrams befinden. Diese Ellipse führt vom Scheitel über das Gesicht und den Bauch zu den Genitalien und dann über das Gesäß und den Rücken und den Hinterkopf wieder bis zum Scheitel empor.

Die Reihe dieser 12 Kshetrams verläuft somit auf genau dieselbe Weise einmal senkrecht um den Körper wie der Zentral-Meridian aus der Akupunktur.

Die vordere Hälfte dieses Kreises wird in der Akupunktur „Vordermeridian" oder „Konzeptionsgefäß" genannt – dies sind die fünf vorderen Kshetrams plus Wurzelchakra und Scheitelchakra.

Die hintere Hälfte wird „Hintermeridian" oder „Lenkergefäß" genannt – dies sind die fünf hinteren Kshetrams plus Wurzelchakra und Scheitelchakra.

Das Verhältnis zwischen den Chakren sowie den vorderen und den hinteren Kshetrams ist recht einfach:

- Das Chakra enthält die grundlegende Haltung eines Menschen zu dem Thema, für das das betreffenden Chakra steht.

- Das hintere Kshetram enthält die Impulse, die der betreffende Mensch bezüglich der Themen des betreffenden Chakras bisher von seinen Eltern und anderen prägenden Menschen erhalten hat.

- Das vordere Kshetram enthält das, was ein Mensch zur Zeit aus dem betreffenden Chakra macht.

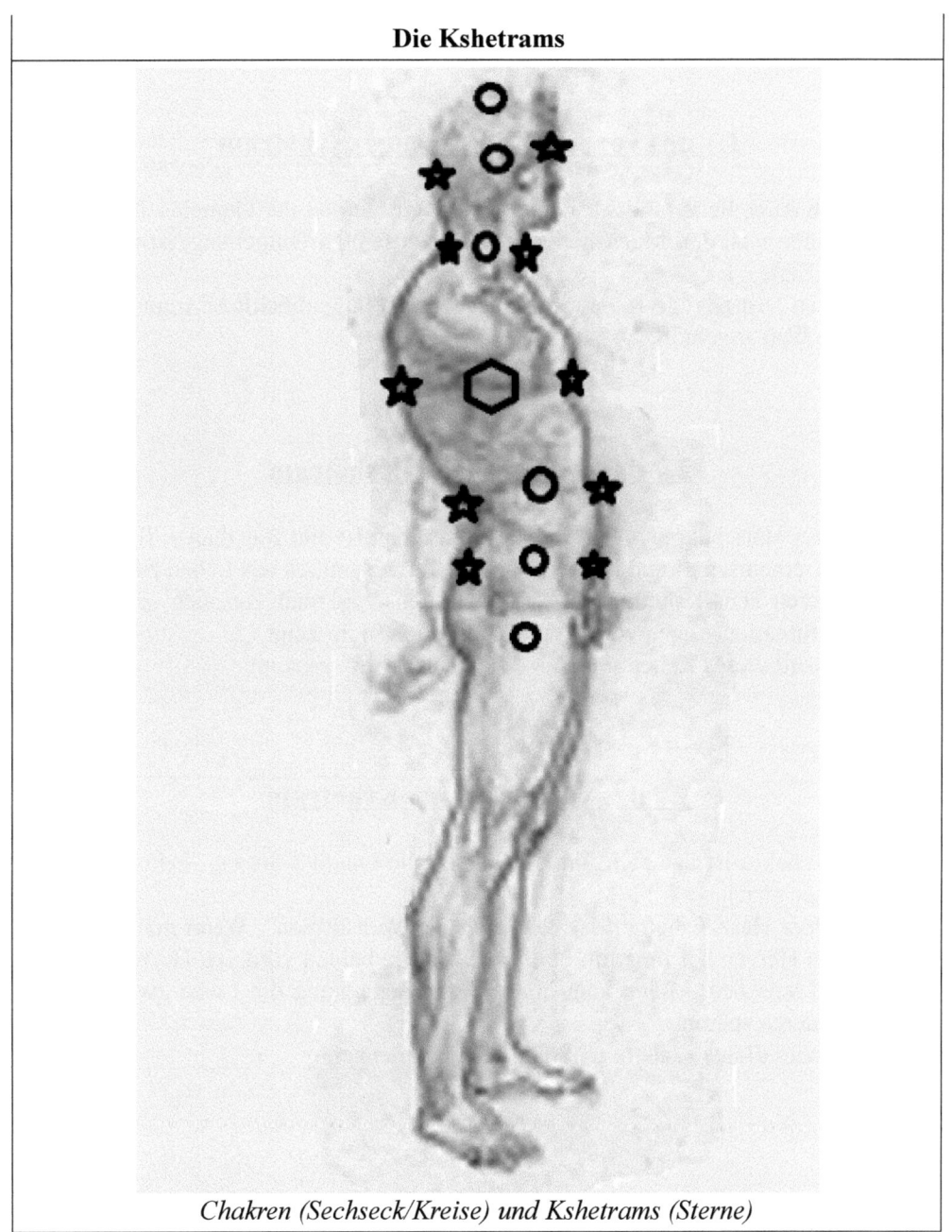

Chakren (Sechseck/Kreise) und Kshetrams (Sterne)

A Die fünf vorderen Kshetrams

1. das vordere Dritte-Auge-Kshetram

Im Dritten Auge liegen die Absichten für die Gestaltung der Gemeinschaft, für das eigene Verhältnis zu den Menschen und zu der gesamten Umgebung, sowie generell die eigenen Ziele.

Im vorderen Dritte-Auge-Kshetram findet sich der augenblickliche Impuls, mit dem man auf die Welt zugeht.

2. das vordere Hals-Kshetram

Mithilfe des Halschakras drückt man aus, wer man ist und was man will. Man zeigt sich seiner Gemeinschaft und bietet ihr an, mit ihr zusammen das Leben zu gestalten.

Im vorderen Hals-Kshetram ist das zu finden, was man von sich selber in der derzeitigen Situation zeigen will bzw. wie man sich in ihr zeigt.

In China wird dieses Kshetram „Tai-Chui Hsuan-Chi" genannt.

3. das vordere Herz-Kshetram

Das Herzchakra ist das „Ich bin." Daher ist die Qualität dieses Chakras in seiner Essenz immer gleich.

Das vordere Herz-Kshetram ist das „sich der Welt öffnen". Wenn man jemanden wirklich von Herzen her umarmt, berühren sich die beiden vorderen Herz-Kshetrams der beiden Menschen – dann kann man in der Begegnung die Liebe zwischen sich und dem anderen spüren.

In China wird dieses Kshetram „Shuan-Chung" genannt.

4. das vordere Sonnengeflecht-Kshetram

Das Sonnengeflecht enthält die Körper-Impulse, das, was man leiblich erleben oder erschaffen will.

Das vordere Sonnengeflecht-Kshetram enthält die Aspekte der eigenen Handlungsimpulse, die man mit den Handlungsimpulsen von anderen verbinden will.

In China wird dieses Kshetram „Chung Wan" genannt.

5. das vordere Hara-Kshetram

Das Hara prägt die eigene Körperhaltung, den sicheren Stand und die innere Festigkeit.

Das vordere Hara-Kshetram ist daher die Verteidigung des eigenen Raumes und auch der Punkt, an dem sich zwei Kämpfer, zwei Tänzer oder zwei Menschen, die sich sexuell vereint haben, in einem gemeinsamen Rhythmus begegnen.

In China wird dieses Kshetram „Chi-Schung", d.h. „See der Lebenskraft" genannt.

B fünf hinteren Kshetrams

1. das Schädelbasis-Kshetram

Im Dritten Auge liegen die Absichten für die Gestaltung der Gemeinschaft, für das eigene Verhältnis zu den Menschen und zu der gesamten Umgebung, sowie generell die eigenen Ziele.

Im Schädelbasis-Kshetram („hinteres Dritte-Auge-Kshetram") finden sich die Ziele der eigenen Eltern sowie deren Ansichten über das Leben. Wenn man beginnt, den eigenen Weg zu gehen und die übernommenen Ansichten der eigenen Eltern in sich noch nicht aufgelöst hat, kann man diesen inneren Gegensatz zwischen Willen und Prägung als einen heftigen, schmerzhaften Druck an der Schädelbasis erleben.

Dieses Kshetram wird in Indien auch „Bindhu-Kshetram" und in China „Yui-Gen" („Jade-Säule") genannt.

2. das Nacken-Kshetram

Mithilfe des Halschakras drückt man aus, wer man ist und was man will. Man zeigt sich seiner Gemeinschaft und bietet ihr an, mit ihr zusammen das Leben zu gestalten.

Im Nacken-Kshetram („hinteres Hals-Kshetram") sind die Ansichten der eigenen Eltern darüber zu finden, was man von sich zeigen darf und was nicht, und auf welche Weise man mit sozialen Schwierigkeiten umgehen soll – der Verhaltens-Kodex der eigenen Eltern.

Dieses Kshetram wird in China „Ta-Chui" genannt.

3. das Schulterblätter-Kshetram

Das Herzchakra ist das „Ich bin." Daher ist die Qualität dieses Chakras in seiner Essenz immer gleich.

Im Idealfall enthält das Schulterblatt-Kshetram („hinteres Herz-Kshetram") die Freude der Eltern über die Eigenarten ihres Kindes, die Liebe zu dem Kind und den Wunsch, dem eigenen Kind durch das eigene Vorbild zu zeigen, wie man ein freies und von Liebe erfülltes Leben führen kann. In vielen Fällen finden sich in diesem Kshetram jedoch die Lebensangst, die Resignation und die Aggression der eigenen

136

Eltern.

Dieses Kshetram wird in China „Gia-Pe" genannt.

4. das Rücken-Kshetram

Das Sonnengeflecht enthält die Körper-Impulse, das, was man leiblich erleben oder erschaffen will.

Das Rücken-Kshetram („hinteres Sonnengeflecht-Kshetram") enthält das Bild der Art und Weise, wie sich die eigenen Eltern in ihrem Leben bewegt haben, was sie gewagt haben, was sie angestrebt haben … und was sie gefürchtet haben.

Dieses Kshetram wird in China „Chi-chung" genannt. Es entspricht dem Akupunkturpunkt „Ming-Men" („Tor des Lebens"). Dieser Punkt findet auch in der Kampfkunst Verwendung.

5. das Lendenwirbelsäulen-Kshetram

Das Hara prägt die eigene Körperhaltung, den sicheren Stand und die innere Festigkeit.

Das Lendenwirbelsäulen-Kshetram („hinteres Hara-Kshetram") enthält den Raum, den die eigenen Eltern einzunehmen in der Lage gewesen sind, oder ihr sich-Ducken, ihre Flucht, aber auch ihre Herrschsucht. Im Idealfall kann man in diesem Kshetram das Vorbild der eigenen Eltern finden, die einem gezeigt haben, wie man selbstsicher im eigenen Rhythmus leben kann.

Im Taoismus wird dieses Kshetram „Hua Dan-Tien" d,h, „hinteres Chakra" genannt.

C mögliche weitere Kshetrams

In der chinesischen Medizin werden zusammen mit den Kshetram-Punkten noch zwei Punkte angeführt, die vorne auf dem Knie und hinten in der Kniekehle liegen. Der vordere Punkt heißt „He ding" und der hintere „Wei chung".

Aufgrund ihrer Lage könnte man sie als die beiden Kshetrams des Kniechakras ansehen, aber es ist vermutlich zutreffender, sie als zwei Akupunkturpunkte zu betrachten, da das Knie kein Hauptchakra, sondern ein Zwischenchakra ist und sich die übrigen Kshetrams alle auf die Hauptchakren beziehen.

Allerdings kann man auch nicht kategorisch auschließen, daß auch die Zwischenchakren je ein vorderes und ein hinteres Kshetram haben, obwohl diese bisher nirgendwo beschrieben worden sind.

D Die Kshetrams und die Akupunkturpunkte

Da die Kshetrams und die Akupunkturpunkte auf dem Vorder- und Hintermeridian auf derselben Linie rings um den Körper liegen, sollte man eine Verwandtschaft zwischen den Eigenschaften der Kshetrams und den Eigenschaften der betreffenden Akupunkturpunkte erwarten dürfen.

Die folgende Betrachtung geht von den Akupunkturpunkten aus und schaut dann, ob sie den Kshetrams der Chakren und Zwischenchakren entsprechen.

Die Akupunkturpunkte auf dem Vordermeridian werden mit „Ren" abgekürzt und die Akupunkturpunkte auf dem Hintermeridian mit „Du".

Von den im Rang Dröl benutzten Punkten liegt keiner auf den beiden Mittelmeridianen.

Die Marmas auf dieser Linie entsprechen den Hauptchakren und sind daher im Folgenden nicht aufgeführt worden, da es in diesem Kapitel um die Erforschung der Zwischenchakren geht.

Vergleich der Kshetrams/Chakren mit den Akupunkturpunkten				
Aku- punk- tur- punkt	*Lage*	*Qualität*	*Chakra/ Kshetram*	*Vergleich*
Ren 1	zwischen Genitalien und After	Wasserlassen, Stuhlgang, Impotenz, Epilepsie, hilft bei manisch-depressiver Erkrankung	Wurzel- chakra	stimmt überein (manisch- depressiv = instabiler Lebenskraftfluß)
Ren 2	direkt vorne oberhalb der Genitalien	für Niere, Blase, Genitalien	-	-
Ren 3	oberer Ansatz des Schamhaars	entspannt das Hara, be- ruhigt den Uterus, regu- liert die Menstruation, hilft bei Unfruchtbarkeit	Schamhaar- Kshetram	paßt gut

Aku-punk-tur-punkt	Lage	Qualität	Chakra/Kshetram	Vergleich
Ren 4	vier finger-breit unter dem Nabel	gibt inneren Halt und Rhythmus, hilft der Niere, der Blase und dem Uterus, Selbstbeherrschung, Standfestigkeit, sich seine Kraft bewahren	kurz unter dem Hara-Kshetram	stimmt sehr gut mit dem Hara überein
Ren 5	kurz unter dem Hara	reguliert Hara und Uterus	Hara-Kshetram – unten	paßt gut
Ren 6	Hara	gegen Müdigkeit, Leisten-bruch, Hodenbruch, Gebärmuttervorfall, ständige Menstruation, ständiges Wasserlassen, Prostataprobleme	Hara-Kshetram – Mitte	paßt zum Hara (die eigene Substanz wahren)
Ren 7	kurz über dem Hara	reguliert Uterus und Menstruation; gegen Hodenschrumpfen, Schmerzen in Genitalien, Hitze-Wallungen in Wechseljahren	Hara-Kshetram – oben	paßt zum Hara (Lebenskraft-Regulation)
Ren 8	Nabel	gegen Bewußtseinsverlust bei Schlaganfall, Kälte, Schwäche, Unfruchtbarkeit	Nabel-Kshetram	paßt gut (Über-gang von Gefühl/Traumbewußtsein im Sonnengeflecht zu Denken/Be-wußtsein im Hara
Ren 9	Sonnen-geflecht, unten	gegen Durchfall, fördert Wasserfluß im Körper	Sonnen-geflecht-Kshetram, unten	?

Aku-punk-tur-punkt	Lage	Qualität	Chakra/ Kshetram	Vergleich
Ren 10	Sonnen-geflecht, oben	für die Verdauung der Nahrung	Sonnen-geflecht-Kshetram, oben	?
Ren 11	über dem Sonnen-geflecht	für die Verdauung der Nahrung	-	-
Ren 12	unter dem Wunsch-baum	reguliert Magen und Milz, beruhigt den Geist; gegen Müdigkeit, Appetitlosig-keit, Schwäche, Völlege-fühl, Ekel, Übelkeit, Erbrechen, Sorgen, Angst, Nachdenklichkeit	unter dem Wunsch-baum-Kshetram	paßt gut (die Symptome entstehen durch die Blockierung der Wünsche)
Ren 13	Wunsch-baum	beruhigt den Magen; gegen Übelkeit, Erbrechen, Schluckbeschwerden	Wunsch-baum-Kshetram	paßt gut (die Symptome entstehen durch die Blockierung der Wünsche)
Ren 14	über dem Wunsch-baum	reguliert das Herz, beru-higt und öffnet den Geist; beruhigt den Magen, Herzschmerzen, Angst, Schlaflosigkeit, manisch-depressives Verhalten, Wunsch zu schreien, Zorn, Desorientierung, Übelkeit, Erbrechen	über dem Wunsch-baum-Kshetram	paßt gut zum Wunschbaum (die Symptome entstehen durch die Blockierung der Wünsche), ist aber näher am Herzen, d.h. an der Motivation

Aku-punk-tur-punkt	Lage	Qualität	Chakra/ Kshetram	Vergleich
Ren 15	zwischen Wunsch-baum und Herzchakra (unten)	lindert und öffnet den Geist und die Brust; gegen manisch-depressives Ver-halten, Angst, Fanatismus, Schlaflosigkeit, Atemlo-sigkeit, Enge in der Brust, Seufzen	zwischen Wunsch-baum-Kshetram und Herz-Kshetram	paßt zu der Lage zwischen Wunsch-baum und Herz-chakra
Ren 16	zwischen Wunsch-baum und Herzchakra (oben)	bewegt die Lebenskraft in der Brust; gegen Beklemmungen, Übelkeit, Erbrechen	zwischen Wunsch-baum-Kshetram und Herz-Kshetram	paßt zu der Lage zwischen Wunsch-baum und Herz-chakra und zu der Nähe zum Herzchakra
Ren 17	Herzchakra	beruhigt die Lebenskraft; wohltuend für die Brüste und die Milchbildung; gegen schwache Stimme, Müdigkeit, Abwehrschwä-che, Atemlosigkeit, Husten	Herz-Kshetram	paßt gut (fördert Selbstbewußtsein)
Ren 18	zwischen Herzchakra und Thy-muschakra (ganz unten)	bewegt die Lebenskraft in der Brust, Asthma, Kurzatmigkeit	zwischen Herz-Kshetram und Thy-mus-Kshetram (ganz unten)	paßt zur Lage im physischen Körper

Aku-punk-tur-punkt	Lage	Qualität	Chakra/ Kshetram	Vergleich
Ren 19	zwischen Herzchakra und Thy-muschakra (unten)	bewegt die Lebenskraft in der Brust, Asthma, Kurzatmigkeit	zwischen Herz-Kshetram und Thy-mus-Kshetram (unten)	paßt zur Lage im physischen Körper
Ren 20	zwischen Herzchakra und Thy-muschakra (oben)	bewegt die Lebenskraft in der Brust, Asthma, Kurzatmigkeit	zwischen Herz-Kshetram und Thy-mus-Kshetram (oben)	paßt zur Lage im physischen Körper
Ren 21	zwischen Herzchakra und Thy-muschakra (ganz oben)	bewegt die Lebenskraft in der Brust, Asthma, Kurzatmigkeit	zwischen Herz-Kshetram und Thy-mus-Kshetram (ganz oben)	paßt zur Lage im physischen Körper
Ren 22	Thymus-chakra	wohltuend für Hals und Lunge; für alle Atem- und Halsprobleme	Thymus-Kshetram	paßt zur Lage im physischen Körper
Ren 23	Kehldeckel-chakra	wohltuend für die Zunge, hilft bei Sprechschwierig-keiten	Kehldeckel-Kshetram	paßt zum Chakra (Zulassen des sozi-alen Selbstaus-drucks) und zur Lage im physi-schen Körper

143

Aku-punk-tur-punkt	Lage	Qualität	Chakra/ Kshetram	Vergleich
Ren 24	in der Mitte unter der Unterlippe	gegen Schmerzen und Erstarrung im Gesicht; gegen halbseitige Läh-mung, Zahnschmerzen, Zahnfleischschmerzen	-	-
Du 1	hinter dem Wurzel-chakra	lenkt die Vorgänge im Vordermeridian und im Hintermeridian; beruhigt den Geist; gegen Hämorrhoiden, manische Depression, Zittern, Epilepsie	hinter dem Wurzel-chakra	reguliert den Le-benskraftfluß; mit dem Wurzelchakra verwandt
Du 2	Kreuzbein	stärkt den unteren Rücken	-	-
Du 3	hinter dem Schamhaar-chakra	stärkt Rücken und Beine, gegen Impotenz	hinteres Schamhaar-Kshetram	die Hilfe gegen Impotenz paßt zu diesen Zwischen-chakra
Du 4	hinter dem Hara	für die Nieren, vertreibt Kälte, für Wärme, klärt Geist; gegen Schwindel, Impotenz, vorzeitige Ejakulation, Unfruchtbar-keit, Depression, Willen-losigkeit, Verwirrung, Epilepsie	hinteres Hara-Kshetram	paßt gut (fördert den inneren Halt und den eigenen Standpunkt)
Du 5	hinten dem Nabelchakra	harmonisiert Milz, Magen, Nieren, Gedärme	hinteres Nabel-Kshetram	?
Du 6	hinter dem Sonnenge-flecht	für die Milz und die Ver-dauung, gegen Appetitlo-sigkeit, Durchfall und Hämorrhoiden	hinteres Sonnenge-flecht-Kshetram	klingt eher nach Hara …

Aku-punk-tur-punkt	Lage	Qualität	Chakra/ Kshetram	Vergleich
Du 7	hinter dem Wunsch-baum	für Milz, Verdauung, Wirbelsäule	hinteres Wunsch-baum-Kshetram	?
Du 8	über dem hinteren Wunsch-baum	gegen angespanntes Sehen, Verkrampfungen, Zittern, Epilepsie, steife und schmerzende Wirbelsäule	über dem hinteren Wunsch-baum-Kshetram	paßt gut (Symptome = blockierte Wün-sche)
Du 9	zwischen den Schulter-blättern	reguliert Leber und Gallenblase, öffnet die Brust, entspannt das Zwerchfell; gegen Schweregefühl	hinteres Herz-Kshetram	paßt in etwa (fördert Offenheit und Leichtigkeit)
Du 10	direkt über Du 9	gegen Furunkel, Akne, Abszesse; gegen zu große Hitze	direkt über dem hinte-ren Herz-Kshetram	Streß durch Unsicherheit? dann würde es passen …
Du 11	oberer Rücken (unten)	stärkt das Herz, beruhigt den Geist; gegen Depres-sion, Traurigkeit, Klagen, Angst, schlechtes Ge-dächtnis, Desorientierung, Schüchternheit	zwischen dem hinte-ren Herz-Kshetram und dem hinteren Thymus-Kshetram (unten)	paßt gut zum Herzchakra (Lebensmut und Lebensfreude) und seinem Ausdruck, d.h. dem sich-Zeigen, daß im Thymuschakra nach außen gelangt

Aku-punk-tur-punkt	Lage	Qualität	Chakra/ Kshetram	Vergleich
Du 12	oberer Rücken (oben)	beruhigt und öffnet den Geist; reguliert die Lunge; gegen Zittern, Krämpfe, Epilepsie, Geistersehen, Depressionen, manisches Verhalten, Wut, Tötungs-bereitschaft gegen Men-schen, Müdigkeit, Schwä-che, Immunschwäche	zwischen dem hinte-ren Herz-Kshetram und dem hinteren Thymus-Kshetram (oben)	paßt zu der Lage zwischen hinterem Herz-Kshetram und hinterem Thymus-Kshetram (Einengung des Selbstausdrucks durch die Eltern)
Du 13	hinter dem Thymus-chakra	gegen Malaria und gegen abwechselnde Hitze und Kälte-Gefühle	hinteres Thymus-Kshetram	?
Du 14	direkt über Du 13	klärt den Geist; gegen Fie-ber, Hitze, Hinterkopf-schmerzen, Epilepsie, Depression, Müdigkeit, schlechtes Gedächtnis, Konzentrationsprobleme	direkt über dem hinteren Thymus-Kshetram	paßt ungefähr zum hinteren Thymus-Kshetrem
Du 15	unter der Schädelbasis	fördert Sprechen und Ge-hirn; gegen Bewußtseins-verlust bei Schlaganfall, Epilepsie, schlechtes Ge-dächtnis, Konzentrations-probleme	-	-
an diesem Ort ist kein Punkt vor-handen	-	-	hinteres Kshetram des Kehl-deckel-chakra	-

Akupunkturpunkt	Lage	Qualität	Chakra/ Kshetram	Vergleich
Du 16	Schädelbasis	lindert und öffnet den Geist; gegen Halbseitenlähmung, Kopfschmerzen, Schwindel, getrübtes Sehen, manisches Verhalten, Trauer, Schmerzen im ganzen Körper, Angst, Selbstmordneigung	hinteres Kshetram des Dritten Auges	paßt gut (Lebenskraftstau im Dritten Auge = Extrem der Abhängigkeit => Selbstmordgefährdung bei Verlusten)
Du 17	direkt über Du 16	lindert und öffnet den Geist; gut für Augen und Gehirn; gegen manisches Verhalten, Epilepsie, Schwindel, verschwommene Sicht, Kurzsichtigkeit, Schwere im Kopf, Schlaganfall	ebenfalls hinteres Kshetram des Dritten Auges (?)	paßt gut (Lebenskraftstau im Dritten Auge = Extrem des 'alles richtig machen Wollens' => Überanstrengung)
Du 18	Rückseite von Mitte zwischen drittem Auge und Stirnchakra	beruhigt den Geist; gegen Epilepsie, Schwindel, Schlaflosigkeit, mentale Aufregung	-	paßt zum Dritten Auge
Du 19	hinter dem Scheitelchakra	beruhigt und öffnet den Geist; manisches Verhalten, Angst, mentale Unruhe, Schlaflosigkeit, Depression, Verwirrtheit, Konzentrationsprobleme	hinter dem Scheitelchakra	klingt eher nach dem Dritten Auge …

Aku-punk-tur-punkt	Lage	Qualität	Chakra/Kshetram	Vergleich
Du 20	Scheitel-chakra	wohltuend für Gehirn und Sinne, erhebt den Geist, stellt das Bewußtsein wieder her; gegen Schlaganfall, halbseitige Lähmung, Ohnmacht, Epilepsie, schlechtes Gedächtnis, Depressionen, Schwindel, Tinitus, verschwommene Sicht	Scheitel-chakra	das Positive paßt zum Scheitelchakra; die Probleme passen zum Scheitelchakra und zum Dritten Auge
Du 21	vor dem Scheitel-chakra	beruhigt den Geist; gegen Schwindel, mentale Erregung, Epilepsie	vor dem Scheitel-chakra	paßt zum Scheitelchakra und zum Dritten Auge
Du 22	zwischen Scheitel-chakra und Haaransatz	beruhigt den Geist; gegen Schwindel, mentale Erregung, Epilepsie	-	reicht das Scheitelchakra bis hierhin?
Du 23	gleich hinter dem Haaransatz	öffnet die Nase, erhellt die Augen; gegen Nasenbluten, laufende Nase, verschwomme Sicht, Kurzsichtigkeit, Verlust des Geruchsinns	Stirnchakra?	klingt mehr nach Drittem Auge …
Du 24	über dem Haaransatz	beruhigt und öffnet den Geist; gegen Depression, Angst, schlechtes Gedächtnis, Schlaflosigkeit, Schwindel, verschwomme Sicht, Kurzsichtigkeit	Stirnchakra?	klingt sowohl nach Stirnchakra als auch nach dem Dritten Auge …
Du 25	Nasenspitze	für die Nase; gegen Ohnmacht, Schock, Verlust des Geruchsinnes	-	-

Aku-punk-tur-punkt	Lage	Qualität	Chakra/ Kshetram	Vergleich
Du 26	Mitte unter der Nase (oben)	beruhigt und öffnet den Geist; für die Wiederbele-bung; gegen Ohnmacht, Wundstarrkrampf, Epilep-sie, Gesichtslähmung, manische Depression, Verlust des Geruchsinnes	-	hat Ähnlichkeit mit dem Dritten Auge (Verbindung vom Kehldeckelchakra zum Dritten Auge?)
Du 27	Mitte unter der Nase (unten)	beruhigt den Geist; für das Zahnfleisch; gegen mentale Erregung	-	-
Du 28	Mitte unter der Nase (Mitte)	für das Zahnfleisch	-	-

Die Akupunkturpunkte auf dem Vordermeridian und auf dem Hintermeridian stimmen so gut wie vollständig mit den Chakren und Zwischenchakren bzw. mit ihren Kshetrams überein – was im Grunde auch nicht anderes zu erwarten war, da sowohl die Chakren als diese Akupunkturpunkte auf genau derselben Linie in der Körper-mitte liegen.

E Der Kreis der zwölf Kshetrams

Bei der Verbindung zur Erde durch das eigene Wurzelchakra gibt es nur die Verbindung, die da ist oder die nicht da ist – dort gibt es keine Planung, keine Entwürfe und auch keine Wiederholung. Im Wurzelchakra ist immer das Hier und jetzt der Begegnung im Augenblick.

Dasselbe gilt auch für das Scheitelchakra: Man ist in Verbindung mit der Welt oder man ist es nicht. Auch diese Verbindung kann nur im Hier und Jetzt sein.

Im Herzchakra ist das zeitlose „Ich bin."

In den sechs äußersten Chakren, also im Wurzelchakra, im Scheitelchakra, in den beiden Handchakren und in den beiden Fußchakren ist immer nur das „Hier und Jetzt".

Daher sind diese sechs Chakren immer eine undifferenzierte Einheit – sie sind einfach das, was sie gerade sind.

Alle übrigen Chakren sind voller Ziele, Impulse, Strukturen, Entwürfe und ähnlichem – sie sind daher eine Vielfalt, die auch eine Vergangenheit haben, die sie geprägt hat (hintere Kshetrams), und die auch eine Zukunft haben, die sie anstreben (vorderes Kshetram).

Die zehn Kshetrams bilden somit zusammen mit dem Scheitelchakra und dem Wurzelchakra einen Kreis (genauer gesagt eine Ellipse), der die zeitliche Einbettung der sieben Hauptchakren beschreibt.

Die fünf vorderen Kshetrams zielen auf die Zukunft, die fünf hinteren Kshetrams prägen durch die Vergangenheit, und das Wurzelchakra sowie das Scheitelchakra verankern den betreffenden Menschen im Hier und Jetzt.

Die zehn Kshetrams bilden zusammen mit dem Wurzelchakra und dem Scheitelchakra einen zwölfteiligen Kreis, der eng mit der Zeit und somit mit der Schöpfung verbunden ist. Dies erinnert sehr stark an den zwölfteiligen Tierkreis, der dann auftritt, wenn etwas erschaffen wird (Superstrings, Elementarteilchen, Elektronenhülle, Horoskop usw.).

XII   Das Gesamtsystem – Teil 6:   Das Photon

1. Das Photon

In Kapitel „VII 3." ist das Photon als ein System aus drei Kreisen beschrieben worden, das sich (da es eben ein Photon ist) mit Lichtgeschwindigkeit durch den Raum bewegt. Durch diese Bewegung werden aus den drei Kreisen zwei Wellen (elektrische Welle und magnetische Welle) sowie eine Spirale (der Austausch der Energie zwischen den beiden Wellen).

Auf der folgenden Skizze sind in der Mitte sind die beiden Wellen abgebildet. Rechts oben ist der Blick von vorne auf das Photon skizziert (senkrechte Linie: elektrische Welle; waagerechte Linie: magnetische Welle; Kreis: Energieaustausch zwischen den beiden Wellen). Links unten ist das Photon abgebildet, wie es aussehen würde, wenn es stillstehen würde: Dann würde es aus drei Kreisen bestehen.

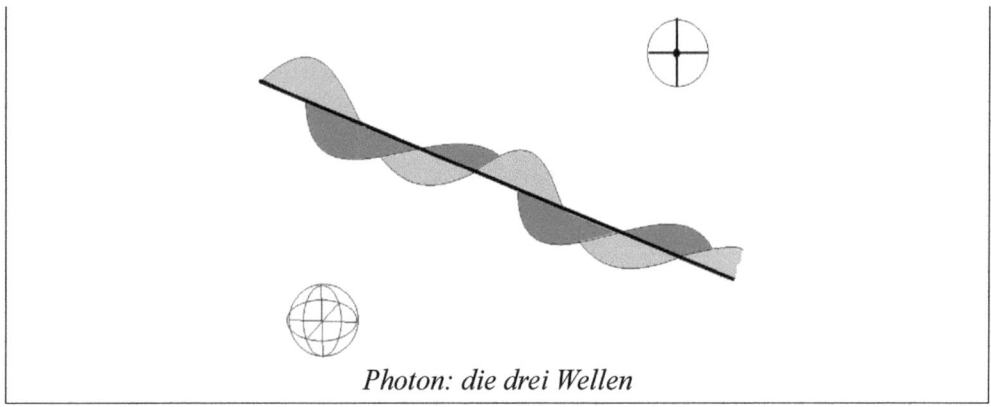

Photon: die drei Wellen

Ein in Bezug auf die Betrachtung der Chakren interessanter Aspekt dieses „stillstehenden Photons" ist es, daß eine sich bewegende elektrische Ladung stets eine magnetische Ladung erzeugt. Jede elektrische Welle erzeugt immer eine magnetische Welle. Diese Welle steht stets im rechten Winkel zu der elektrischen Welle.

Wenn die elektrische Welle zwischen oben und unten hin- und herschwingt (in der Zeichnung hellgrau), schwingt die magnetische Welle zwischen links und rechts hin- und her (in der Zeichnung dunkelgrau).

Die Wellenberge der beiden Wellen liegen so, daß immer eine Welle ihr Maximum erreicht, wenn die andere Welle bei „0" ist – dadurch bleibt die Gesamtsumme der Energie in der Welle gleich.

Aus dieser Beobachtung ergibt sich zumindestens der begründete Anfangsverdacht, daß es dann, wenn es in dem Lebenskraftkörper eine kreisförmige Struktur wie die Kshetrams gibt, es auch einen zweiten Kreis geben müßte, der im rechten Winkel zu dem ersten steht, sowie einen dritten, der wiederum im rechten Winkel zu den beiden anderen steht.

Der Kshetram-Kreis verläuft von in der Ebene „oben – vorne – unten – hinten – oben". Das, was bei dem Photon die Flugrichtung ist, ist bei einem Menschen das „geradeaus nach vorne Gehen".

Der vermutete zweite Kreis sollte wie beim Photon im rechten Winkel dazu stehen und in die Flugrichtung zeigen, sich also in der Ebene „vorne – links – hinten – rechts – vorne" befinden. Dieser Kreis müßte in seiner Qualität dem ersten Kreis recht ähnlich sein, aber sozusagen zeitlich um ein Stück versetzt sein (beim Photon 1/4 Wellenlänge). Was diese „Phasenverschiebung" auf das System der Chakren bezogen bedeuten könnte, ist zunächst einmal noch unklar.

Der vermutete dritte Kreis im Lebenskraftkörper sollte wie beim Photon im rechten Winkel zu den beiden vorigen Kreisen stehen, d.h. sich in der Ebene „oben – links – unten – rechts – oben" befinden. Dieser Kreis sollte analog zu dem Photon einen anderen Charakter haben, da er im Photon kein elektrisches oder magnetisches Feld darstellt, sondern nur den Energieaustausch zwischen den beiden anderen Kreisen beschreibt.

Nun könnte man sagen, daß diese Überlegungen recht theoretisch sind, aber zum einen entsprechen sie einigen Beobachtungen, die im folgenden Kapitel beschrieben werden, und zum anderen wird die Essenz des Herzchakras im tibetischen Buddhismus als „dreifacher Knoten" beschrieben, was evtl. diesen drei Kreisen entsprechen könnte. Dieser „dreifache Knoten" in der Mitte des Herzchakras ist dem tibetischen Buddhismus zufolge die innerste Struktur des Lebenskraftkörpers.

Ein solches System aus drei Kreisen findet sich auch im „Cosmic Doctrine" von Dion Fortune als das zentrale Element. Man kann auch die sogenannten „drei Schleier der Existenz" aus der Kabbala zu diesen Systemen rechnen, da sie als eine dreifache Struktur beschrieben wird, aus der heraus sich alle Formen bilden.

Ein Photon ist ein Superstring und enthält in sich daher auch den zwölfgeteilten, schwingenden Kreis („string"), der dem Tierkreis entspricht.

Es ist daher nicht unwahrscheinlich, daß auch die 12-geteilten Kreise im Lebenskraftkörper eine Verwandtschaft mit dem Tierkreis aufzeigen.

Man kann in diesem Zusammenhang eine interessante Überlegung anstellen:
Angenommen, der vermutete „1. Kreis" im Lebenskraftkörper ist zwölfgeteilt und entspricht dem Tierkreis – dann müßten sich die Tierkreiszeichen bestimmten Orten

auf dem Kreis zuordnen lassen.

Wenn im 1. Kreis (vorne – unten – hinten – oben – vorne) in einem bestimmten Augenblick z.B. vorne der Löwe steht. sollte im 2. Kreis (vorne – links – hinten – rechts – vorne) zu diesem Zeitpunkt vorne ebenfalls der Löwe sein – sonst wäre die Qualität an dem vorderen Punkt nicht eindeutig. Hinten wäre dann in beiden Kreisen der Wassermann.

Das bedeutet, das sich in diesen beiden Kreisen oben, unten, links und rechts zweimal der Skorpion und zweimal der Stier befindet, da diese beiden Tierkreiszeichen genau in der Mitte zwischen dem Löwen (vorne) und dem Wassermann (hinten) stehen.

Daraus ergibt sich, daß der dritte Kreis, der in der Ebene „oben, unten, links, rechts" verläuft, einen anderen Charakter als die beiden anderen Kreise haben muß, da er schließlich nicht zweimal den Stier und zweimal den Skorpion enthalten kann …

Das stimmt mit dem drei Kreisen im Photon überein: Der 1. Kreis ist die elektrische Welle, der 2. Kreis die ihr sehr ähnliche magnetische Welle, während der 3. Kreis einen anderen Charakter hat und der Austausch der Energie zwischen der ekektrischen Welle und der magnetischen Welle ist.

Es zeigt sich somit beim Durchdenken dieser Analogie, daß der 3. Kreis wie beim Photon auch im Lebenskraftkörper eine Sonderrolle einnimmt.

Ob diese Betrachtung der 3 Kreise im Aufbau des Photons und ihre vermutete Analogie zum Aufbau des Lebenskraftkörpers der Realität entsprechen, kann sich nur durch die Betrachtung dieser Strukturen im Lebenskraftkörper zeigen, die im nächsten Kapitel durchgeführt wird.

XIII   Die 12+2 Chakra-Punkte auf der Aura

Der Lebenskraftkörper hat in etwa die Form von einem auf seiner Spitze stehenden Ei. In Brusthöhe reicht dieser Lebenskraftkörper ungefähr bis zum Handgelenk des ausgestreckten Armes – aber das kann variieren.

Die Hülle, also die äußere Fläche dieses Ei-förmigen Kugel aus Lebenskraft wird im folgenden „Aura" genannt, auch wenn mit diesem Begriff manchmal auch der gesamte Lebenskraftkörper bezeichnet wird.

Außen auf dieser Aura befinden sich „Kontaktpunkte" zu anderen Menschen und Dingen. Man kann sie sich in etwa wie Steckdosen vorstellen, die die dazu passenden Stecker herbeiziehen und dann durch diese Verbindung komplexe Systeme bilden, in denen die inneren Bilder der an dem System beteiligten Menschen einander ergänzen – so sucht sich z.B. der „Star" einen (oder mehrere) „Fans", ein „Täter" ein „Opfer" und ein „Hilfsbedürftiger" einen „Helfer". Dieses Ergänzungs-Prinzip gilt natürlich genauso für alle heilen Bilder, die man in sich trägt und die sich in der Form einer „Steckdose" außen auf der Aura als „Kontakt-Anfrage" befinden.

Die Chakren enthalten die eigene Einstellung zu einem Thema; die beiden dazugehörigen Kshetrams beschreiben die Vergangenheit und die angestrebte Zukunft dieses Chakras; und die noch weiter außen liegenden Aura-Punkte sind die „Andockpunkte" für die konkreten Kontakte, die den eigenen Einstellungen in dem Chakra entsprechen.

A   Der erste Kreis: oben-vorne-unten-hinten-oben

Die sieben Chakren im Körperinneren haben vorn eund hinten eine Reflektion auf der Körperoberfläche – die Kshetrams. Da das Wurzelchakra und das Scheitelchakra bereits auf der Körperoberfläche liegen, ergeben sich insgesamt 12 Kshetrams.

Diese 12 Kshetrams haben wiederum eine Entsprechung außen auf der Aura. Von diesen Entsprechungen sind jedoch nur der Wurzelchakra-Punkt, der Scheitelchakra-Punkt, der Schulterblätter-Punkt (hinten) und der Herzchakra-Punkt (vorne) gut gesichert.

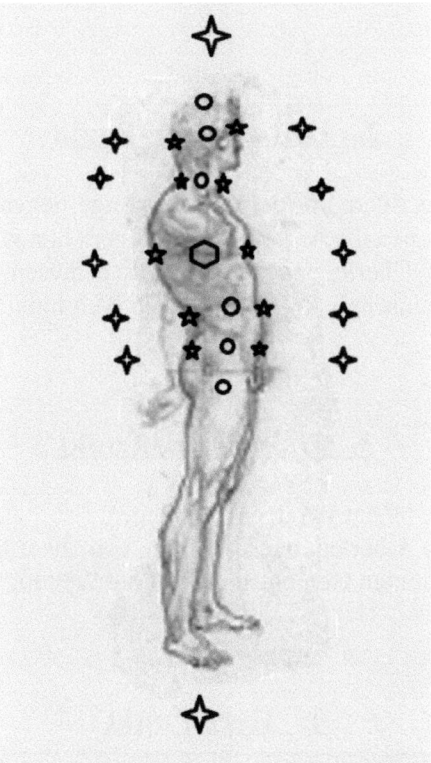

das Herzchakra (Sechseck), die sechs weiteren Hauptchakren (Kreise),
die zehn Kshetrams (Pentagramme) und die zwölf Aura-Punkte (Sterne)

1. Scheitelchakra-Punkt

Der Punkt 15cm über dem Scheitel wird manchmal als „achtes Chakra" bezeichnet. In manchen Beschreibungen findet sich auch die Ansicht, daß dieser Punkt der „Sitz des Karmas" sei.

Die Inkas nennen diesen Punkt „Quelle des Göttlichen" und „Auge des Lichts". Sie fassen diesen Punkt als die Verbindung zu Gott auf.

Der Begriff der Quetchua-Indianer („Inkas") für die Lebenskraft lautet „Causay". Die Chakren werden von ihnen als „Pukios" bezeichnet. Da „Pukio" jedoch „Wasserkanal" bedeutet, ist mit diesem Wort möglicherweise jedoch eher so etwas wie

Akupunktur-Meridiane oder wie die Nadis im Yoga (Sushumna, Ida, Pingala) gemeint.

2. Drittes Auge-Punkt

Dieser Punkt müßte ca. 40cm vor dem Dritten Auge liegen. Dies ist der Punkt, auf den bei einigen Meditationen die Aufmerksamkeit gerichtet wird.

Nach den bisherigen Überlegungen müßten von diesem Punkt aus die eigenen Kooperations- und Gemeinschafts-Wünsche in die Welt hinausgehen.

3. Halschakra-Punkt

Dieser Punkt müßte ca. 60 cm vor dem Hals liegen.

Nach den bisherigen Überlegungen müßten von diesem Punkt aus das eigene „Selbstbild in der erwünschten Gemeinschaft" in die Welt hinaus strahlen.

4. Herz-Punkt

Dieser Punkt müßte ca. 80 cm. vor der Mitte der Brust liegen.

Nach den bisherigen Überlegungen müßten von diesem Punkt aus die eigene Liebe in die Welt hinausstrahlen.

Ca. 40cm vor dem Herzchakra liegt der Punkt, an dem man die meisten Arbeiten mit den Händen durchführt oder an dem man ein Buch oder ein Schriftstück hält. Dies ist sozusagen der Arbeits- und Konzentrationspunkt.

5. Sonnengeflecht-Punkt

Dieser Punkt müßte ca. 80 cm vor dem Sonnengeflecht liegen.

Nach den bisherigen Überlegungen müßte von diesem Punkt aus die eigene Expansion in die Welt hinaus ausgehen – also das sich-Ausdehnen, sich-Behaupten, sich-sein-Reich schaffen usw.

Wenn man mit Menschen zu tun hat, die in irgendeiner Form der Abhängigkeit stehen und man diese Menschen fragt, von welchen Körperteil aus die Verbindung zu dem Menschen ausgeht, von dem sie abhängig sind, wird in über 90% der Fälle auf das Sonnengeflecht gezeigt. Von hier aus geht eine Lebenskraftschnur von dem Abhängigen zu demjenigen, von dem der Betreffende abhängig ist.

Oft ist auch derjenige, von dem ein anderer abhängig ist, an dieser Verbindung interessiert, da der Abhängige ständig einen Teil seiner Lebenskraft durch diese Lebenskraft-Schnur zu dem anderen fließen läßt und ihn sozusagen wie ein Mutter ihr Kind über diese Nabelschnur ernährt – nur daß dies unter Erwachsenen ein parasitäres Verhältnis ist.

Vermutlich ist auch die Verbindung von einer Mutter zu ihrem kleinen Kind, durch die die Mutter spürt, daß etwas nicht stimmt (auch wenn das Kind in einem anderen Zimmer oder im Garten ist) eine solche Sonnengeflechts-Lebenskraftschnur.

6. Hara-Punkt

Dieser Punkt müßte ca. 80 cm vor dem Hara liegen.

Nach den bisherigen Überlegungen müßte von diesem Punkt aus die Kooperation der eigenen Bewegungen mit denen der anderen Menschen bei der Arbeit, beim Tanz, beim Kampf und beim Sex ausgehen.

Der Kampf zwischen dem Hara zweier Menschen läßt sich eindrücklich in dem Kampf zweier Sumo-Ringer beobachten, bei dem die Ringer danach streben, den anderen entweder zu Fall zu bringen oder aus dem Kampfkreis zu drängen, also ihm entweder seinen Halt oder seinen Raum zu nehmen (was beides dem Hara entspricht).

7. Wurzelchakra-Punkt

Dieser Punkt liegt den meisten Angaben zufolge ca. 50 cm unter den Fußsohlen in der Erde. Er hat von seinem Wesen her mit der eigenen Erdung zu tun und mit der Anbindung an die Erde und mit dem Genährtwerden durch sie.

Dieser Wurzelchakra-Punkt wird von den Inkas als Schlauch oder Rüssel dargestellt, der in die Erde hinabreicht.

8. Ledenwirbelsäulen-Punkt

Dieser Punkt müßte ca. 80 cm hinter dem Hara liegen.

Nach den bisherigen Überlegungen müßte an diesem Punkt der Halt, den man von den eigenen Eltern oder von anderen wohlmeinenden Menschen erhält, zu finden sein.

Dies wäre daher auch der Punkt, an dem man einem anderen Menschen dessen Halt nehmen kann.

9. Rücken-Punkt

Dieser Punkt müßte ca. 80 cm. hinter dem Sonnengeflecht liegen.

Nach den bisherigen Überlegungen müßte durch diesen Punkt die energetische Unterstützung durch andere Menschen in das eigene System gelangen.

10. Schulterblatt-Punkt

Dieser Punkt müßte ca. 80 cm hinter dem Herzchakra liegen.

An diesem Punkt befindet sich die Verbindung zu den eigenen Eltern und den eigenen Ahnen und daher auch zu der Familientradition und der Tradition der eigenen Kultur. Dies ist daher der Punkt, an dem man die eigene Einstellung zu dem, was man von seinen Vorfahren übernommen hat, umwandeln oder verstärken kann. Dies ist auch der Punkt, an den man Götter rufen kann, damit sie einem Rückhalt geben. Dies ist der „Punkt der Religion" – das Wort „Religion" bedeutet „Rückverbindung".

Durch diesen Punkt sollte im Idealfall die Liebe der Eltern zu ihren Kindern und die Freude über deren Eigenarten und ihren besonderen Charakter fließen.

Aufgrund des Wesens dieses Punktes können hier viele Veränderungen bewirkt werden – daher hat Carlos Castaneda diesen Punkt „Montage-Punkt" genannt.

Außer von den Yaquis (bei denen Castaneda diesen Punkt kennengelernt hat), ist dieser Punkt auch noch von den Cherokee-Indianern („Tsalagi") bekannt – es ist allerdings ungewiß, wie alt diese Tradition bei ihnen ist und ob sie sie nicht von den Yaquis übernommen haben. Die Cherokees benutzen diesen Punkt vor allem zur Heilung des Herzens.

Bei den Hopi-Indianern wird dieser Punkt zur Heilung des Herzens und zur Auflösung emotionaler Blockaden benutzt.

Der Schulterblatt-Punkt ist von den 12 Punkten auf diesem 1. Aura-Kreis der am besten bekannte Punkt. Die bekannten Überlieferungen sind einheitlich und stimmen mit der theoretischen Herleitung des Charakters dieses Punktes (die Wurzeln des Selbstbildes in der Vergangenheit) überein.

11.   Nacken-Punkt

Dieser Punkt, der auch „Genick-Chakra" genannt wird müßte ca. 50 cm hinter dem Halschakra liegen.

An diesem Punkt befindet sich die Verbindung zu den Vorstellungen der eigenen Eltern über die Welt. Dies ist daher auch der Punkt, an dem Agitation und Demagogie in das Weltbild eines Menschen eindringen können – aber an dem ebenso Optimismus und hilfreiche Ratschläge einen Menschen erreichen können.

In neueren Texten wird diesem Chakra Inspiration und die Verbindung zu der Welt als Ganzer zugeschrieben. Die Inspiration paßt gut zu der theoretischen Herleitung des Charakters dieses Punktes, während die „Verbindung zum Ganzen" eher zum Scheitelchakra gehören sollte.

12.   Schädelbasis-Punkt

Dieser Punkt liegt ca. 40 cm hinter der Schädelbasis. Er erscheint auch in den traditionellen Schriften und wird „Bindhu-Chakra" oder „Mondzentrum" genannt. Die Brahmanen flechten dort ihren Zopf.

In den neueren Schriften finden sich für diesen Punkt die folgenden Eigenschaften: Eingebungen, Inspiration, Vision für das eigene Leben, Dinge vorhersehen, Wahrnehmung, Kreativität, Kunst, Gelassenheit, im Hier und Jetzt sein, Wohlwollen, Gesundheit stärken, Verjüngung, Assoziation mit dem Soma amrita (Unsterblichkeitstrank) und Harmonie zwischen dem innerem Mann und der inneren Frau.

Das paßt recht gut zu den bisherigen Überlegungen, nach denen dieser Hinterkopf-Punkt mit den Ansichten und dem Weltbild der Eltern und der Ahnen und (wenn man noch weiter zurück geht) der Götter verbunden ist. Allerdings erscheinen in der Beschreibung auch viele Eigenschaften, die eher zu dem Scheitelchakra gehören wie die Inspiration und das Ruhen im Hier und Jetzt, die Verjüngung, das Soma amrita und die Harmonie zwischen Mann und Frau.

13. Zusammenfassung: der erste Kreis

Von den 12 Punkten auf diesem Kreis sind nur der Scheitelchakra-Punkt, der Wurzelchakra-Punkt, der Sonnengeflecht-Punkt und der Schulterblatt-Punkt gut bekannt. Hinzu kommen der Herzchakra-Punkt, der Stirnpunkt und der Schädelbasis-Punkt, zu denen sich auch eine Überlieferung findet. Die Qualität der übrigen fünf Punkte läßt sich zunächst einmal nur theoretisch herleiten.

Eine Entsprechung dieser Punkte zu dem Tierkreis kann man zwar vermuten, aber nicht nachweisen.

Im Tierkreis gibt es auch keine Himmel-Erde-Polarität wie bei dem Wurzelchakra und dem Scheitelchakra. Man könnte diese beiden Chakren aber auch Egozentrik und Gemeinschaft auffassen – dann könnte das Wurzelchakra dem Löwen und das Scheitelchakra dem Wassermann entsprechen. Wenn diese vage These zutreffen sollte, dann müßten der Herzpunkt und der Schulterblatt-Punkt dem Skorpion und dem Stier entsprechen, was jedoch keinen rechten Sinn ergibt.

Ob es diesen Kreis tatsächlich außen auf der Aura gibt, läßt sich am ehesten durch praktische Experimente feststellen (siehe das vorletzte Kapitel). Bei Heilungen haben sich diese Punkte bisher des öfteren bewährt – insbesondere die Punkte auf der Rückseite, an denen sich manchmal alte Prägungen und Ängste auflösen lassen.

B   Der zweite Kreis: vorne-links-hinten-rechts-vorne

Dieser Kreis ist noch etwas hypothetischer als der vorige.

Der erste Kreis ergab sich aus den Beschreibungen des Scheitelchakra-Punktes, des Wurzelchakra-Punktes und des Schulterblatt-Punktes sowie den Überlegungen zu dem drei-Kreise-Systems des Photons, der tibetischen Beschreibung des Herzchakras als eines „dreifachen Knotens" und schließlich einigen Erfolgen mit diesen Punkten bei Heilungen.

Der zweite Kreis ergibt sich aus der Analogie zu den drei Kreisen des Photons.

Er liegt waagerecht auf der Höhe des Herzchakras, das zwölf Blütenblätter hat, die somit der Zwölferteilung dieses zweiten Kreises entsprechen würde. Allerdings sollte man der Beschreibung des zwölfblättrigen Herzchakras vorsichtig sein, da das Herzchakra in den älteren Schriften acht Blütenblätter hat. Es ist kaum noch feststellbar, ob diese Änderung in einer genaueren Beobachtung begründet liegt, oder einfach nur darin, daß ursprünglich die „8" die Zahl des „Ganzen, Vollständigen und Vollkommenen" gewesen ist und später dann die „12" diese Symbolik übernommen hat.

Die Überlegungen zu den drei Kreisen sind in erster Linie ein Versuch, alle bekannten Chakren und Nebenchakren als ein Gesamtsystem mit einer einfachen inneren Dynamik zu beschreiben.

Auf dem zweiten Kreis sind lediglich vier Punkte bekannt:

1.   Der Herzchakra-Punkt

Dieser Punkt vor dem Herzchakra ist bereits bei dem ersten Kreis beschrieben worden.

2.   Der Schulterblätter-Punkt

Auch dieser Punkt hinter dem Herzchakra ist bereits bei dem ersten Kreis beschrieben worden.

3.   Der Punkt der inneren Frau

Aus verschiedenen Traditionen und aus den Familienaufstellungen ergibt sich, daß die eigene innere Frau, also das weibliche Spiegelbild der eigenen Seele, auf der linken Seite eines jeden Menschen steht. Dies stimmt mit meinen eigenen Beobachtungen überein.

Bei dem Streben nach der eigenen Heilung ist das Finden dieses inneren Bildes und der Kontakt zu ihm sehr hilfreich – und natürlich auch bei allen Beziehungsfragen …

4.   Der Punkt des inneren Mannes

Für den inneren Mann gilt dasselbe wie für die innere Frau. Er befindet sich rechts von jedem Menschen und steht daher mit dem rechten Außenpunkt auf dem waagerechten Kreis in Verbindung.

5.   Zusammenfassung: der zweite Kreis

Von diesem Kreis sind nur die vier „Eckpunkte" bekannt. Es scheint zwar plausibel, daß er eine 12er-Struktur hat, aber das ist unsicher. Auch die Verbindung zu den 12 Blütenblättern des Herzchakras klingt plausibel, ist aber nicht nachweisbar – zudem gibt es meines Wissens nirgendwo eine Beschreibung von unterschiedlichen Eigenschaften der zwölf Blütenblätter des Herzchakras, die man dann genauer auf eine eventuelle Analogie zum Tierkreis untersuchen könnte.

Es muß auch nicht alles, was 12-teilig ist, eine Tierkreis-Struktur haben – auch die 12 Hirnnerven weisen von ihren Aufgabenbereichen her betrachtet keine Tierkreis-Struktur auf.

C der dritte Kreis: oben-rechts-unten-links-oben

Dieser dritte Kreis enthält ebenfalls nur vier bekannte Punkte, die zudem auch Teil des ersten bzw. zweiten Kreises sind: den Wurzelchakra-Punkt (unten), den Scheitel-chakra-Punkt (oben), den Punkt der inneren Frau (links) und den Punkt des inneren Mannes (rechts).

Auch die Existenz dieses Kreises läßt sich daher nur vermuten.

D Chakren, Kshetrams und Aura-Punkte

Die Chakren entsprechen dem vollständig selbstbestimmter Sonnenwind-Bereich in dem Umraum eines Sternes (Sonne). Die Chakren befinden sich im Inneren des Körpers und bestimmten dessen Wesen und Zustand.

Wer die Selbstbestimmtheit der eigenen Chakren aufgibt, gibt den Ausdruck der eigenen Identität auf.

Die Kshetrams entsprechen dem Abgrenzungsbereich der Stoßfront in einem Sonnensystem. Sie befinden sich auf der Außenseite des Körpers auf der Haut und sind die Grenze zwischen der eigenen Substanz und dem eigenen Umraum.

Wer den Schutz seiner körperlichen Grenze aufgibt, gibt seine körperliche Unversehrtheit auf.

Die Aura-Punkte entsprechen der Bugwelle der Stoßfront in einem Sonnensystem. Sie sind daher der Kontakt nach außen. Die Aura bzw. die Bugwelle ist die Außengrenze des eigenen Umraumes.

Diesen Umraum zu schützen ist genausowichtig, wie den eigenen Körper zu schützen – wer den Schutz der Grenze des eigenen Umraumes aufgibt, gibt seine Freiheit auf.

Die Außengrenze des eigenen Lebenskraftkörpers ist intuitiv recht einfach zu spüren (Ab welcher Distanz wird das nahen eines Fremder unangenehm?). Daher ist die Dreiteilung in Chakren-Bereich, Kshetram-Grenze und Aura-Grenze recht sicher.

Die dem 1. Kreis entsprechenden Punkte auf der Aura sowie der Punkt der inneren Frau auf der linken Seite und der Punkt des inneren Mannes auf der rechten Seite sind ebenfalls sicher. Unsicher ist hingegen, ob sich auf der Aura tatsächlich ein System aus drei Kreisen befindet, die sich an den sechs wichtigsten Aura-Punkten kreuzen.

XIV   Das Zentrum und die 6 Haupt-Verbindungen nach außen

Die markantesten Punkte auf den drei vermuteten Kreisen liegen dort, wo sie sich kreuzen:

      unten: Wurzelchakra-Punkt
      oben: Scheitelchakra-Punkt

      hinten: Schulterblatt-Punkt
      vorne: Herzchakra-Punkt

      links: Punkt der inneren Frau
      rechts: Punkt des inneren Mannes

Im Zentrum dieser sechs Punkte befindet sich das Herzchakra, der „Tempel der Seele".

Diese sechs Punkte auf der Aura sind die Hauptverbindungen nach außen hin – sie sind die „Andock-Punkte", d.h. sie sind wie Steckdosen, die die passenden Stecker aus der Umwelt herbeirufen und mit ihnen eine Verbindung eingehen. So hat z.B. ein Mensch mit einem ausgeprägten Opfer-Selbstbild einen entsprechenden Andock-Punkt auf seiner Aura, der einen Täter herbeiruft, zu dem der Betreffenden dann eine Verbindung eingeht.

Daraus folgt, daß man dann, wenn man ein solches inneres Bild aufgelöst hat, sich auch der Andock-Punkt auf der Aura auflöst und das betreffende Thema in dem eigenen Leben nicht mehr vorkommt.

Sehr wahrscheinlich wird es mehr als nur diese sechs Andock-Punkte auf der Aura geben – sie sind lediglich die sechs Hauptthemen.

Man kann zumindestens vermuten, daß sich auf den drei Kreisen weitere derartige Punkte befinden – das läßt sich letztlich nur durch eine fortgeschrittene Hellsichtigkeit untersuchen und dann anschließend im Zusammenhang mit Heilungen, Meditationen u.ä. darauf überprüfen, ob diese Punkte auch tatsächlich „funktionieren".

Die sechs Punkte auf den sechs Kreuzungs-Punkten der drei Kreise liegen außen auf dem Lebenskraftkörper, d.h. ca. 30-80cm vom Körper entfernt. In den Beschreibungen dieser Punkte finden sich beim Wurzelchakra und beim Scheitelchakra auch noch deutlich größere Entfernungsangaben als die ca. 30 cm unter den Füßen bzw. über dem Kopf, bis zu denen sich die Aura normalerweise erstreckt.

Anscheinend befinden sich diese Punkte in den noch weiter nach oben bzw. nach unten hin reichenden Lebenskraft-Verbindungen.

Man kann diese sechs Punkte auch als Zwischenchakren zwischen dem eigenen Lebenskraftkörper und der Welt ansehen. Sie sind aber nicht wirklich dieselbe Art von Zwischenchakra wie die sechs Zwischenchakren zwischen den sieben Hauptchakren oder die jeweils drei Zwischenchakren an den Arm- und Beingelenken, denn sie verbinden nicht zwei interne Bereiche, sondern den internen Bereich (Lebenskraftkörper) mit dem externen Bereich (Welt).

1. Wurzelchakra-Punkt

Dieses Chakra wird unter anderem auch „Erdchakra", „Erdstern" und „Erdkraftzentrum-Chakra" genannt. Die Angabe zu seiner Lage schwanken zwischen 10cm und 200cm unter den Füßen.

Der „Inka-Punkt" liegt ca. 10cm unter den Füßen. Er hilft neueren Texten zufolge bei der Umsetzung der Aufgaben in dieser Inkarnation. Dieser Punkt sollte mit dem bereits beschriebenen Wurzelchakra-Punkt auf der Aura identisch sein.

Der „Inka-Tor" genannte Punkt liegt ca. 40 cm unter den Füßen. Er soll neueren Texten zufolge die Verbindung zu allen früheren Inkarnationen sein, also dieses Wissen zugänglich machen.

Es ist leider kaum möglich, Original-Texte der Quetchua-Indianer („Inkas") zu diesem Thema zu finden.

Das „Untere Führungstor" liegt ca. 60 cm unter den Füßen. Er soll neueren Texten zufolge den Kontakt zu dem weiblichem Seelenführer ermöglichen. Ist damit die innere Frau gemeint? Oder die Erdgöttin?

Das „Erdkraftzentrum" liegt ca. 80 cm unter den Füßen. Er ist wie das Wurzelchakra und der Wurzelchakra-Punkt die Verbindung zu Erdenergie, also ein Teil der Lebenskraftschnur, die vom Wurzelchakra eines Menschen bis zum Wurzelchakra der Erde, also bis zu dem glühenden Eisen-Nickel-Kern der Erde hinabreicht.

Die Bezeichnung „Erdstern" ist nicht besonders genau definiert – dieser Punkt soll zwischen ca. 20cm und 2m unter den Füßen liegen. Da er den Menschen mit den Kräften der Erde verbinden und ihn erden soll, ist dieser „Punkt" wohl eher ein Teil der Lebenskraftschnur, die das Wurzelchakra mit der Erdmitte verbindet.

Als Wirkungen dieses Punktes bzw. dieser Verbindung zur Erde finden sich das

Zuhausesein im eigenen Körper, das Achten des Lebens, die Auflösung der Angst vor dem Tod, die Heilung durch die Erdkraft, das Kundalini-Yoga, die Ekstase und die Trance. Diese Eigenschaften gehören alle zu der Verbindungs-Schnur des Wurzelchakras zur Erde – entweder zu deren Erdungs-Aspekt oder zu deren Kundalini-Aspekt.

Diese Lebenskraftschnur von dem eigenen Wurzelchakra zu dem Wurzelchakra der Erde, also zu ihrem glühenden Eisen-Nickel-Kern, ist ein wichtiges Element in einigen Meditationen. Sie führt zu einer generellen Stärkung und Erdung.

Die einfachstn Variante dieser Meditation besteht darin, sich zunächst einen Lichtstrahl von dem eigenen Wurzelchakra zu dem Erdkern hinab vorzustellen. Dort unten ruft man dann seinen Drachen, d.h. seinen eigenen Anteil an der Lebenskraft der Erde. Dann steigt man mit diesem Drachen entlang des Lichtstrahls wieder auf, bis der Drache das eigene Wurzelchakra erreicht und durch es hindurch wie durch ein Tor in den eigenen Leib gelangt. Der Drache wird dann als Kundalini im Körper aufsteigen und in ihm zu kreisen beginnen – er steigt im Inneren wie der Strahl eines Springbrunnes empor, entfaltet sich oben wie eine Fontaine, tropft außen wieder herab, sammelt sich unten neu und steigt dann wieder empor.

2. Scheitelchakra-Punkt

Dieser Punkt wird auch „Nirvana-Chakra", „Soma-Chakra" und etwas ungenau auch „Goldenes Tor" genannt, da dieser letzte Name eigentlich die Stelle auf dem Scheitel, an der die Kundalini austritt, bezeichnet.

Die folgenden acht Punkte kann man vermutlich als die Lebenskraftschnur auffassen, die das Scheitelchakra mit Gott verbindet. Der Anfang dieser Verbindung ist das Scheitelchakra; der Scheitelchakra-Punkt außen auf der Aura befindet sich ca. 30-40 cm oberhalb des Kopfes.

Wahrscheinlich kann man diese Punkte weitestgehend als Teile dieser Verbindung auffassen – zumal ihre Charakterisierungen alle sehr ähnlich sind.

Sie entsprechen auch den bereits beschriebenen sieben „Lokas", also den sieben „Himmeln", die der Gegenpol zu den sieben „Tala", d.h. „Höllen" genannten Nebenchakren in den Beinen sind. Eine genaue Zuordnung zu den diversen Chakren über dem Kopf ist vermutlich nicht möglich.

Der „Seelenpunkt" liegt 2cm über dem Kopf. Er soll neueren Texten zufolge das Höhere Selbst, d.h. die Seele enthalten. Vermutlich ist hier eher die Inspiration und die Verbindung zu Gott gemeint, da sich die Seele im Herzchakra befindet.

Dieses Chakra wird auch „Guru-Chakra" genannt, da man über dieses Chakra den

Segen seines Lehrers erhält.

Das „Tempelchakra" liegt 20-30cm über dem Scheitelchakra. Es soll neueren Texten zufolge helfen, das eigene Karma zu erkennen und in Einklang mit der eigenen Seele zu gelangen.

Vermutlich ist dieser Punkt mit dem Scheitelchakra-Punkt außen auf der Aura identisch.

Das „Seelentor" liegt 40 cm über dem Kopf. Es soll die Verbindung zu anderen Seelen ermöglichen.

In der Tradition der Inkas wird dieser Punkt „Viracocha" genannt und soll die Verbindung zu Gott sein. „Viracocha" ist der Name des Schöpfergottes fast aller in den Anden lebenden Indianer.

Das „obere Führungstor" liegt ca. 60cm oberhalb des Scheitels. Es ist neueren Texten zufolge die Verbindung zu dem männlichem Seelenführer. Vermutlich ist hier der innere Mann gemeint.

Der weibliche Seelenführer in der Erde und der männliche Seelenführer oberhalb des Scheitels in Richtung Himmel sind möglicherweise durch die Erdgöttin und den Himmelsgott inspiriert worden.

Der Name „Berufungszentrum" klingt wie eine sehr neue Wortschöpfung. Er liegt ca. 80 cm über dem Scheitel, und soll, wie der Name schon sagt, das Erkennen der Aufgabe der eigenen Seele in dieser Inkarnation ermöglichen.

Vielleicht sollte man lieber etwas neutraler von der „Absicht der Seele" als von der „Aufgabe der Seele" sprechen, da das Wort „Aufgabe" eine übergeordnete Autorität voraussetzt.

Die „Brücke", die sich ca. 100cm oberhalb des Scheitels befindet, soll interessanterweise aus drei sich durchdringenden Ringen bestehen, was sehr an das Photon-Modell und an das drei-Ringe-System außen auf der Aura erinnert.

Dieses Chakra soll es ermöglichen, Informationen aus anderen Bereichen zu erhalten, also telepathische Fähigkeiten zu entwickeln und die Inspiration zu fördern.

Der „Himmelsstern" befindet sich ca. 120cm über dem Scheitel. Er hat die Standardaufgabe der nach oben weisenden Lebenskraft-Schnur: die Verbindung des Menschen zum Göttlichen.

Auch der „Raumstern" genannte Punkt, der sich 150cm oberhalb des Scheitels befindet, hat diese Aufgabe: die Verbindung zum Einen.

3. Schulterblätter-Punkt

Dieser Punkt wird nur von den Yaqui-Indianern, den Cherokee-Indianern und den Hopi-Indianern erwähnt, aber er wird auch in Familienaufstellungen verwendet, wenn sich die Ahnen hinter einem Menschen aufreihen. Er tritt bisweilen auch bei Bitten um Hilfe an Götter in Erscheinung, wenn die Götter ihren Segen über diesen Punkt zu einem Menschen senden.

Er ist bei Heilungen und insbesondere bei dem Auflösen von aus der Herkunfts-familie stammenden Traumata sowie manchmal auch bei der Auflösung der Prägung durch einige Generationen zurückliegenden Ereignissen wie Kriegserlebnisse während des zweiten Weltkrieges hilfreich.

4. Herzchakra-Punkt

Dieser Punkt kann am ehesten als „Sehnsuchts-Punkt" erlebt werden: Wenn man sich etwas sehr stark wünscht und ersehnt, kann man beobachten, daß dieses Sehen wie ein Sog ist, der das Erwünschte von vorne her zu dem Herzchakra zieht.

5. Punkt der inneren Frau

Dieser Punkt ist aus dem Alltag noch am ehesten dadurch bekannt, daß es oft vorkommt, daß es einem nicht egal ist, ob man links oder rechts von einem anderen Menschen geht.

Es läge nahe, eine Frau, mit der man eine Beziehung führen kann, mithilfe der eigenen inneren Frau von links her herbeizurufen, aber mir sind keine derartigen Versuche bekannt, sodaß ich nicht sagen kann, ob das funktioniert und Sinn macht.

6. Punkt des inneren Mannes

Dasselbe wie für die innere Frau gilt auch für den inneren Mann – nur das er auf der rechten Seite steht.

169

7. Zentrum: Herzchakra

Das Herzchakra ist das Zentrum des gesamten Systems. Es hat anscheinend sechs Hauptverbindungen in die Welt hinein:

Die Verbindung nach oben zu der Einheit der Welt, die Bewußtheit in allen Dingen gibt.

Die Verbindung nach unten zur Erdmitte, die die Lebenskraft gibt und die die Kundalini fließen läßt.

Die Verbindung nach hinten, durch die man den Rückhalt bei den Eltern, bei den Ahnen und bei den Göttern erhalten kann.

Die Verbindung nach vorne, durch die man sich auf das in der Welt ausrichtet, was man liebt.

Die Verbindung nach links, durch die man seine innere Frau erleben und eine Frau in sein Leben rufen kann.

Die Verbindung nach rechts, durch die man seinen inneren Mann erleben und einen Mann in sein Leben rufen kann.

Durch diese sechs Möglichkeiten kann sich die Seele in ihrer Inkarnation entfalten.

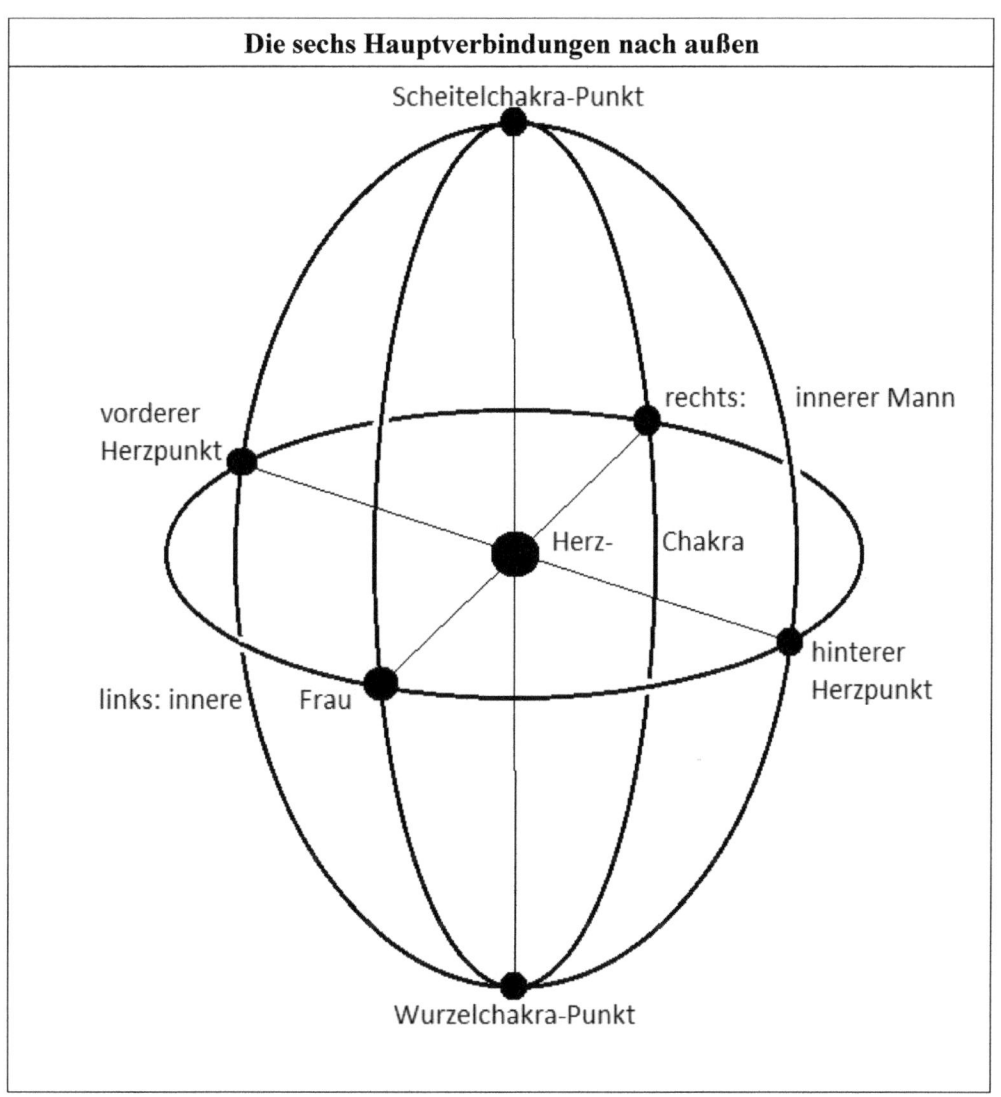

Die sechs Hauptverbindungen nach außen

Scheitelchakra-Punkt

vorderer
Herzpunkt

rechts: innerer Mann

Herz- Chakra

hinterer
Herzpunkt

links: innere Frau

Wurzelchakra-Punkt

XV Das Gesamtsystem – Teil 7: Die Galaxie

Es gibt in dem System der Chakren noch einen wichtigen Aspekt, der bisher nicht betrachtet worden ist. Die Chakren sind sozusagen die Organe des Lebenskraftkörpers und die Aura ist gewissermaßen die Haut des Lebenskraftkörpers.

Es gibt in dem Lebenskraftkörper jedoch auch noch einen Kreislauf, dessen bekanntester Aspekt die Kundalini ist, die in der Körpermitte als aufsteigende Hitze erlebt werden kann.

Die Lebenskraft befindet sich insgesamt in einer Konvektionsströmung: Sie steigt in der Körpermitte wie der Strahl eines Springbrunnens empor, entfaltet sich über dem Scheitel wie eine Fontäne, fällt dann außen auf der Aura wie Tropfen wieder nach unten und sammelt sich dann im Wurzelchakra, um dann erneut in der Körpermitte aufzusteigen.

Die sich daraus ergebende Form findet sich in der Natur sehr häufig: Wenn man einen Apfel in der Mitte durchschneidet, erhält man genau dieses Bild – das Kerngehäuse ist das Herzchakra mit der Essenz des Apfels, die Schale ist die Aura des Apfels, das Wurzelchakra der Stengel, das Scheitelchakra die Blüte und die Kundalini die Linie, die von dem Stengel aus um das Kerngehäuse und dann weiter zur Blüte führt und danach an der Schale entlang wieder zum Stengel führt.

Auch in jedem Kochtopf finden sich Konvektionsströmungen: das emporbrodelnde Wasser, das in der Mitte aufsteigt und außen wieder hinuntersinkt. Auch in der Sonne steigt die heiße Materie aus dem Inneren an die Oberfläche empor, wo sie dann abkühlt und wieder hinuntersinkt.

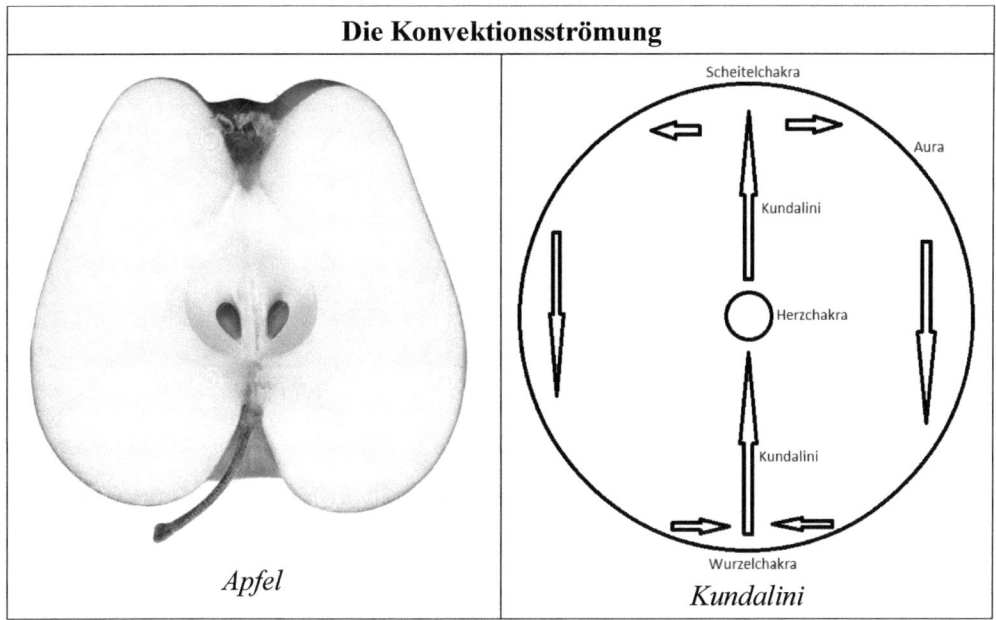

Die Konvektionsströmung

Apfel

Kundalini

Scheitelchakra · Aura · Kundalini · Herzchakra · Kundalini · Wurzelchakra

In dem Vorgang der Bildung einer Galaxie finden sich einige interessante Ähnlichkeiten mit dem Fluß der Lebenskraft im Menschen.

Eine Galaxie ist ursprünglich eine große Wolke aus Stab, Gas und kleinen Steinchen. Diese Wolken haben eine Eigenrotation, die mal größer und mal kleiner sein kann.

Die Gravitation zieht diese Wolke zusammen und läßt sie schrumpfen. An der Achse der Eigenrotation dieser Wolke wirkt nur die Schwerkraft, was bedeutet, daß sie sich in der Richtung dieser Achse sehr schnell zusammenzieht. In der Rotationsebene wirkt jedoch die Fliehkraft, die durch die Rotation entsteht, der Gravitation entgegen, wodurch sich die Wolke in der Rotationsebene deutlich langsamer zusammenzieht.

Durch diesen Unterschied zieht sich die Wolke zu einer flachen Scheibe zusammen. Wenn die Wolke sehr schnell rotiert, entsteht eine große, flache Scheibe; wenn sie langsam rotiert, entsteht eine kleine, sehr dichte Scheibe.

In der Mitte dieser Scheiben entsteht aus der Materie, die durch die Gravitation bereits bis zur Mitte hin gezogen worden ist, eine Kugel – das sieht dann in etwa so aus, wie man klassischerweise ein UFO darstellt: eine „fliegende Untertasse".

173

Die Galaxie

Galaxie, seitlich

Galaxie, von oben

Auch die Chakren sind solche rotierenden Scheiben, weshalb sie auch „Räder" genannt werden.

Die Chakren bilden sich in der Lebenskraftwolke, die aus der Lebenskraft besteht, die bei der Zeugung durch den Orgasmen der Eltern des zukünftigen Kindes frei wird und sich dann an die befruchtete Eizelle bindet. Auch diese Wolke ist die ersten zwei bis drei Wochen noch kugelförmig und so groß, daß man sie um den Bauch von Frauen, die gerade schwanger geworden sind, spüren bzw. sehen kann.

Auch diese Wolke zieht sich zusammen und bildet dann zunächst die Scheibe des Herzchakras – in den ersten beiden Monaten sind bei dem Embryo nur die EEG-Wellen des Tiefschlafs zu messen, die dem Herzchakra entsprechen.

In einer Galaxie, also in der rotierenden Wolke, in der sich aus dem Staub und Gas nach und nach Sterne bilden, geschieht noch etwas anderes.

Ein großer Teil des Gases und des Staubes hat eine elektrische Ladung, d.h. er besteht aus Ionen. Eine elektrische Ladung, die sich bewegt, erzeugt im rechten Winkel zu ihr ein magnetisches Feld. Wenn sich die elektrische Ladung im Kreis bewegt, wird dieses Magnetfeld in der Mitte dieses Kreises zu zwei Strahlen (+ und -) gebündelt, die oben und unten entlang der Rotationsachse aus der Scheibe herausragen. Diese beiden Strahlen werden Jets genannt.

Diese „Magnet-Strahlen" beschleunigen wiederum die Ionen in ihrer Nähe, die dadurch zu leuchten beginnen. Der Jet ist daher nicht nur ein zu einem Strahl komprimiertes Magnetfeld, sondern auch ein aus Ionen bestehender Strahl, der sich von der Scheibe fortbewegt.

Auch das Herzchakra erzeugt zwei solcher Strahlen: einen nach oben und einen nach unten, an dem sich die jeweils drei Hauptchakren befinden. Dieser Strahl wird in

174

Indien „Sushumna" d.h. „Gnädige" oder „Huldreiche" genannt.

Auch jeder Stern (Sonne) und jeder Planet hat zwei solcher Jets. Bei der Erde treten diese Jets am Nord- und am Südpol aus – sie sind die beiden magnetischen Pole der Erde.

Wie bereits in einem früheren Kapitel beschrieben worden ist, gibt es um jeden Stern einen inneren Bereich, in dem der Sonnenwind den gesamten Sternenstaub nach außen hin fortgeschoben hat. Dieser Bereich entspricht dem Sonnengeflecht und dem Halschakra.

Auf den Sonnenwind-Bereich folgt bei einem Stern weiter außen die Stoßfront, die aus der von dem Sonnenwind fortgeschobenen Materie besteht. Dieser Bereich entspricht dem Hara und dem Dritten Auge.

Noch weiter außen folgt die Bugwelle der Stoßfront. Sie entspricht dem Wurzelchakra und dem Scheitelchakra.

Die beiden Jets eines Sternes reichen durch diese drei Bereiche bis in den Weltraum jenseits der Bugwelle hinaus. In derselben Weise reicht auch die Sushumna nach oben und nach unten über die Aura des Menschen hinaus in Richtung Himmel hinauf und zur Erdmitte hinab.

Die Chakren liegen oberhalb und unterhalb des Herzchakras in der Mitte der drei Bereiche, die die Sushumna, also der „Lebenskraft-Strahl" nach oben hin und nach unten hin durchquert. Man kann die sechs äußeren Hauptchakren daher als die Wirbel auffassen, die entstehen, wenn die beiden vom Herzchakra ausgehenden Lebenskraftstrahlen (Sushumna) durch diese drei Bereiche fliegen.

Zunächst entsteht die Lebenskraftwolke.

Dann zieht sie sich zusammen und wird zu einer Scheibe.

In ihrem Zentrum sammelt sich Lebenskraft an, die aufgrund ihres Innendrucks zu leuchten beginnt.

Dieses Strahlen des Zentrums ist ein Lebenskraft-Sonnenwind, der rings um das Zentrum einen Sonnenwind-Bereich, eine Stoßfront und eine Bugwelle entstehen läßt.

Die Rotation des Lebenskraftscheibe, also des Herzchakras, bündelt das „Lebenskraft-Magnetfeld" zu einem Strahl, der nach oben und nach unten hin aus dem Zentrum des Chakras herausragt – die Sushumna.

Beim Durchqueren der drei Bereiche (Sonnenwind, Stoßfront, Bugwelle) verursacht der Lebenskraftstrahl über und unter dem Herzchakra jeweils drei Wirbel, aus denen dann die beiden Dreiergruppen der äußeren Chakren entstehen.

Jets einer Galaxie

Galaxie mit einem der beiden 5000 Lichtjahre langen Jets (die Galaxie ist links oben zu sehen)

Galaxie (der helle Fleck in der Mitte) mit zwei Jets, die in dem Sternenstaub, der die Galaxie umgibt, zwei rotleuchtende Wolken bilden

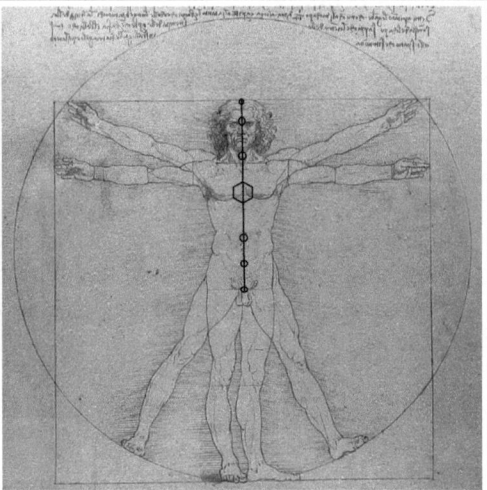

Sushumna mit dem Herzchakra als Zentrum

Die Art und Weise, in der sich eine Galaxie und ein Chakrensystem bilden, scheinen sehr ähnlich zu sein. In beiden wirken ähnliche Kräfte:

1. die Gravitation der Materie und eine „Lebenskraft-Gravitation";
2. eine Rotation des Sternenstaubs und eine Rotation der Lebenskraft;
3. eine rotierende elektrische Ladung, die im rechten Winkel zur Rotationsebene zwei Magnet-Strahlen („Jets") entstehen läßt und eine Lebenskraft-Ladung, die ebenfalls im rechten Winkel zur Rotationsebene zwei Lebenskraft-Strahlen („Sushumna") entstehen läßt;
4. eine Strahlung, die vom Zentrum ausgeht (Licht) und die den Umraum in a) den Sonnenwind-Bereich, b) die Stoßfront und c) die Bugwelle gliedert, sowie analog dazu eine Lebenskraft-Strahlung, die in dem Umraum a) die Impuls-Chakren (Sonnengeflecht und Halschakra), b) die Form-Chakren (Hara und Drittes Auge) und c) die Kontakt-Chakren (Wurzelchakra und Scheitelchakra) entstehen läßt.

Man kann zumindestens Vermutungen darüber anstellen, was diese vier Kräfte im Bereich der Lebenskraft sind bzw. als was sie subjektiv empfunden werden:

1. Die Gravitation entspricht der Liebe, die auch eine zusammenziehende Wirkung hat.
2. Die Rotation entsteht aus der Gravitation und aus dem Umstand, das sich alles relativ zueinander bewegt, da weder die Materie noch die Lebenskraft ein starres System ist, sondern eine bunte Vielfalt. Die Rotation ist also keine neue, zusätzliche Kraft.
3. Die Lebenskraft scheint wie die elektrischen Ladung zwei Pole zu haben – allerdings nicht „+" und „–", sondern eher „Yin" und „Yang" oder „männlich" und „weiblich". Diese Polarität zeigt sich am deutlichsten in dem linken und dem rechten Außenpunkt auf der Aura, der der inneren Frau und dem inneren Mann entspricht, die das „zweipolare Spiegelbild" der Seele sind.
4. Die Strahlung könnte in der Lebenskraft am ehesten der Drang zum Selbstausdruck sein. Die Strahlung eines Sternes, d.h. das Licht einer Sonne entsteht durch die Verschmelzung von kleinen Atomkernen zu größeren Atomkernen (Wasserstoff => Helium), was in der Psyche eine fortschreitende Integration und somit eine größere Selbstliebe wäre. Die Quelle des Wunsches nach Selbstausdruck wäre dieser Deutung zufolge die Selbstliebe ...
5. Die Entsprechung zu der „magnetischen Reaktion" auf eine bewegte elektrische Ladung ist zunächst nur schwer zu fassen – was könnte in der Psyche die Reaktion auf die Mann-Frau-Polarität sein? Die erotische Anziehung? Aber warum sollte sie zwei Strahlen bilden?

XVI Die Lebenskraft-Kanäle

Die sieben Hauptchakren sind durch eine „Lebenskraft-Ader" miteinander verbunden, die in Indien den Namen „Sushumna" trägt. Sie entsteht durch die beiden Strahlen, die vom Herzchakra nach unten und oben hin ausgehen. In einer Galaxie, in einem Sonnensystem oder in einem Planetensystem entspricht die Sushumna den beiden Magnetfeldern (+ und -), die zu zwei Strahlen („Jets") komprimiert werden, die von ihrer Lage her der Rotationsachse der Galaxie, des Sterns oder des Planeten entsprechen. Die Stelle, an der diese beiden Strahlen aus einem Stern oder Planeten austreten, sind deren Nord- und Südpol (Plus-Pol und Minus-Pol).

In jeder Galaxie gibt es Ionen, also elektrisch geladene Teilchen. Sie werden durch Magnetfelder, also auch durch die beiden Jets beschleunigt. Da es in einer Galaxie sowohl negativ geladene Ionen (Elektronen u.a.) als auch positiv geladene Ionen (Protonen u.a.) gibt, werden sie auf verschiedene Weise beschleunigt. Dadurch, daß die Ionen zudem eine Flugrichtung haben, überlagern sich hier zwei Einflüsse: der Bewegungsimpuls des Ions und die Beschleunigung durch den Jet. Dies führt zu einer Spiralbewegung der Ionen entlang der beiden Jets – wenn sich die positiv geladenen Ionen in einem Jet z.B. im Uhrzeigersinn drehen, drehen sich die negativ geladenen Ionen in demselben Jet gegen den Uhrzeigersinn.

Wenn man diese beiden Spiralen zweidimensional darstellt, also auf eine Fläche projiziert, erhält man zwei Sinuskurven mit einer gemeinsamen Null-Linie.

Diese Graphik entspricht genau der traditionellen Darstellung der Sushumna mit den beiden sie begleitenden Lebenskraft-Nebenkanälen Ida und Pingala.

Diese Graphik entspricht zudem auch dem Caduceus-Stab des Merkur-Hermes.

Auch der kabbalistische Lebensbaum hat eine dreifache senkrechte Struktur („drei Säulen"), die durch die aufsteigende „Schlange der Weisheit" (die der Kundalini entspricht) zusammengehalten wird.

Der dreifache Lebenskraft-Kanal

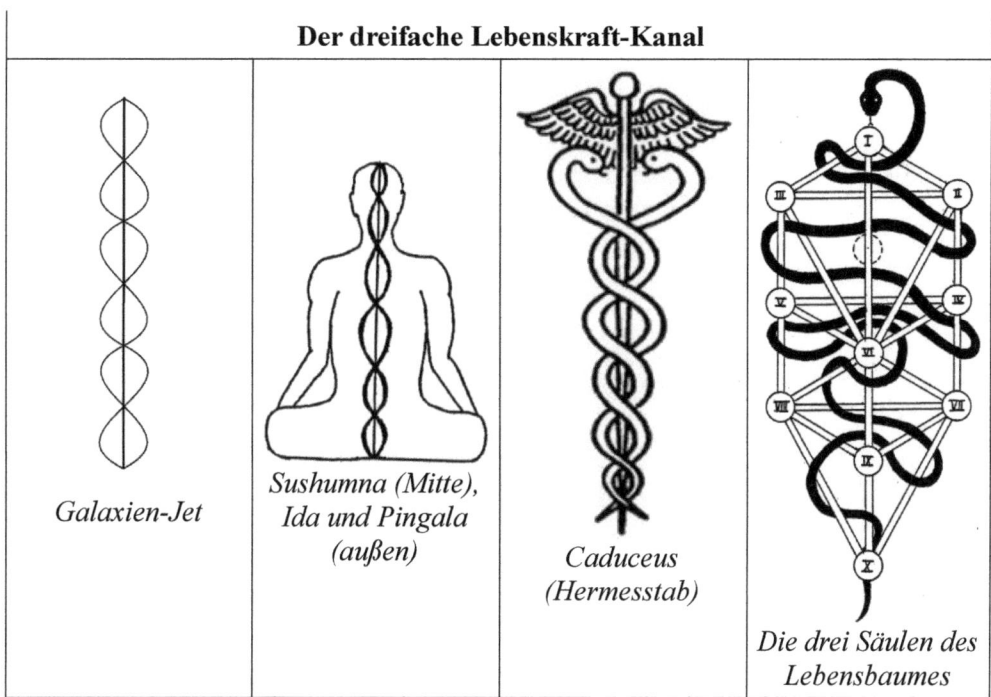

Galaxien-Jet

*Sushumna (Mitte),
Ida und Pingala
(außen)*

*Caduceus
(Hermesstab)*

*Die drei Säulen des
Lebensbaumes*

Man sollte annehmen, daß sich auch in den Armen und Beinen solche drei Lebenskraft-Kanäle befinden – vermutlich sind dies die drei Akupunktur-Meridiane, die in parallel zueinander verlaufen.

Möglicherweise kann man auch die drei Kreise als drei solcher Lebenskraft-Kanäle auffassen – das ist jedoch recht spekulativ.

XVII   Die sonstigen Nebenchakren

Die beiden einzigen Chakren, die bisher erwähnt worden sind und die kein Bestandteil des „Drei-Schritte-Systems" sind, sind die äußeren Fuß-Nebenchakren, zu denen es analog auch äußere Hand-Nebenchakren geben sollte, die jedoch unbekannt sind.

Es gibt jedoch noch ettliche weitere Nebenchakren, die bisher noch nicht erwähnt worden sind und die nun in diesem Kapitel näher betrachtet werden sollen.

A   weitere Leib-Nebenchakren

1.   Die beiden Achsel-Nebenchakren

Diese beiden Chakren werden zwar hin und wieder in den Übersichts-Tafeln eingezeichnet, aber leider nicht näher beschrieben. Möglicherweise sind sie mit den Schulterchakren identisch.

Diese Nebenchakren entsprechen den beiden Apalapa-Marmas, die für den Blutkreislauf und für das Gleichgewicht zwischen Sympatikus und Parasympatikus zuständig sind.

2.   Das Chakra des physischen Herzens

Dort, wo sich das physische Herz befindet, liegt das Hrit-Chakra („Herz-Chakra"). Dieses Chakra ist nicht mit dem allgemein „Herz-Chakra" genannten Chakra in der Mitte der Brust identisch, das im Indischen Anahata („Unverletzliches") genannt wird.

Manchmal wird das Hrit-Chakra auch Surya-Chakra, d.h. „Sonnen-Chakra" genannt.

Auf einigen Tafeln wird das Hrit-Chakra auch unterhalb des Anahata-Chakras eingezeichnet, sodaß es ungefähr am dem Ort des Wunschbaumes liegt, das bisweilen ebenfalls als „Surya-Chakra" bezeichnet wird.

Da sich das Hrit-Chakra von der seiner Beschreibung her nicht von dem Chakra in der Mitte der Brust unterscheidet, liegt hier möglicherweise eine Vermischung verschiedener Traditionen zu dem Herzchakra vor.

3. Das obere Herzchakra

Manchmal wird auch noch ein oberes Herzchakra zwischen dem Herz-Chakra in der Brustmitte und dem Thymuschakra angegeben. Es ist jedoch nichts näheres über dieses Chakra bekannt.

4. Die Nebenchakra auf den beiden Brustwarzen

Es soll auch noch jeweils ein Nebenchakra auf oder oberhalb der beiden Brustwarzen geben.

Das Stanamula-Marma an den Brustwarzen ist für das Fettgewebe, die Hautporen, das Schwitzen, die weibliche Brüste und die Milchbildung zuständig.

Das Stanarohita-Marma kurz über den Brustwarzen wird zur Heilung von Störungen der Armmuskeln, des Fettgewebes, der Hautporen, der weiblichen Brüste, der Brustwarzen, der Leber, der Milz, der Haut, des Wasser-Stoffwechsels, der Bauchspeicheldrüse, des Blutes, des Hämoglobins sowie bei Diabetes, bei übermäßigem Schwitzen, bei Milchbildungsstörungen und bei Menstruationsbeschwerden benutzt.

5. Das Milz-Chakra

Dieses Chakra ist von allen Chakren, die nicht ein Teil des „Drei-Schritte-Systems" sind, das bekannteste.

Auch das Milzchakra wird manchmal „Surya-Chakra" genannt – diese Bezeichnung ist offensichtlich ausgesprochen unscharf und bezeichnet mehr oder weniger alles, was in der Nähe des Herzchakras liegt.

Es besteht weitgehend Einigkeit darüber, daß das Milzchakra mit dem Aufnehmen und Abgeben von Lebenskraft zu tun hat – daher wird es auch „Prana-Chakra" („Lebenskraft-Chakra") genannt.

Viel Lebenskraft führt zu einem starken Immunsystem und zu Erfolg im Leben – wenig Lebenskraft führt zu Schwäche, Krankheit und Depressionen. Aufgrund der engen Verbindung mit der Aufnahme und der Abgabe der Lebenskraft ist dieses Chakra auch mit den medialen Fähigkeiten sowie mit der Telekinese und den Materialisierungen verbunden.

Manchmal wird das Milzchakra mit dem Hara gleichgesetzt oder mit ihm verwechselt, was jedoch wenig Sinn macht, da die Milz oberhalb des Nabels und das

Hara unterhalb des Nabels liegt. Die Aufnahme und die Abgabe von Lebenskraft ist auch eine wesentliche Funktion des Sonnengeflechtes – die Beschreibungen der Funktionen des Milzchakras sollten daher mit Vorsicht behandelt werden.

Von dem Milzchakra ist auch ein hinteres Kshetram bekannt, das des öfteren dargestellt wird. Es wird in China „Da Ai", d.h. „Bauch der Depression" genannt.

Das vordere Milz-Kshetram trägt in China den Namen „Wi Cang", d.h. „Mut des Magens", was man wohl etwas freier mit „Wut im Bauch" übersetzen darf.

Diese beiden Kshetrams zeigen die beiden möglichen Abweichungen des Milzchakras vom gesunden Zustand: Zuviel Lebenskraft im Milzchakra wird zu Wut und zuwenig Lebenskraft im Milzchakra wird zu Depression.

In einer Beschreibung wird auch von einem Aura-Punkt gesprochen, der sich ca. einen halben Meter vor der Milz befindet und der für die Steigerung der Lebenskraft und der Abwehrkraft zuständig ist.

6. Das linke Nabel-Nebenchakra

Ca. zehn Fingerbreiten links vom Nabel befindet sich das „Scham-Nebenchakra", das, wie der Name schon sagt, das Zentrum der Scham ist. Seiner Lage entsprechend traut man sich hier auf der linken Gefühls-Seite offenbar nicht, die eigenen Bedürfnisse (Sonnengeflecht) in die konkrete Lebensgestaltung (Hara) einzubringen – was zu Scham über die eigenen, halb-verdrängten Bedürfnisse führt.

Dieses Nebenchakra scheint ein Teil der Lebenskraft-Verbindung zwischen Sonnengeflecht und Hara zu sein – liegt sie evtl. auf dem Bogen von Ida oder Pingala, die sich an jedem der sieben Hauptchakren kreuzen?

7. Das rechte Nabel-Nebenchakra

Ca. zehn Fingerbreiten rechts vom Nabel befindet sich das „Wut-Nebenchakra", das, wie der Name schon sagt, das Zentrum der Wut ist. Seiner Lage entsprechend ist man hier auf der rechten Verstandes-Seite offenbar in die übertriebene Offensive gegangen, um die eigenen Bedürfnisse (Sonnengeflecht) rücksichtslos und mit aller Macht in die konkrete Lebensgestaltung (Hara) einzubringen – was eben zu vielen Aggressionen führt.

vermutete Lage der beiden Nabel-Nebenchakren im Chakrensystem

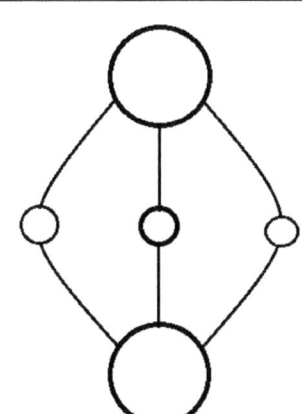

Kreis unten: Hara
Kreis oben: Sonnengeflecht
Kreis in der Mitte: Nabelchakra
Kreis Mitte links: linkes Nabel-Nebenchakra (Scham)
Kreis Mitte rechts: rechtes Nabel-Nebenchakra (Wut)

senkrechte, zentrale Linie: Sushumna
die beiden gebogenen Außenlinien: Ida und Pingala

8. Das linke Schamhaar-Nebenchakra

Ca. zehn Fingerbreiten links vom Schamhaar-Chakra befindet sich das „Betrugs-Nebenchakra". Hier wird offenbar vom Hara ein konkreter Betrug geplant, der dann vom Wurzelchakra, also im Kontakt mit einem Menschen ausgeführt werden soll – ob hier ein erotischer „Betrug" in der Ehe oder ein Diebstahl oder ähnliches gemeint ist, ist offen – vermutlich beides.

 Der Lage dieses Nebenchakras entsprechend versucht man hier auf der linken Gefühls-Seite offenbar, sich etwas zu erschleichen, was man lieber von der Öffentlichkeit unentdeckt lassen würde. Dazu paßt, daß der Betrug, auf den sich dieses Chakra bezieht, sowohl auf den eigenen Betrug von anderen und den Betrug durch andere als auch auf den Selbstbetrug bezieht. Diese Formen des Betrugs sind eine Variante der Scham.

 Vermutlich entsprechen die beiden Lohitaksha-Marmas oben außen am Schamhaar zwischen den Leisten und den Oberschenkeln diesen Nebenchakren. Die beiden Lohitaksha-Marmas sind für die Blutversorgung des Beines zuständig.

 Die beiden Nabel-Nebenchakren und die beiden Schamhaar-Nebenchakren gehören offenbar zu demselben System.

9. Das rechte Schamhaar-Nebenchakra

Ca. zehn Fingerbreiten rechts vom Schamhaar-Nebenchakra befindet sich das „Zurückweisungs-Nebenchakra". Hier besteht offenbar die Neigung, zu übermäßiger Zurückweisung, was die Funktion des Wurzelchakras, das ja ein Kontakt-Chakra ist, blockiert.

Seiner Lage entsprechend ist man hier auf der rechten Verstandes-Seite offenbar aus Angst vor Verletzungen in die übertriebene Zurückweisung gegangen und übt an allem und jedem Kritik, um sich vor Nähe zu schützen. Es gibt auch die Passiv-Variante, bei der man sich von anderen beurteilen läßt und sich nicht gegen deren Urteil schützen kann und daher den Worten der anderen ausgeliefert ist. Schließlich kann es in diesem Nebenchakra auch zur Selbstablehnung kommen.

Dies ist vermutlich das zweite der beiden Lohitaksha-Marmas.

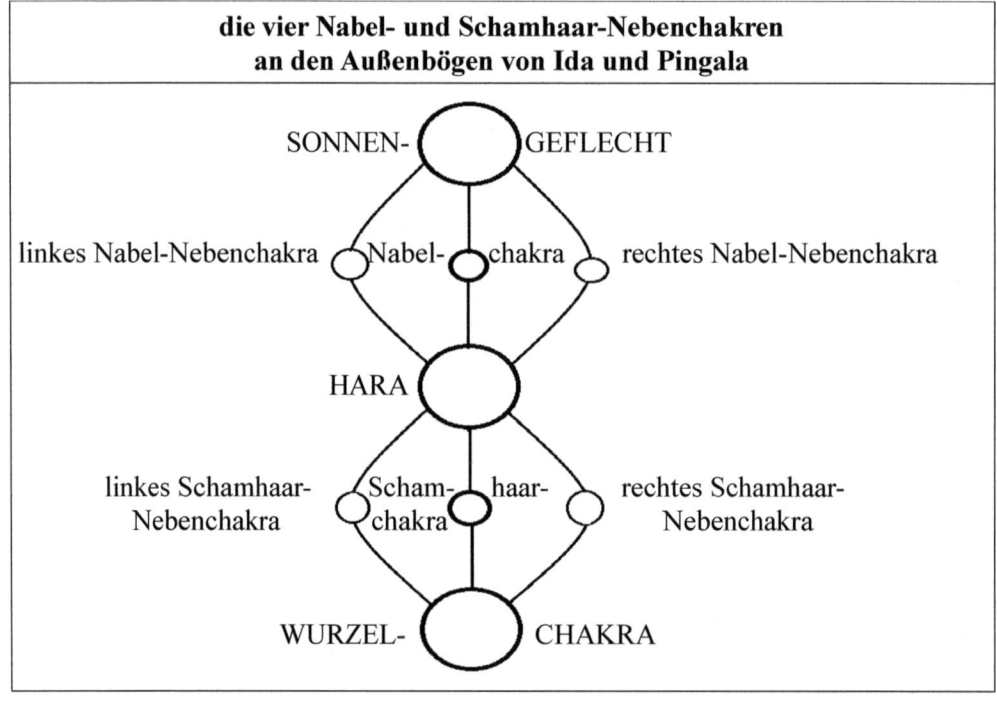

die vier Nabel- und Schamhaar-Nebenchakren
an den Außenbögen von Ida und Pingala

SONNEN- GEFLECHT

linkes Nabel-Nebenchakra   Nabel- chakra   rechtes Nabel-Nebenchakra

HARA

linkes Schamhaar-
Nebenchakra   Scham- haar- chakra   rechtes Schamhaar-
Nebenchakra

WURZEL- CHAKRA

10. Die Ida- und Pingala-Nebenchakren

Man kann mit einiger Berechtigung vermuten, daß die beiden Achselchakren auch zwei solche Ida/Pingala-Außenbogen-Nebenchakren sind.

Von seiner Lage her könnte das Milzchakra das linke Ida-/Pingala-Bogen-Nebenchakra zwischen dem Herzchakra und dem Sonnengeflecht sein.

Die Nebenchakren auf den Ida/Pingala-Außenbögen		
rechts	*Mitte*	*links*
	SCHEITELCHAKRA	
?	Stirn-Zwischenchakra	?
	DRITTES AUGE	
?	Kehldeckel-Zwischenchakra	?
	HALSCHAKRA	
rechtes Achselchakra?	Thymus-Zwischenchakra	linkes Achselchakra?
	HERZCHAKRA	
?	Wunschbaum	Milzchakra?
	SONNENGEFLECHT	
Wut-Nebenchakra	Nabel-Zwischenchakra	Scham-Nebenchakra
	HARA	
Betrugs-Nebenchakra	Schamhaar-Zwischenchakra	Zurückweisungs-Nebenchakra
	WURZELCHAKRA	

Es liegt nahe, nach weiteren solchen Nebenchakra-Paaren links und rechts der übrigen drei Zwischenchakren zu suchen.

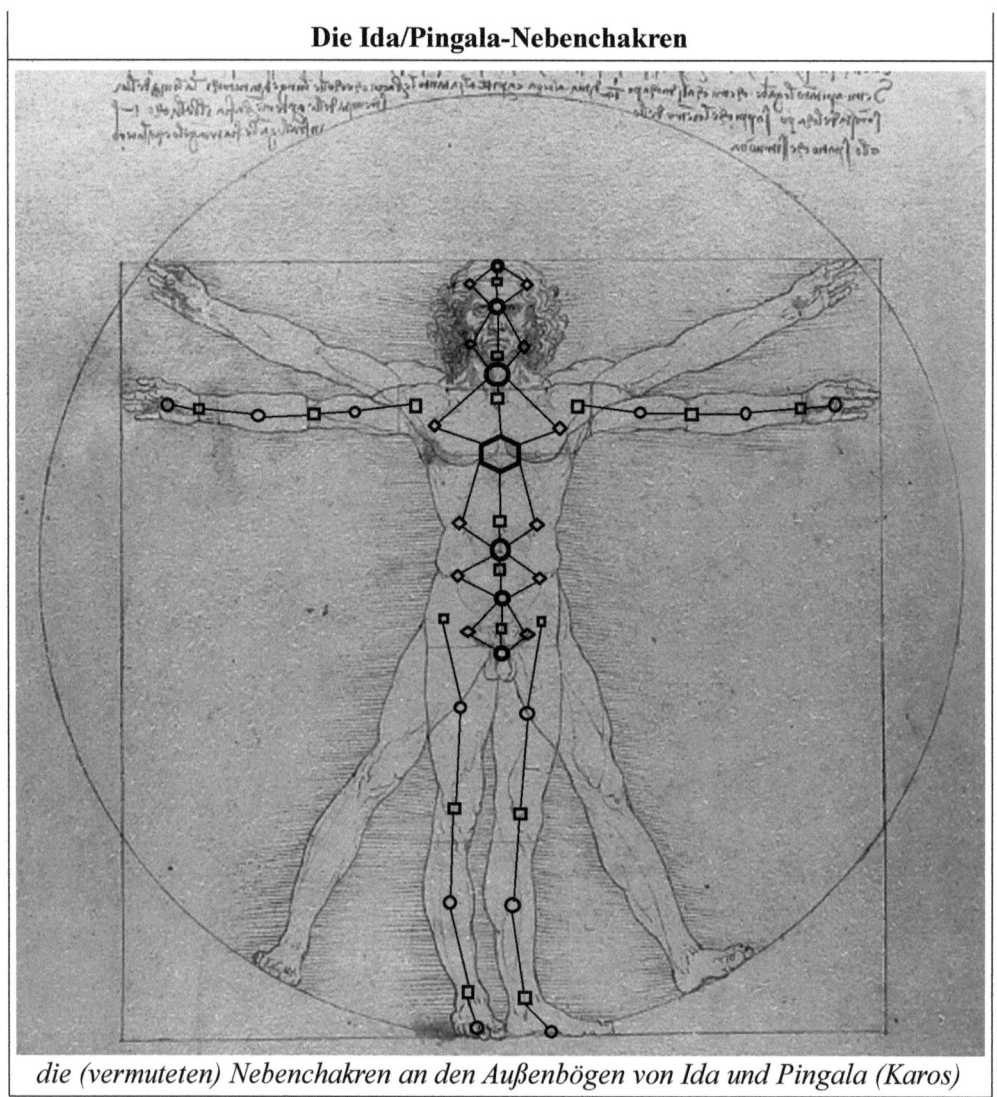

die (vermuteten) Nebenchakren an den Außenbögen von Ida und Pingala (Karos)

Es ist denkbar, daß die Schulterchakren mit den Achselchakren identisch sind und ebenso, daß die beiden untersten Ida/Pingala-Nebenchakren mit den Hüftchakren identisch sind.

Diese Vermutung ist zwar keineswegs sicher, aber ein solcher Zusammenhang wäre gut denkbar – zumindestens sollte man davon ausgehen dürfen, daß diese nah beieinanderliegenden Chakren jeweils in Resonanz miteinander stehen. Dafür spricht u.a. auch, daß die beiden Schulterchakren als Yin/Yang-Polarität bzw. als innerer Mann und innere Frau aufgefaßt werden – was ja genau dem Charakter von Ida und Pingala entspricht.

B weitere Kopf-Chakren

1. Das Kinnchakra

Das Nebenchakra auf der Mitte des Kinns steht für Mut, Willen, Durchsetzungskraft und für das Auflösen von Ängsten.

Ein ausgeprägtes, breites und leicht vorstehendes Kinn ist in der Regel ein Zeichen für einen starken Willen.

2. Die beiden Wangen-Chakren

Diese beiden Chakren liegen auf der Mitte der Wangenknochen. In der Christen-gemeinschaft der Anthroposophen gibt der Priester an diese Stelle den Gläubigen den Segen.

Diese Nebenchakren macht abwehrbereit und zäh, es hilft Widerstand auszuhalten – man ist nicht kleinzukriegen …

Sie könnten evtl. mit den beiden vermuteten Nebenchakren auf den Ida/Pingala-Außenbögen zwischen dem Halschakra und dem Dritten Auge sein.

3. Das Gaumen-Chakra

Dieses Chakra kann nicht das Zwischenchakra zwischen Halschakra und Drittem Auge sein, da es oben an der Gaumenwölbung und somit fast auf der Höhe des Dritten Auges liegt. Es wird auch Lalana-Chakra, Kala-Chakra, Talu-Chakra oder Nektar-Chakra genannt.

Es gibt einige Berichte darüber, daß aus diesem Chakra in der Meditation manchmal ein Schwall einer süßlichen Flüssigkeit herausfließt. In manchen Übungen des Kriya-Yogas oder des Tantra-Yogas soll man die Zunge zurückbiegen und mit der Zungen-spitze den hinteren Gaumen berühren.

4. Die beiden Ohren-Chakren

Die Ohrenchakra sollen dabei helfen, sich der eigenen früheren Leben zu erinnern.

Direkt unter der Rückseite der Ohren befinden sich die beiden Vidhura-Marmas. Sie sind für das Hören und für die aufrechte Haltung des Kopf zuständig.

Das rechte Ohr scheint zudem für das inneres Hören und das linke Ohr für Vertrauen und Hingabe zuständig zu sein – diese Zuordnung zu dem rechten und dem linken Ohr ist jedoch unsicher.

5. die beiden Kiefergelenk-Nebenchakren

Über diese beiden Chakren ließ sich nur ihre Lage herausfinden. Sie kommen von ihrer Lage her auch als Ida/Pingala-Bogenchakren in Frage – sie liegen präzise links und rechts des Kehldeckelchakra.

6. Das Nasenwurzel-Chakra

Dieses Chakra scheint ein Aspekt des Dritten Auges zu sein. Es liegt direkt unter dem Dritten Auge und wird als der Punkt aufgefaßt, an dem sich Sushumna, Ida und Pingala kreuzen und verbinden. Da sich diese drei Lebenskraft-Bahnen jedoch in der Mitte aller sieben Hauptchakren überkreuzen, sind das Dritte Auge und das Nasenwurzelchakra vermutlich identisch miteinander.

Dieses Chakra soll helfen, den eigenen Platz in der Welt zu erkennen und zur rechten Zeit am rechten Ort zu sein – was auch zu dem Dritten Auge passen würde, das für die Orientierung in der Welt zuständig ist.

7. Die Nebenchakren des Dritten Auges

Das Ajna-Chakra („Drittes Auge") liegt eigentlich in etwa in der Mitte des Kopfes – das „Chakra" zwischen den Augenbrauen ist das vordere Kshetram des Dritten Auges.

Direkt über dem Ajna-Chakra liegt das Manas-Chakra und direkt über diesem das Indu-Chakra.

„Ajna-Chakra" bedeutete „Befehls-Chakra", da hier der lenkende Wille liegt.

„Manas-Chakra" bedeutet „wahrnehmender Geist". Hier sollen sich die Ansichten und Gewohnheiten befinden.

„Indu-Chakra" bedeutet „Mond-Chakra". Hier sollen sich der Verstand und die Vernunft befinden.

Das Dritte Auge, das Manas-Chakra, das Indu-Chakra und das Nasenwurzel-Chakra haben alle Eigenschaften, die zu dem Dritten Auge, also zu der Orientierung in der Welt gehören. Die Unterscheidung dieser vier Chakren ist daher wohl eher als eine Differenzierung oder innere Struktur des Dritten Auges und nicht als vier eigenständige Chakren aufzufassen.

8.   Die Schläfen-Nebenchakren

Es gibt je drei Marmas an den beiden Schläfen, die von ihrer Lage her die Ida/Pingala-Nebenchakren des Stirn-Zwischenchakras sein sollten.

Shkanka wirkt auf die Knochen, das Knochenmark, die Gelenke, die Haare, die Fingernägel und die Fußnägel, auf das Nervensystem (Schlaflosigkeit, Angst, Sorgen) und das Erinnerungsvermögen, sowie auf den Dickdarm (Durchfall, Verdauungstörungen, Blut im Stuhlgang) und den Anus (Hämorrhiden).

Utkshepa ähnelt Shkanka und ist für die Knochen, das Knochenmark, die Gelenke, die Haare, die Fingernägel und die Fußnägel, auf das Nervensystem (Schlaflosigkeit, Angst, Sorgen) und das Erinnerungsvermögen, sowie für den Dickdarm zuständig.

Avartas hilft bei Depression und fördert das klare Sehen und eine aufrechte Haltung. Dieses Marma entspricht den Eigenschaften, die man von den Seitenchakren des Stirnchakras erwarten könnte – es ist eines der sehr wenigen Marmas, für die auch phsychische Wirkungen angeführt werden.

9.   die Ida- und Pingala-Nebenchakren

Die im vorigen Kapitel entworfene Übersicht über die Nebenchakren auf den Bögen von Ida und Pingala lassen sich jetzt um zwei weitere Nebenchakren ergänzen:

Die Nebenchakren auf den Ida/Pingala-Bögen		
rechts *(Ida/Pingala)*	*Mitte* *(Sushumna)*	*links* *(Ida/Pingala)*
	SCHEITELCHAKRA	
rechtes Schläfen-Marma	Stirn-Zwischenchakra	linkes Schläfen-Marma
	DRITTES AUGE	
rechtes Wangen-Nebenchakra?	Kehldeckel-Zwischenchakra	linkes Wangen-Nebenchakra?
	HALSCHAKRA	
rechtes Achselchakra?	Thymus-Zwischenchakra	linkes Achselchakra?
	HERZCHAKRA	
?	Wunschbaum	Milzchakra?
	SONNENGEFLECHT	
Wut-Nebenchakra	Nabel-Zwischenchakra	Scham-Nebenchakra
	HARA	
Betrugs-Nebenchakra	Schamhaar-Zwischenchakra	Zurückweisungs-Nebenchakra
	WURZELCHAKRA	

C Die „Außenbogen-Chakren"
und der innere Mann und die innere Frau

Es gibt noch eine interessante Überlegung, die jedoch vorerst nur eine Arbeitshypothese ist, da sie noch durch ausreichend möglichst viele erfolgreiche Anwendungen bestätigt werden muß.

Bei einer Person mit einem Trauma, mit dem sie regressiv umgeht, d.h. die mit Zurückhaltung, Anpassung und Askese reagiert, ist das Thymuschakra hart und verschlossen und hat einen großen Teil der Lebenskraft in die drei oberen Chakren gepumpt. Die drei unteren Chakren haben entsprechend wenig Lebenskraft und der Wunschbaum ist kraftlos, seine Mauer undeutlich und sein Tor weit offen.

Daher sollten auch Ida und Pingala oberhalb des Thymuschakras viel Lebenskraft enthalten und unterhalb des Wunschbaumes wenig Lebenskraft.

Im Bereich der drei oberen Chakren sollten daher der regressive, asketische, angepaßte, zurückhaltende Mann und auch die Frau mit diesem Charakter in Ida und Pingala zu finden sein. Diese beiden Innenbilder haben viel Lebenskraft und prägen daher das Verhalten des betreffenden Menschen. Mit dem gleichgeschlechtlichen Bild wird sich dieser Mensch identifizieren (gleiches Geschlecht, eigene Dynamik). Das andere Bild lebt er dadurch, daß er sich einen entsprechenden Freund bzw. eine entsprechende Freundin sucht – wobei hier „Freund/Freundin" im Sinne von „Freundschaft, Wahlverwandte, Gleichgesinnte" gemeint ist (anderes Geschlecht, eigene Dynamik).

Im Bereich der drei unteren Chakren darf man entsprechend den progressivem, aggressivem, dominanten, süchtigen Mann und die Frau mit dem entsprechenden Charakter vermuten – wieder jeweils links und rechts der Hauptchakren in Ida und Pingala. Diese beiden Innenbilder haben wenig Lebenskraft und kommen in dem Verhalten des betreffenden Menschen kaum vor – sie bilden seine unbewußte oder halbbewußte Schatten- und Angstseite, die er zu vermeiden versucht und die er zugleich ersehnt. Das gegengeschlechtliche Bild wird dieser Mensch dadurch leben, daß er mit einem Menschen mit diesem Charakter eine Beziehung eingeht (anderes Geschlecht, entgegengesetzte Dynamik) Das andere Bild wird zu seinem Feindbild (gleiches Geschlecht, entgegengesetzte Dynamik).

Dieses Strukturprinzip der Psyche habe ich ausführlich in „Das Beziehungsmandala" beschrieben.

Es lassen sich nun drei Landkarten zeichnen, die zeigen, welche inneren Bilder sich wo in dem Lebenskraftkörper befinden – bei einem gesunden Menschen, bei einem Menschen mit Trauma und regressivem Verhalten und bei einem Menschen mit Trauma und progressivem Verhalten.

1.   Mensch ohne Trauma

Bei einem Menschen ohne Trauma ist das innere Männerbild und das innere Frauenbild weitgehend intakt und nicht polarisiert. Daher kann dieser Mensch sich selber in seinem Leben als Mann oder als Frau leben und ausdrücken – den inneren Mann bzw. die innere Frau, die das männliche bzw. weibliche Spiegelbild seiner Seele ist. Dieser Mensch kann daher auch einen Mann bzw. eine Frau finden, die seinem heilen inneren Mann bzw. seiner heilen inneren Frau entspricht und mit ihm/ihr eine erfüllte Beziehung führen. In diesem System können die Sushumna (Identität) sowie Ida und Pingala (innerer Mann und innere Frau) frei fließen und sich auf alle sieben Chakren ausdehnen.

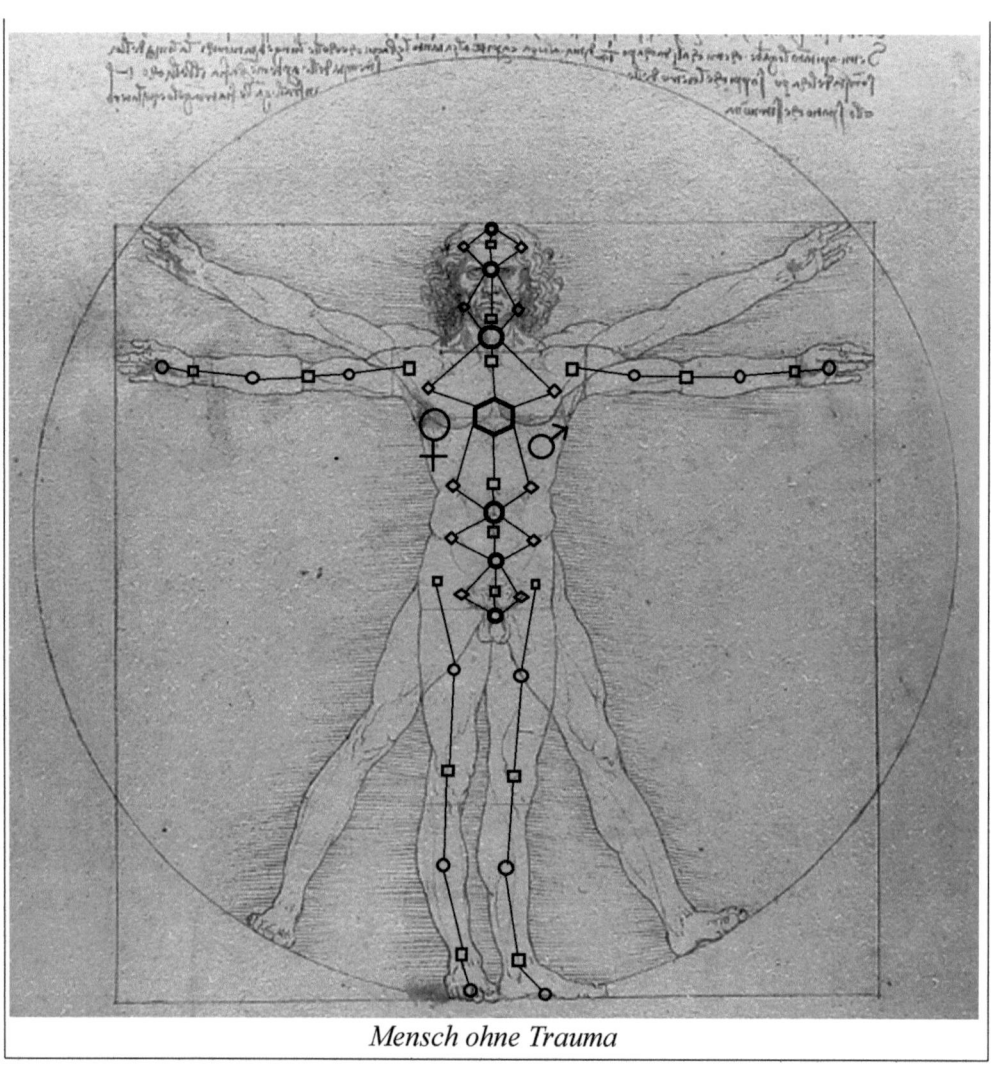

Mensch ohne Trauma

2. Mensch mit Trauma und regressivem Verhalten

Das regressive Verhalten zeichnet sich dadurch aus, daß der Betreffende nur mithilfe seiner drei oberen Chakren zu leben versucht – er ist im Fluchtreflex steckengeblieben: Er macht sich klein (Energie-Überdruck im Halschakra), er schaut ängstlich auf die anderen (Energie-Überdruck im Dritten Auge) und er verzichtet auf alles (Energie-Überdruck im Scheitelchakra). Er hat mithilfe seines Thymuschakras bei der Entstehung seines Traumas einen großen Teil seiner Lebenskraft in die drei oberen Chakren gepumpt, wo sie seitdem festsitzt – in den drei unteren Chakren herrscht seitdem Energiemangel.

Das Traumabild (das Pentagramm in dem folgenden Schaubild), also die Erinnerung an die panische Fluchtsituation (o.ä.) sitzt im Halschakra fest.

Der Wunschbaum ist im Gegensatz zu dem harten Thymuschakra wabbelig und haltlos („wie Pudding").

Die beiden heilen, unverzerrten Spiegelbilder der eigenen Seele, also der heile innere Mann und die heile innere Frau gibt es zwar noch im Herzchakra-Bereich dieses Menschen, aber sie sind ihm weitgehend unbewußt. Stattdessen haben sich durch das Trauma vier polarisierte, extreme Bilder gebildet:

1. der regressive, zurückhaltende, angepaßte, asketische Mann, der viel Lebenskraft enthält und idealisiert wird und der im Kopfbereich sitzt,

2. und die Frau mit demselben Charakter, die ebenfalls im Kopfbereich sitzt;

3. der progressive, aggressive, dominante, süchtige Mann, der wenig Lebenskraft enthält und verteufelt und gefürchtet und zugleich ersehnt wird und der im Bauchbereich sitzt,

4. und die Frau mit demselben Charakter, die ebenfalls im Bauchbereich sitzt.

- Hinzu kommen noch die Freunde – Menschen mit demselben Geschlecht und derselben Dynamik.

Diese vier Bilder werden in dem eigenen Leben als Selbstbild, Beziehungspartner, gegengeschlechtliche Freundschaft und gleichgeschlechtliche Feindschaft inszeniert – das eigene Lebensdrama.

Das Traumabild im Halschakra enthält derart viel Lebenskraft, daß es prägender als das Herzchakra mit der eigenen Identität geworden ist – der Betreffende steckt solange in seiner ewigen Flucht fest, bis das Trauma geheilt und aufgelöst wird. Dann können sich auch die beiden Polarisierungen des inneren Männerbildes und des inneren Frauenbildes wieder auflösen, sodaß das heile innere Männerbild und das heile innere Frauenbild (die unverzerrten Spiegelbilder der eigenen Seele) wieder bewußt werden und wieder die Begegnungen und Beziehungen im eigenen Leben prägen können.

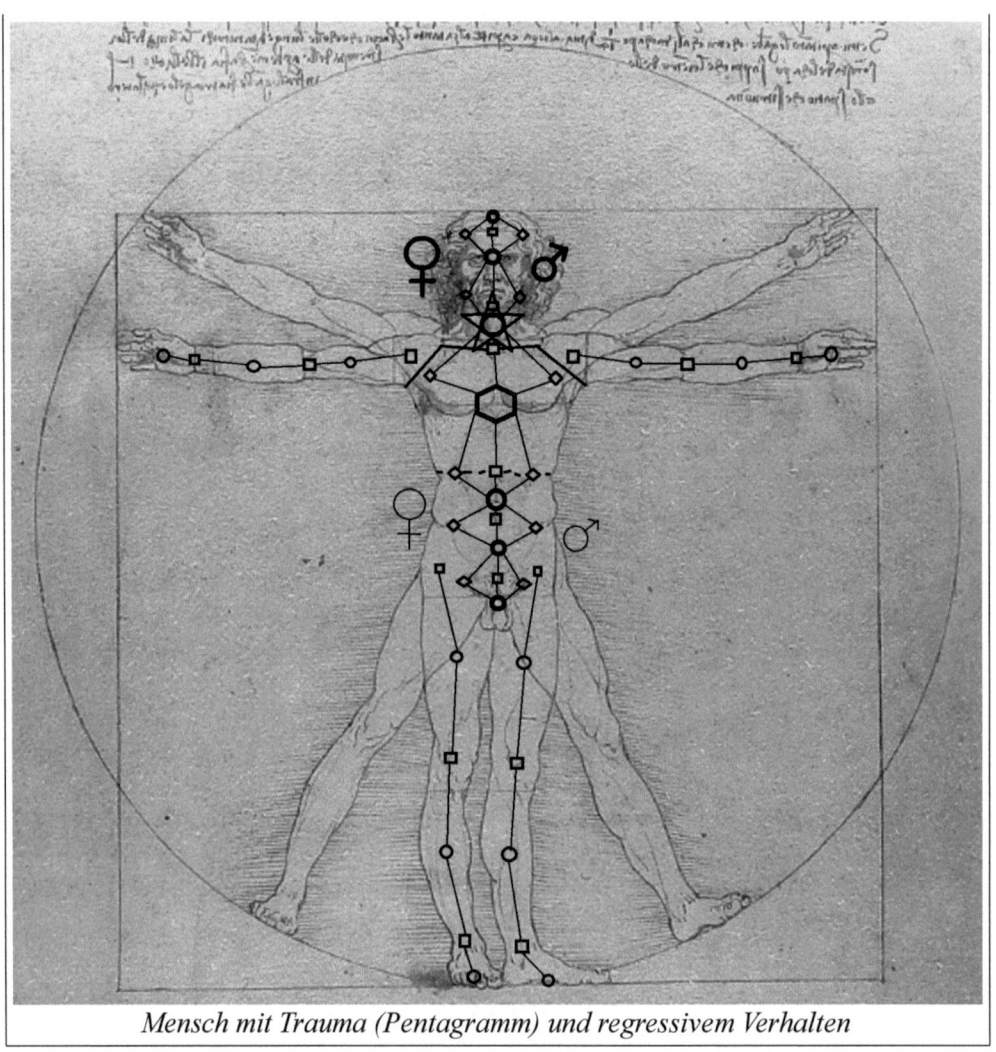

Mensch mit Trauma (Pentagramm) und regressivem Verhalten

3.   Mensch mit Trauma und progressivem Verhalten

Das progressive Verhalten zeichnet sich dadurch aus, daß der Betreffende nur mithilfe seiner drei unteren Chakren zu leben versucht – er ist im Angriffsreflex steckengeblieben: Er macht sich groß (Energie-Überdruck im Sonnengeflecht), er beißt wild um sich (Energie-Überdruck im Hara) und er will alles haben (Energie-Überdruck im Wurzelchakra). Er hat mithilfe seines Wunschbaumes bei der Entstehung seines Traumas einen großen Teil seiner Lebenskraft in die drei unteren Chakren gepumpt, wo sie seitdem festsitzt – in den drei oberen Chakren herrscht seitdem Energiemangel.

Das Traumabild (das Pentagramm in dem folgenden Schaubild), also die Erinnerung an die wütende Angriffssituation (o.ä.) sitzt im Sonnengeflecht fest.

Das Thymuschakra ist im Gegensatz zu dem harten Wunschbaum wabbelig und haltlos („wie Pudding").

Die beiden heilen, unverzerrten Spiegelbilder der eigenen Seele, also der heile innere Mann und die heile innere Frau gibt es zwar noch im Herzchakra dieses Menschen, aber sie sind ihm weitgehend unbewußt. Stattdessen haben sich durch das Trauma vier polarisierte, extreme Bilder gebildet:

1. der progressive, aggressive, dominante, süchtige Mann, der viel Lebenskraft enthält und idealisiert wird und der im Bauchbereich sitzt,

2. und die Frau mit demselben Charakter, die ebenfalls im Bauchbereich sitzt;

3. der regressive, zurückhaltende, angepaßte, asketische Mann, der wenig Lebenskraft enthält und verachtet und zugleich ersehnt wird und der im Kopfbereich sitzt,

4. und die Frau mit demselben Charakter, die ebenfalls im Kopfbereich sitzt.

- Hinzu kommen noch die Freunde – Menschen mit demselben Geschlecht und derselben Dynamik.

Diese vier Bilder werden in dem eigenen Leben als Selbstbild, Beziehungspartner, gegengeschlechtliche Freundschaft und gleichgeschlechtliche Feindschaft inszeniert – das eigene Lebensdrama.

Das Traumabild im Sonnengeflecht enthält derart viel Lebenskraft, daß es prägender als das Herzchakra mit der eigenen Identität geworden ist – der betreffende steckt solange in einem ewigen Angriff fest, bist das Trauma geheilt und aufgelöst wird. Dann können sich auch die beiden Polarisierungen des inneren Männerbildes und des inneren Frauenbildes wieder auflösen, sodaß das heile innere Männerbild und das heile innere Frauenbild (die unverzerrten Spiegelbilder der eigenen Seele) wieder bewußt werden und wieder die Begegnungen und Beziehungen im eigenen Leben prägen können.

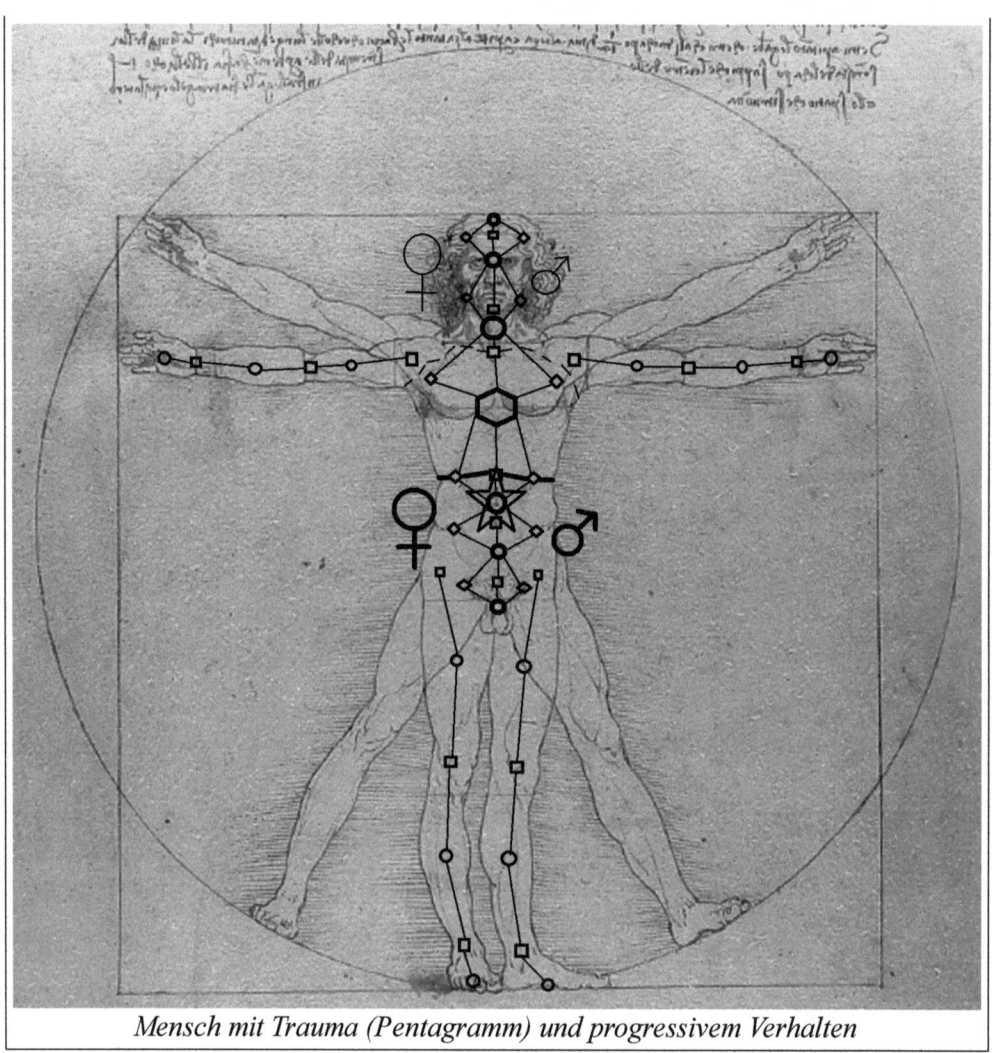

Mensch mit Trauma (Pentagramm) und progressivem Verhalten

XVIII   Traumreisen

Bei einer Traumreise befindet man sich gleichzeitig im Wachzustand und im Traumzustand. Das ist nicht so exotisch, wie es zunächst vielleicht klingen mag – wenn man einen lebhaften Tagtraum hat, während man in der Eisenbahn sitzt, oder wenn man morgens nach dem Erwachen noch 10 Sekunden weiterträumt, ist man genau in diesem Zustand. Mit etwas Übung kann man bewußt in diesen Zustand gehen und auch das Thema auswählen, zu dem man „bewußt träumt".

In diesem Zustand ist man wesentlich näher an telepathischen Fähigkeiten als im normalen Wachzustand. Daher kann man durch Traumreisen auch an Informationen gelangen, die einem normalerweise nicht zugänglich wären.

Da man jedoch zunächst einmal nicht weiß, woher die Bilder und Worte kommen, die man auf einer Traumreise sieht und hört, sollte man diese Informationen zwar ernst nehmen, aber trotzdem vorsichtig mit ihnen umgehen.

Die Erfahrung zeigt jedoch, daß man auf diese Weise viele wertvolle Informationen der verschiedensten Art erhalten kann – und oft Dinge erlebt, mit denen man nicht gerechnet hat … oder die man eigentlich garnicht hören wollte. Traumreisen eignen sich auf jeden Fall gut dafür, um neue Anregungen zu erhalten.

In Bezug auf die Chakren sind die durch eine Traumreise erlangen Informationen auf jeden Fall anderes zu bewerten als die meist Jahrtausende alten Erfahrungen mit den Chakren.

Das Vorgehen eines Chemikers oder eines anderen naturwissenschaftlichen Forschers ist bei der Bewertung einer Traumreise von großem Vorteil:

1. Man prüft genau, was man wissen möchte.

2. Man prüft, von wem oder auf welche Weise man dieses Wissen erlangen könnte.

3. Man führt einen dazu passenden Versuch (hier die Traumreise) durch. Dabei achtet man darauf, möglichst alle auftretenden Phänomene möglichst genau zu erfassen.

4. Nach dem Ende des Versuches hält man alle Beobachtungen schriftlich fest.

5. Dann vergleicht man die Ergebnisse mit dem, was man erwartet hat, und mit dem, was einem ansonsten noch über das untersuchte Thema bekannt ist.

6. Als nächstes betrachtet man alle unerwarteten oder auch widersprüchlichen Informationen noch genauer, um herauszufinden, in welcher Weise sie das bisherige Wissen erweitern.

7. Daraus leitet man dann wieder neue Versuche ab, um die eigenen Schlußfolgerungen zu überprüfen.

Einer der wichtigen Punkte bei diesem Vorgehen ist die eigene Neutralität gegenüber den Beobachtungen (also der Wahrnehmung bei der Traumreise) und die anschließende genaue Betrachtung der Ergebnisse.

Auf diese Weise kann man auch in solchen Grenzgebieten wie dem Erforschen der Nebenchakren zu tragfähigen Ergebnissen kommen – auch wenn diese oft ganz anders aussehen als man dies ursprünglich erwartet hat. Aber das macht ja einen Teil der Freude des Forschens aus …

Die folgenden Traumreisen sind fast alle ungewöhnlich kurz geraten – die Antworten kamen schnell und stellten meine Fragen fast immer in einen neuen Zusammenhang. Traumreisen zu Gottheiten, die man kennenlernen möchte, oder zu mythologischen Symbolen dauern in der Regel wesentlich länger.

Zu einigen dieser Traumreisen habe ich mich schon während des Schreibens der ersten Kapitel dieses Buches entschlossen, andere Themen sind erst während der Traumreisen selber hinzugekommen.

1. Traumreise zu Naropa

Naropa war ein nordindischer Yogi und Mahasiddhi, der von 1016-1100 n.Chr. gelebt hat. Er war ein Prinz, ein Abt der großen buddhistischen Kloster-Universität von Nalanda, ein Schüler des Yogis Tilopa und schließlich einer der Lehrer des Marpa, der den Buddhismus nach Tibet gebracht hat, nachdem Padmasambhava ca. 300 Jahre zuvor das erste Fundament für die buddhistische Religion in Tibet gelegt hatte.

Ich habe schon früher einige Traumreisen zu Naropa unternommen und Hilfe von ihm erhalten.

„Naropa, ich würde Dich gerne ein paar Dinge zu den Chakren und Nebenchakren fragen."

„Dann komm."

Ich sehe ihn wie immer unter dem Baum in der Mitte desselben Platzes sitzen. Es ist ein Laubbaum – nicht hoch, glatte Rinde, breite Krone, staubig-glänzende Blätter wie in heißen Ländern, die Erde ist hellbraun und eher trocken, ein bißchen Gras wächst an ein paar Stellen.

„Ich versuche das System der Chakren und der Nebenchakren zu begreifen und ich frage mich, ob meine Überlegungen mit diesen drei Kreisen wohl richtig sind – und auch die mit den Zwischenchakren. Kannst Du mir dazu etwas sagen?"

„Diese gerade Linie ist wichtig, in der die Kundalini fließt (die Sushumna). Bring sie zum Fließen – der Rest ergibt sich daraus. Das Fließen der Kundalini ist der

Schlüssel zu dem Ganzen. Du brauchst nur soviel zu verstehen, wie Du brauchst, um die Kundalini in Fluß zu bringen, denn dann erreichst Du Dein Ziel. "

„Du meinst, ich soll mich einfach auf die Kundalini konzentrieren? "

„Die ist der erste der sechs Yogas (der „sechs Yogas des Naropa"). "

„Hm … gäbe es Sinn, etwas über die Nebenchakren und Chakren zu wissen, um besser heilen und beraten zu können? "

„Beginne mit der Kundalini – die führt Dich zum Ziel. Das andere führt Dich zu Wissen, aber nicht zum Ziel. "

„Hm … ja … Danke, Naropa. "

„Du hast das jetzt gehört und es wäre gut für Dich, wenn Du das jetzt auch tun würdest und nicht nur forschen würdest. "

„Hm … ich mag mich jetzt nicht festlegen, aber ich kann sehen, daß das ein guter Rat ist. Ich muß schauen, ob der Entschluß aus mir heraus wächst und da ist, denn nur dann trägt er wirklich. "

„Gut. "

„Danke, Naropa! "

Ich kehre zurück.

„Ho! "

2.   Traumreise zu Patanjali

Der Yogi Patanjali hat vermutlich zwischen 600 und 100 v.Chr. in Indien gelebt – die Angaben schwanken sehr stark. Seine „Yoga-Sutren" sind die Grundlage des heutigen Yoga.

„Patanjali, ich bin noch nie bei Dir gewesen. Ich würde Dich gerne fragen, ob Du mir etwas zu den Chakren und Nebenchakren sagen kannst, und ob ich mit dem, was ich da überlege, richtig liege. "

„Was ist Dein Ziel? "

„Ich möchte glücklich leben. Und daß ich das jetzt erforsche, das hat auch den Grund, daß ich verstehen will, wie das Verhältnis zwischen Eigenständigkeit und Beziehungen ist – damit komme ich noch nicht so ganz zurecht. "

„Wenn Du das klären willst, dann schaue nach Deinem inneren Mann und nach Deiner inneren Frau. Die wissen das. Du brauchst nicht die ganzen kleinen Nebenchakren zu kennen. "

„Hm … klingt sehr logisch. Und hat das etwas mit Ida und Pingala zu tun? "

„Das hat es. Aber Wissen hilft Dir da nicht viel. Geh' zu Deinem inneren Mann und zu Deiner inneren Frau und dann schaue, was sie Dir sagen, und was passiert, wenn

Du das tust, was sie Dir sagen."

„O.k. ... Hm ... Da ja wahrscheinlich ein paar Leute das Buch lesen werden, das ich hier gerade schreibe, wüßte ich gerne, ob Du der Meinung bist, ob das, was ich da schreibe, so richtig ist."

Patanjali wartet sehr lange mit seiner Antwort ...

„Es ist schon gut, was Du schreibst, aber Du rennst in die falsche Richtung – Du willst eine Lösung haben, aber Du suchst nach Werkzeugen, mit denen Du etwas völlig anderes aufbauen kannst, aber mit denen Du nicht die Lösung finden kannst. Also schreib' ruhig weiter – das ist schon o.k. – aber für das, was Du herausfinden willst, solltest Du Deinen inneren Mann und Deine innere Frau fragen. Du brauchst das nicht komplett zu trennen – ein paar Dinge hast Du ja durch die Betrachtung der Nebenchakren herausgefunden – aber Du gehst nicht den geraden Weg, nicht den direkten Weg."

„Danke, Patanjali!"

Ich kehre zurück.

„Ho!"

3.   Traumreise zu Buddha

Buddha hat um zwischen 600 und 500 v.Chr. in Indien gelebt und die damalige religiöse Tradition des Rig-Veda und der Asketen (Schamanen) zu einer spirituellen Selbsterfahrungs-Methode weiterentwickelt.

„Buddha?"

„Ja?"

„Kannst Du mir etwas über die Chakren und Nebenchakren sagen? Kannst Du mir sagen, ob das, was ich da gerade erforsche und schreibe, einigermaßen nah an der Wirklichkeit ist?"

„Du hast eben Patanjali gefragt."

„Ja?"

„Und? Wirst Du seinen Antworten folgen?"

„Ich werde mir das anschauen – ja."

„Dann tu das. Und dann schau weiter."

„O.k. ... Danke."

Ich kehre zurück.

„Ho!"

4. Traumreise zu Montezuma

Montezuma ist der König der Azteken zur Zeit der Eroberung von Süd- und Mittelamerika durch Hernando Cortez gewesen (1519-1921 n.Chr.).

Meine Hoffnung bei dieser Traumreise war es, etwas über die mittel- und südamerikanische Chakra-Tradition zu erfahren.

„Montezuma, ich weiß nicht, an wen ich mich bei den Azteken wenden soll, weil ich keinen Priester oder Schamanen oder Zauberer aus der damaligen Zeit kenne – deshalb würde ich gerne Dich fragen. Kannst Du mir etwas zu den Chakren sagen, zu den Punkten der Lebenskraft im Körper?"

„Geh' zur Sonne, geh' in die Sonne, ruf' die Sonne in Dich, ruf' sie in Dein Herzchakra, laß' die Sonne in Deinem Herzchakra leuchten – der Rest wird sich dann ergeben."

„Das klingt wie die Herzmeditation, die es in fast jeder Religion gibt."

„Ja."

„Ich habe sie schon sehr viele Jahre gemacht ... Habe ich da etwas übersehen?"

Montezuma wartet lange mit seiner Antwort ...

„Tue das, was Patanjali Dir geraten hat."

„O.k. ... Danke."

Ich kehre zurück.

„Ho!"

5. Traumreise zur inneren Frau und zum inneren Mann

Diese Traumreise hat naturgemäß einen deutlich individuelleren Charakter als die vorigen Traumreisen.

„Meine innere Frau ..."

Ich sehe sie links neben mir.

„Was möchtest Du? Du möchtest genießen? Ist es das? Das ist das, wozu die innere Frau und der innere Mann da sind. Genieße die Begegnungen."

„Mein innerer Mann, bist Du auch da?"

„Ja."

Ich sehe ihn rechts von mir.

Innerer Mann: „Wir können Deine Verbindung zur Welt sein, aber Du bleibst Du. Kein anderer da draußen ist mit Dir so verbunden, wie wir mit Dir verbunden sind. Jeder Mensch, dem Du begegnest, ist einen Schritt weiter fort von Dir als wir"

Ich: „Hm ... ja ... Mir macht die Unbeständigkeit dieser Begegnungen echt Mühe! Könnt ihr mir dazu etwas sagen?"

Innerer Mann: „Du suchst nach etwas – und Du sagst, wenn Du das hast, dann ist es gut: diese intensive Begegnung, die Herzensbegegnung, dieses Gefühl von Verwandtschaft. Im Grunde versuchst Du Dich zu erweitern auf jemand anderen – ein größeres Ich zu erschaffen, das aus Dir und noch jemand anderem besteht."

„Hm ... ich hätte es 'Gemeinschaft' genannt, aber man kann es auch so beschreiben, ja. ... Und was ratet ihr mit?"

Mann und Frau gemeinsam: „Sei ein Wanderer in der Welt. Bewahre Deine Liebe in Dir, in Deinem Herzen, bewahre die Quelle der Liebe in Dir, laß sie strahlen. Laß sie durch uns beide in die Welt strahlen zu anderen Menschen – aber binde sie nicht an andere Menschen. Du darfst ruhig lieben, aber verzweifle nicht, wenn die Begegnung wieder endet: Du verlierst Dich nicht, Du verlierst uns beide nicht. Du kannst Menschen etwas schenken und Du kannst Geschenke erhalten – und ihr bleibt beide eigenständig."

„Hm ... ... ich glaube, ich werde irgendwann noch einmal zu euch kommen und euch fragen. ... Ich muß mir das erst einmal anschauen. ... Danke!"

„Bitteschön!"

Ich kehre zurück.

„Ho!"

6. Traumreise zu Huayna Capac

Huayna Capac ist der König der Quetchuas („Inkas") zur Zeit der Eroberung von Süd- und Mittelamerika durch Hernando Cortez gewesen (1519-1921 n.Chr.) gewesen.

Meine Hoffnung bei dieser Traumreise war es, etwas über die Chakra-Tradition der Quetchua („Inkas") zu erfahren.

„Huayna Capac?"

„Ja?"

„Danke, daß Du so schnell antwortest."

„Was willst Du?"

„Ich würde gerne wissen, ob ihr Kenntnis von den Chakren gehabt habt."

„Die hatten wir – wie alle Völker, die Schamanen hatten. Als Schamane lernt man das innere Feuer kennen – das ist so eng mit der Astralreise verbunden (durch das Erlebnis der Astralreise wird man zum Schamanen), *daß man zumindestens ein paar Punkte kennenlernt, die für das Erwecken des Feuers von Bedeutung sind."*

„Hm ... ja, das ist so generell auch meine Ansicht, ja. ... Welche Chakren kanntet ihr?"

„Vor allem das Herzchakra."

„Noch eins?"

„Ich sagte: vor allem das Herzchakra. Die Kenntnis der anderen ist diffus. Das Herzchakra stand in der Mitte des Himmelsgottes und der Erdgöttin. Sie erscheinen auch in den Verbindungspunkten zu den beiden (über dem Scheitel und unter den Füßen)."

„Gibt es noch etwas, was Du mir sagen kannst?"

„Das war es."

„Hm ... ist es unhöflich, wenn ich frage, warum Du so kurz angebunden bist?"

„Ich habe noch anderes zu tun."

(Diese Antwort überzeugt mich nicht besonders.)

„Danke, Huayna Capac."

„Bitte."

7. Traumreise zu Viracocha

Viracocha ist der Schöpfergott der Indianer in den Anden, zu denen auch die Quetchua („Inkas") gehören.

„Viracocha, kannst Du mir etwas über die Chakren sagen?"

„Was willst Du denn wissen?"

„Ich möchte ihre Dynamik verstehen. Ich fände es auch interessant zu wissen, was bei anderen Völkern als den Indern bzw. den Indogermanen über die Chakren bekannt gewesen ist. Ja, und was ich vor allem wissen möchte, ist, wie der heile Zustand der Chakren aussieht."

...

„Konzentriere Dich auf das Wesentliche. Was ist das Wesentliche?"

„Ich möchte den heilen Zustand des Chakrensystems verstehen. Und ich möchte so viel von den Nebenchakren verstehen, daß ich diese heile Dynamik begreifen kann."

„Diese Frage klingt schon besser."

...

„Und? Hast Du eine Antwort für mich?"

„Lausche und schaue."

... ...

Ich fühle Weite, ich sehe manchmal den Himmel ... und ich habe einen Druck an der Schädelbasis.

„Warum ist dieser Druck da, Viracocha? Hat der etwas mit meiner Frage zu tun?"

„Dir stehen noch immer die Vorstellungen Deiner Eltern im Weg."

Ich fühle, wie sich mein Vater gefühlt hat, als er Anfang Zwanzig gewesen ist und ich als sein erstes Kind geboren wurde ... das ist aufschlußreich ... Er war eigentlich ein Abenteurer und hat das nach und nach verdrängt ... Und von diesem Verdrängten und von dieser Enge ist so einiges bei mir gelandet.

Viracocha: „Und Du hast Dich noch nicht wirklich auf das Leben eingelassen."

„Wie meinst Du das?"

„Loslassen und tanzen, dem Leben vertrauen. Du lebst immer noch in der Vorstellung, daß Du festhalten und gestalten mußt, prägen mußt, suchen mußt, Dich aufopfern mußt, arbeiten mußt ... und das hält Dich vom Leben ab."

„Ja, daß das nicht förderlich ist, sehe ich. Mir war nicht so bewußt, daß ich das noch immer tue. ... Kannst Du das andersherum formulieren? Also nicht das beschreiben, was ich nicht tun soll oder was nicht förderlich ist, sondern das beschreiben, was förderlich ist?"

„Liebe Dich selber. ... Und schaue, was da ist und was kommt. ... Und schaue, was Deine Liebe damit tun will."

„Wenn Du sagst, 'was meine Liebe damit tun will' – meinst Du damit, wie ich aus meiner Selbstliebe heraus damit umgehen möchte?"

„Ja."

Sehr tiefer Seufzer ...

„Das klingt schlüssig, ja. Heißt das, daß mein Bezugspunkt immer meine Selbstliebe sein sollte?"

„Wenn Du in der bleibst, wird etwas Sinnvolles geschehen, ja."

„Meinst Du mir 'sinnvoll', daß es fließen kann und daß das Leben mich nicht darauf hinweisen muß, daß ich mich nicht an meine Selbstliebe halte?"

„Ja."

...

„Ja ... irgendwie sind diese ganz schlichten Sachen immer am schwersten zu verstehen und zu erfassen."

„Ja, die schlichten Sachen sind der Kern der Dinge. ... Und Du verstehst einen Apfel ja auch viel besser, wenn Du einen Apfelbaum siehst. Deshalb verstehst Du den Apfel als letztes – zuerst verstehst Du den Stamm und die Zweige und die Wurzeln und die Erde und den Wind und die Sonne und die Blätter und den Regen ... und irgendwann verstehst Du dann auch, was ein Apfel ist."

„Und so ist das auch mit mir selber und mit dem Herzchakra und der Seele?"

„Ja."

...

„Gibt es noch etwas, was Du mir sagen oder zeigen möchtest, Viracocha?"

Ich spüre sein Lächeln und sein Wohlwollen ...

„Es wird kommen ...“

„Hm ... ich nehme an, daß es wenig Sinn hat zu fragen, was kommen wird?“

„Ja, das stimmt.“

Das, was ich sehen kann, ist eine Helligkeit und Leichtigkeit – es ist wie Sonnenlicht und blauer Himmel.

Viracocha lacht leise vor sich hin ...

„Es ist mir willkommen, was kommen will.“

„Das klingt gut.“

„Danke, Viracocha!“

„Bitte. Und auch Du bist hier willkommen, wenn Du kommen willst.“

„Danke sehr!“

Viracocha verabschiedet sich innerlich und ohne Worte.

Ich kehre jetzt zurück.

„Ho!“

8.   Traumreise zu Pacha Mama

Pacha Mama („Erd-Mutter“) ist die Erdgöttin der Quetchuas („Inkas“).

„Pacha Mama?“

„Ja, mein Sohn?“

...

„Oh ... Danke!“

... ...

Ich wollte eigentlich nach den Chakren fragen ... aber ich fühle mich auf einmal angenommen ... wie zuhause ... ... wie in einer Schwitzhütte ...

... ...

Pacha Mama: „Das ist das, was ihr das 'Erdchakra' nennt. ... ... Das Chakra unter den Füßen ... ... Das ist die Heimat bei mir.“

... ...

Ich liege einfach da und fühle die Geborgenheit bei Pacha Mama.

... ...

„Ich liebe Dich, mein Sohn. Weißt Du das?“

... ...

„Ich glaube, ich habe es nicht wirklich gewußt ... Ich habe das Getragenwerden gekannt ... und daß Du immer da bist, aber ... nein, ich habe es nicht gewußt ...“

„Kannst Du das jetzt fühlen?“

„Ja ... ja ... Ich fühle es ... es ist angekommen, es ist in mir. ... ... Ich brauche *mich nicht anzustrengen – nicht wahr?"*

„Nein, das Leben sollte ein Tanz sein, keine Arbeit."

„Das habe ich auch schon vielen Menschen gesagt, aber ich glaube, ich bin da selber noch nicht ganz angekommen. ... Bleibst Du jetzt bei mir und ich bei Dir?"

„Ja, natürlich. So ist es immer gewesen. So ist es bei allen Menschen. Nur hast Du es nicht wirklich gesehen. Und viele andere sehen es auch nicht."

...

„Ja, wenn Du da bist, ist es einfacher, Viracochas Rat zu folgen. ... Ich tanze dann nicht mehr in einer Welt, die unberechenbar ist, sondern wie auf dem Dorfplatz, wo ich alle kenne, wo ich weiß, daß mir alle wohlgesonnen sind. ... Ja ... das habe ich letztes Wochenende schon ein Stück weit sehen können – die Bereitschaft, das Leben fließen zu lassen, aber da war es noch ein Fluß, von dem ich noch so garnicht wußte, was er machen wird ... ob da Wasserfälle kommen oder was auch immer ... und jetzt ... ja ... wenn Du mich liebst, dann kann ich vertrauen, dann ist es leichter, das Leben fließen zu lassen. ... Danke, Pacha Mama, vielen, vielen Dank!"

9. Traumreise zu Saraha

Dieser nordindische Yogi und Mahasiddhi lebte in dem Zeitraum von ca. 730-850 n.Chr. Die genaue Lebenszeit ist unbekannt, aber er ist in etwa ein Zeitgenosse von Karl dem Großen gewesen.

Er stammte aus einer Brahmanenfamilie, war buddhistischer Mönch in einem Kloster, später dann Wanderpriester bis er schließlich zusammen mit seiner Gefährtin den Lehren des Tantra-Yoga folgte. In dieser letzten Phase hat er als Pfeile-Schmied gearbeitet.

Er ist einer der Begründer der buddhistischen Vajrayana-Richtung, die den ursprünglichen Buddhismus mit den Methoden des Schamanismus und mit den Ritualen des Hinduismus zu einer alles fordernden, aber auch effektiven Erleuchtungsmethode verband.

„Saraha?"

„Komm her."

Ich fliege nach Indien ... ich sehe einen hellen Landstrich, also Erde, trocken, hell, einzelne Bäume, die Sonne scheint ... Ist das nicht der Ort, an dem sonst Naropa ist?

Saraha: „Komm mit."

Ich gehe mit ihm. Hier wird es grüner ... mehr Bäume, Sträucher, ein bißchen Gras ... da ist ein Teich mit Lotusblüten ...

„Saraha, ist das nicht Nalanda, die buddhistische Kloster-Universität?"

...

Saraha sitzt vor mir auf einer Plattform, auf einem Felsen ... einen halben Meter hoch ... oder mehr ... achtzig, neunzig Zentimeter ... naja, das ist nicht so leicht zu schätzen ... Darauf liegt ein Fell und er sitzt da ...

Er wirkt sehr kräftig, klar, entschieden – hm, es ist ein komisches Wort, aber irgendwie paßt es: Er wirkt sehr gediegen, sehr integriert ...

„*Ich möchte die Chakren und vor allem die Nebenchakren besser verstehen.*"

„*Du willst Wissen haben?*"

„*Hm ... wenn Du die Frage so stellst, kann ich schon kaum noch mit 'ja' antworten. Ich suche eigentlich nicht das Wissen an sich – das Wissen ist nur ein Hilfsmittel, um heiler werden zu können, um eine sinnvolle Haltung zu finden ...*"

„*Was willst Du?*"

„*Heil sein und inneren Frieden haben ... ja.*"

„*Du bist auf dem richtigen Weg.*"

...

„*Das ist schön zu hören. ... Gibt es etwas, was Du mir sagen oder zeigen kannst? Was mir hilft?*"

„*Sei Dir selber treu und laß Dich nicht so viel ablenken.*"

„*Durch was lasse ich mich ablenken?*"

„*Du schreibst mehr als Du lebst.*"

„*Ja ... überlegt habe ich das auch schon. ... Gibt es noch etwas, was mich von mir ablenkt?*"

...

„*Bleibe bei dem, was Du mit Pacha Mama erlebt hast.*"

...

Ich sehe innerlich Szenen mit den beiden Yogis Naropa und dessen Lehrer Tilopa.

...

„*Das ist das, was Naropa von Tilopa gelernt hat? Hast Du mir das gerade gezeigt? Obwohl Naropa doch dreihundert Jahre nach Dir gelebt hat?*"

„*Ja, Naropa hat es auf diese Art gelernt – durch absolutes Vertrauen zu seinem Lehrer. Er hat die absurdesten Dinge getan, weil sein Lehrer es gesagt hat – weil er ihm vertraut hat. Er hat alles aufgegeben – seinen Stolz ... vor allem den. Und sein anmaßendes Wissen ... Er hat durch sein Vertrauen in seinen Lehrer Tilopa das Vertrauen in die Welt gelernt. ... Er hat sich für die Welt geöffnet und für das Leben.*"

„*Puh ... hat er auf die Weise Verbindung zu seinem Scheitelchakra bekommen?*"

„*Ja, Du brauchst das Vertrauen, um loslassen zu können – und Du brauchst die Verbindung zur Erde, um Dich für die Verbindung zum Himmel öffnen zu können.*"

„*Ja, das versteh' ich. ... Du selber hast das anders erreicht, nicht wahr?*"

„*Ja.*"

„*Ist es hilfreich für mich, zu wissen, wie Du das erreicht hast?*"

„Nicht wirklich, nein.“

...

„Aber ich kann an Dir deutlicher als ich das jemals irgendwo gesehen habe, spüren, wie sich das anfühlt. ... Ist das recht, wenn ich versuche, das zu beschreiben und Du mir dann sagst, ob das so stimmt?“

„Ja.“

„Du bist ganz von Dir erfüllt ... Dein Herzchakra ... ja, erleuchtet Dich von innen – also, das Licht und die Wärme und die Liebe Deines Herzchakras füllen Dich vollständig aus ... Da gibt es nirgendwo Stellen, die Schatten werfen, hinter denen es dunkel ist oder die zwei Dinge voneinander trennen. ... Es ist alles organisch ... ja, 'aus einem Guß' klingt zu technisch ... Es ist alles gewachsen, es gehört alles zusammen, es ist im Einklang miteinander ... aber das ist noch mehr, das ist ... Alles, was Du bist, ist Ausdruck Deines Herzchakras ...“

„Jetzt wird die Beschreibung schon besser.“

„Und das, was da leuchtet, leuchtet golden. ... Da ist, glaube ich, auch nichts, was Du tun mußt oder unbedingt tun willst oder erreichen willst ... also, da ist weder ein notwendiges Ziel in der Zukunft noch ein einengendes Ereignis in der Vergangenheit ... Du bist einfach da ...“

„So ist es.“

„Und Du tust da, wo Du gerade bist, das, was gerade gut ist.“

„So einfach ist das.“

...

„Sag, Saraha, was hat mich dazu gebracht, von den vielen Mahasiddhis gerade zu Dir zu kommen?“

„Manchmal hilft die Intuition, nicht wahr? Du hast gedacht, daß ich Dir einen gelehrten Vortrag halte.“

„Ja, das habe ich (weil er aus einer Brahmanen-Familie stammt). *“*

„Aber Deine wahre Frage war: 'Wie finde ich die sinnvolle Haltung in diesem Leben?'“

„Ja, das stimmt.“

„Und von mir konntest Du denken, daß ich den gelehrten Vortrag halte, und zugleich gab es die Möglichkeit, daß Du in mir das siehst, wonach Du wirklich suchst.“

„Ja ... ja ... Das heißt, Du bist als Antwort auf meine eigentliche Frage gekommen.“

„Es kommen immer die Dinge als Antwort, die sich auf Deine eigentliche Frage beziehen – und nie die Antworten auf die Fragen, von denen Du denkst, daß es Deine Fragen seien.“

„Das ist eine andere Form, die Geborgenheit in der Welt zu beschreiben, nicht wahr? Die Welt sendet mir immer die Dinge, die sich auf mein eigentliches Anliegen beziehen – und nicht auf das, wovon ich denke, daß ich es brauche.“

„Ja. So ist es."
„Vielen Dank!"

...

Ich wollte fragen, ob ich wieder willkommen bin, wenn ich kommen möchte, aber Saraha hat mir schon ohne Worte gesagt, daß er immer da ist.
„Danke, Saraha!"
Ich kehre nun zurück.

10. Traumreise zu den drei Kreisen

Diese Traumreise hat einen ziemlich experimentellen Charakter, da zunächst einmal nur die Existenz des ersten Kreises gut gesichert ist und ich gar nicht weiß, ob es die beiden anderen Kreise überhaupt gibt.

Es ist daher notwendig, auf Hinweise darauf zu achten, ob die Bilder und Worte aus meinen eigenen Vorstellungen über diese drei Kreise stammen oder ob sie aus einer verläßlicheren Quellen kommen.

Ich schaue jetzt, ob es möglich ist, eine Traumreise zu diesen drei Ringen zu machen.
„Hallo, erster Ring!"
„Sprich mich nicht so an. Die Punkte sind wahr und real – der Kreis ist abstrakt."
„Ist da eine Bewegung auf diesem ..."
Der Kreis (der nicht so genannt werden möchte) unterbricht mich: „Nein, der Kreis ist statisch. Es sind feste Punkte. Und die Bewegung ist der Fluß der Lebenskraft. Und die ist die Kundalini, die innen aufsteigt als Strahl, sich oben entfaltet als Fontäne und außen herabfließt."
„Und der waagerechte Kreis?"
Ich bekomme Dinge wortlos mit Bildern gezeigt ...
Ich: „Was sagst Du da? ... Das magnetische Feld, das aus dem elektrischen Feld entsteht, ist dasselbe wie das zweipolare Spiegelbild der Seele in der Lebenskraft, durch das der innere Mann und die innere Frau entstehen? ... Hoppla ... Ich habe bisher gedacht, die innere Frau und der innere Mann wären eine Analogie zu dem elktromagnetischen Plus- und Minus-Pol ... Hm ..."
„Wenn die Seele sich bewegt, hinterläßt sie eine zweipolare Spur (d.h. die Seele erscheint und wirkt in ihrer Inkarnation als der innere Mann und die innere Frau)."

...

„Hm ... das sind jetzt völlig neue Formulierungen für mich. ... Hat der zweite Kreis irgendetwas mit den zwölf Blütenblättern des Herzchakras zu tun?"

„Es gibt diese Struktur, weil diese Kreise alle zwölfteilig sind, aber auf dem zweiten Kreis sind keine solchen Punkte wie auf dem ersten Kreis – keine zwölf, nur vier."

„Und der dritte Kreis?"

„Das ist Dein Streben, wieder eins zu werden."

...

„Ehm ... weil er meine Verbindung zum Himmel und zur Erde und meinen inneren Mann und meine innere Frau (die vier Punkte auf dem zweiten Kreis) miteinander verbindet?"

„Ja."

„Gibt es da auch die Zwölfer-Teilung?"

„Die ist da, aber nur als Rhythmus – die vier Punkte liegen auf den beiden anderen Kreisen. ... Das sind keine drei gleiche Kreise – das sind drei Kreise von verschiedenem Charakter: Die Bilder, die Du ausstrahlst, sind auf dem ersten Kreis; die Polarisierung in Mann und Frau ist auf dem zweiten Kreis; und der zweite Kreis findet Rückhalt in dem Punkt hinter Dir (hinterer Herz-Punkt auf der Aura) und er wird konkretisiert in dem Punkt vor Dir (vorderer Herz-Punkt auf der Aura); und der dritte Kreis integriert wieder Mann und Frau in Dich. Der zweite Kreis trägt Deinen inneren Mann und Deine innere Frau in die Welt."

„Ehm ... das klingt jetzt sehr schlüssig, was Du da sagst. Ja ... ja ... was ... ja ... das heißt, durch den ersten Kreis bin ich in der Welt, durch den zweiten Kreis kommt die Mann-Frau-Dynamik in mein Leben und, ja, erschafft jede Menge Dynamik, und durch den dritten Kreis wird diese Dynamik wieder integriert?"

„Ja. Durch den ersten Kreis stellst Du Dich in das Leben; durch den zweiten Kreis strahlst Du in das Leben hinaus; und durch den dritten Kreis nimmst Du es wieder in Dich auf, vereinst Du es."

„Das ist wie die drei Dynamiken im Tierkreis! Die erste Dynamik erschafft, die zweite gestaltet es aus, und die dritte fügt die Dinge wieder sinnvoll zusammen – diesen Aspekt der dritten Dynamik habe bisher ich noch garnicht gesehen. ... Das stimmt – bislang habe ich immer nur die Beweglichkeit gesehen ... aber da passiert mehr, da wird etwas verbunden, verknüpft, Sinnvolles geschaffen ... Hm! ... Kannst Du mir noch etwas dazu sagen?"

„Wenn Du eine gute Frage stellst ..."

„Oh ... Kannst Du mir sagen, an welcher Stelle oder in Bezug auf welchen dieser Kreise ich mich noch sinnvoller verhalten könnte?"

„In Bezug auf den dritten – der bedeutet Loslassen ... der bedeutet, die Dinge fließen zu lassen ... der bedeutet, die Dinge sich verändern zu lassen ... entwickeln zu lassen, entfalten zu lassen ... gehen zu lassen, kommen zu lassen ... Du bist sehr stark bei dem ersten Kreis: Schauen, wer Du bist. Und den zweiten Kreis (Beziehungen) möchtest Du statisch haben – statt schöpferisch."

„Puh ... also: Der erste ist Selbstgewißheit, der zweite Schöpferisch-sein, und der *dritte Fließen-lassen?"*

„Der erste ist Strahlen ... der zweite Entfalten ... und der dritte Wachsen-lassen wie es wachsen möchte – wachsen lassen, wie es der inneren Dynamik dessen, was da erschaffen wurde, entspricht ... und nicht so wachsen lassen, wie Du es willst."

„Ja ... das verstehe ich. ... ... Danke! Danke, Kreis. Ich glaube, das genügt mir erst mal dazu ..."

11.   Traumreise zu Sushumna, Ida und Pingala

„Sushumna, Ida und Pingala, möchtet ihr mir noch etwas sagen oder zeigen, was mir hilft, ja ... die Chakren zu verstehen? ... Und ihre Dynamik und den heilen Zustand?"

„Was weißt Du denn über uns?"

...

„Also ... die Lebenskraft fließt durch die Sushumna nach oben durch die Mitte des Körpers, entfaltet sich oben als Fontäne, fließt außen an der Aura zurück, sammelt sich unten und steigt wieder auf. Dieses Aufsteigen wird als Kundalini erlebt. In der Sushumna ist das Bild der Seele, in Ida und Pingala ist das Bild des inneren Mannes und der inneren Frau. Die Lebenskraft fließt anfangs zum großen Teil in Ida und Pingala – und wenn sich der innere Mann und die innere Frau miteinander vereinen, dann fließt die Lebenskraft durch die Sushumna ... und dann herrscht ein größerer Frieden. Sushumna klingt nach 'erstem Kreis' und Ida und Pingala nach 'zweitem Kreis' ... der dritte Kreis ... hm ... ist das das Fließen der Lebenskraft außen auf der Aura? Dann ist die Sushumna noch nach unten hin mit dem Erdkern und nach oben hin mit der Einheit, mit Gott verbunden. Die Sushumna wird durch die Bilder in den Chakren geprägt – nein, die Lebenskraft, die durch die Sushumna fließt, wird geprägt."

...

„Ja."

...

„Und ... möchtet ihr mir dazu etwas sagen?"

„Kümmerst Du Dich um Deine Sushumna?"

„In welcher Form?"

„Indem Du Dich selber liebst."

„Ehm ... ich glaube da gibt es noch Verbesserungspotential."

„Und? Versuchst Du's zu verbessern?"

„Ja ... ehm ..."

...

„Du hast eine Zeitlang eine Meditation gemacht, bei der Du Dir in jedem Deiner sieben Hauptchakren Deinen inneren Mann und Deine innere Frau, die sich dort miteinander vereinen, vorgestellt hast. ... Das war bisher die beste Meditation, die Du gemacht hast, die zur Selbstliebe führt."

„Sollte ich die wieder machen?"

„Es würd Dir guttun."

„Ja, gut ... ... Ist das sinnvoller, als die Kundalini gezielt zu erwecken?"

„Fang damit an und schau, was Dein innerer Mann und Deine innere Frau Dir in jedem Chakra zeigen. Das hast Du beim letzten mal nicht gemacht."

„Das klingt gut ... in jedem Chakra zu schauen, was die mir sagen ... ja ... ja, danke! ... Danke vielmals!"

„Bitteschön – Du kannst uns gerne wieder fragen."

„Das ist schön. Danke!"

Ich kehre wieder zurück.

„Ho!"

12.   Traumreise zum Herzchakra

Das Herzchakra als Quelle und Wurzel des gesamten Chakrensystems sollte das Wissen über das gesamte Chakrensystem enthalten.

Da es keinen allgemeinen „Gott des Herzchakras" gibt, ist auch diese Traumreise eher experimentell.

„Herzchakra ..."

Ich höre etwas ähnliches wie einen Gong – aber ohne Ton ... Das ist, als würde der Raum auf einmal von etwas erfüllt sein (Ist das die Bedeutung von „Anahata"?) *... ich bin sofort in irgendetwas drinnen ... im Herzchakra ...*

Da ist eine hohe Intensität ... nee, 'hohe Intensität' stimmt nicht – da ist eine hohe Intensität ... die ... die vollkommen ist ... sie ... ja wie Dinge, die sich bewegen – aber dies hier hat sozusagen die Lichtgeschwindigkeit erreicht ... schneller geht's halt nicht. Da ist dann gut ... so eine maximale, absolute Intensität ist hier ...

Hey! Das ist wie das thermische Gleichgewicht – alles ist vollständig voller Licht. ... Das ist ... 'Ich bin.' ... Das ist ein Psyche-loser Zustand.

Irgendwo lacht etwas freundlich über meine Formulierung.

Das ist einfach 'Ich bin.'

Da gibt's keine Fragen, da gibt's keine Veränderungen, also kein ... ja ... das ist so, wie es ist.

Das ist vollständig integriert – so wie ein Diamant oder ein Bergkristall ... die nur

214

ein einziges Molekül sind, ein einziges, riesiges Molekül. ... Es ist mehr als integriert ... es sind gar keine Teile da ... es ist 'eins', dieser Zustand ... Es ist 'eins' und es hat eine Ausdehnung. Ich kenne das, wenn ich meine eigene Seele sehe, aber ich habe das bisher nur von außen her gesehen – ich war noch nicht drinnen in diesem Zustand. ...

„Und Du bist in mir?"

Da muß ich selber lachen ...

...

Das ist ... das Innere meines Herzchakras – dieser Zustand ... der ist wirklich zeitlos.

Ich habe mal überlegt, daß doch immer weniger Zeit vergeht, wenn sich etwas immer schneller bewegt, und daß das doch eigentlich heißt, daß für etwas, was bei der Lichtgeschwindigkeit ankommt, gar keine Zeit mehr vergeht – das für das Licht sozusagen gar keine Zeit mehr vergeht. Ich kann mich zwar nicht entsinnen, daß Einstein das mal irgendwo so gesagt hat, aber eigentlich ergibt sich das daraus. Für das, was extrem schnell fliegt, vergeht kaum noch Zeit im Verhältnis zu dem, was ruht – aus der Sicht dessen, was ruht, vergeht in dem, was sich mit Lichtgeschwindigkeit bewegt, keine Zeit mehr ...

Und das ist das, was hier im Herzchakra ist – so ein 'zeitloser' Zustand. Das Herzchakra kennt Zeit, das kennt ja auch Entwicklung – aber das ist eine 'andere' Zeit, das ist anders ... das ist nicht die Zeit, die ich in meiner Psyche, in meinem Alltag kenne ...

„Möchtest Du mir etwas sagen, Herzchakra?"

Ich spüre ein Lächeln ...

Da gibt es nichts zu sagen ... da ist nur dieses 'Ich bin.' Also nicht als Worte, sondern als Zustand ... Da gibt es keinen Mangel, keine Notwendigkeiten ... So fühlt sich das an im Herzchakra ...

Irgendwas in mir sagt: 'Das ist immer da.'

Das ist die Wurzel ... das ist der Punkt, von dem aus es sinnvoll zu leben ist ... ja ...

„Danke! ... Ho!"

13.   Traumreise zu Shiva

Da Shiva u.a. der indische Gott der Meditation ist, wäre es denkbar, daß ich auch von ihm etwas über die Chakren erfahren kann.

„Shiva, kannst Du mir etwas über die Chakren und Nebenchakren sagen?"

...

215

Hm, das fühlt sich komisch an gerade – wie ein großer, leerer Raum. Als hätte ich eine Tür noch nicht geöffnet oder eine Verbindung noch nicht hergestellt.

...

„Shiva?"

...

Ich merke eine leichte Hitze im Herzchakra.

...

Ich gehe innerlich in die Stille, höre auf zu denken und schaue, was geschieht ...

... ...

Durch die Stille hat sich dieser Raum gefüllt – es ist nicht mehr diese Leere da.

...

„Shiva – hörst Du mich?"

...

Ich kann ihn jetzt sehen ... ich wünsche mich nach Indien ... dorthin, wo ich ihn gerade sehe ...

...

Er sitzt da im Lotussitz und meditiert. Ich setze mich vor ihn, auch im Lotussitz.

...

„Darf ich mit meinem Bewußtsein in Dich kommen?"

...

Ich sehe wie ein Licht aufflackern – ich nehme das mal als Zustimmung und gehe mit meinen Bewußtsein in Shiva hinein ...

...

Ich spüre die heiße Kundalini in Shiva ... das ist aber nicht ein einmaliges Aufsteigen; es ist wie ein ständiges Strahlen ... es ist eine langsame Bewegung ... also wie ein Bach ... ja, es ist noch langsamer ...

... ...

Ich kann die Hauptchakren spüren ... sie sind ganz natürlich da ... haben ihre verschiedenen Qualitäten – symmetrisch zum Herzchakra ... ... Sie haben ihre Bereiche, also Körperbereiche, die sie prägen ... Das sind relativ klare Übergänge ... Die Kundalini, die da durch diese Übergänge fließt, die läßt an diesen Stellen kleine Wirbel entstehen – das scheinen die Zwischenchakren zu sein. Das ist so wie bei einem Bach, der in einen Teich fließt – der ja auch an der Stelle, an der er in den Teich fließt, Wirbel verursacht ...

... ...

Ich spüre Shiva und Shakti ...

... ...

Ich spüre Shiva und Shakti in Shiva drinnen – sind Shiva und Shakti Shivas innerer Mann und seine innere Frau? Es scheint so ...

... ...

216

„Kannst Du mir zeigen, Shiva, wo Ida und Pingala fließen?"
...

Ich sehe sie sehr deutlich. Die Bögen reichen nicht ganz soweit nach außen bis zu den Stellen auf den Tafeln, an denen die Nabel-Nebenchakren eingezeichnet sind – aber es fehlt nicht viel.
...

„Sind diese äußeren Chakren links und rechts von den Zwischenchakren – sind das die Stellen, an denen Ida und Pingala von einem Chakra-Bereich in den anderen fließen?"
... ...
Shiva sagt nichts, aber es kommt mir wie eine Freundlichkeit von ihm entgegen ...
... ...
„Hm ... magst Du mir noch etwas zeigen oder sagen?"
...
Es kommt ein wortloses 'Nein' ...
...
„Hm ... Danke, Shiva."
Ich kehre dann zurück.

14.   Traumreise zum Milzchakra

Da das Milzchakra aus dem übrigen Chakrensystem herausfällt, reise ich auch zu diesem Chakra.

„Milzchakra, ich würde Dich gerne besser verstehen."
„So? ... Na, dann komm doch mal her!"
„Ehm ... ja ... ehm ... Gehörst Du zu dem Gesamtsystem der Chakren?"
„Ich bin ein Organchakra."
„Hat jedes Organ ein Chakra?"
„Ja, klar. Jedes Organ hat Lebenskraft, in jedem Organ passiert was, also gibt es in jedem Organ einen Lebenskraftwirbel."
„Ehm ... ja ... Das ist aber dann was anderes als die normalen Chakren, oder?"
„Ja. Das ist wie das Hrit-Chakra, das Chakra des physischen Herzens."
„Dann gibt's dasselbe wahrscheinlich auch bei der Leber, bei den Nieren und so?"
„Ja."
„Diese Art Chakra liegt dann sozusagen zwischen den Chakren und den Akupunkturpunkten?"
„Das ist im Prinzip dasselbe in verschiedener Größe. Diese Haupt- und Zwischen-

chakren und diese Ida- und Pingala-Chakren und die Arm- und Beinchakren – die entstehen alle aus der Grundbewegung, aus dem Grund-Fluß der Lebenskraft. Das sind Muster in der Grunddynamik. Das Milzchakra ist näher am Körper – es ist kein Teil der Grunddynamik."

...

„Hm ... Gibt es etwas, was Du mir sagen oder zeigen möchtest."
... ...

Ich höre zwar nichts, aber es kommt in mir an, daß die Milz mit der Fröhlichkeit verbunden ist ... mit dem Scherze-machen ... mit einer gewissen ... ja ... Schwerelosigkeit im Leben ...
Ich muß leise vor mich hin lachen ...
...

Ich: „Du meinst, mir würde davon etwas mehr guttun?"
„Eigentlich so gut wie allen Menschen ..."
... ...

„Danke Milz!"
„Jo, bitteschön! Komm' ruhig ab und zu mal vorbei!"
„Ich guck' mal, wie ich das mache."

15.   Traumreise zu den Zwischenchakren

Da diese Traumreisen zu den Chakren selber doch recht aufschlußreich waren, unternehme ich nun noch eine Traumreise zu den einzelnen Zwischenchakren.

„Wunschbaum ... Magst Du mir etwas sagen oder zeigen, was mir hilft, Dich und das ganze Chakrensystem besser zu verstehen?"
„Komm in mich."
„O.k."
... ...

Da ist Auswählen, da sind Entscheidungen ... da sind Vorlieben, da ist Beweglichkeit ... da ist Vorfreude auf Erlebnisse, da ist Aufbruchstimmung ... das fühlt sich gut an!
... ...

Da ist Lachen und da ist Fülle ... Fülle im Leben ...
...

Und ich muß grinsen ...
...

Und da ist noch etwas ...

218

...

Wenn ich mich in das, was im Wunschbaum geschieht, nicht einmische, dann setzen sich die Wünsche auch um. Deshalb heißt er auch 'Wunschbaum' – nicht nur, weil da die Wünsche sind, sondern weil die Wünsche da erfüllt werden. ... Die Magie kann wirken, wenn ich mich nicht zu sehr einmische ... wenn ich nicht zu sehr will ... wenn ich im Einklang mit mir bin ...

Wunschbaum: „Die Strahlen der Seele haben gestaltende Kraft."

„Hm ... das ist eine schöne Formulierung von Dir. ... Kannst Du mir da noch etwas zu sagen?"

„Schau hin."

Da ist Freunde – Freude über das, was geschieht – Freunde über das, was war und über das, was kommt ... denn wenn ich wirklich da bin, wenn ich einfach das Herzchakra in den Wunschbaum leuchten lasse, dann gibt es keine Hindernisse mehr ... Das gefällt mir!

...

„Danke, Wunschbaum!"

- - -

„Und Du, Nabelchakra?"

...

Ich muß schon wieder leise lachen ...

„Bei Dir ist eine andere Qualität ... Das ist so was wie klares, sachliches Hinschauen – da kommen die Wünsche (aus dem Sonnengeflecht-Bereich) *und gucken, was aus ihnen werden mag ... und was ich bewußt steuern kann."*

- - -

„Und Du, Schamhaar-Chakra?"
Ich muß schon wieder lachen ...
„Zugreifen ... berühren ... ja ..."
Ich schmunzle vor mich hin ...

- - -

„Und Du, Thymuschakra?"

...

„Nun, was siehst Du?"

...

„Es ist wie der Wunschbaum, aber anderes. Im Wunschbaum geschehen die Dinge

219

dadurch, daß ich mich im Einklang mit meinem Herzen bewege – und hier geschehen die Dinge, weil ich mich im Einklang mit meinem Herzen anderen Menschen mein Herz zeige."

Thymuschakra: „Das Aussprechen der Wahrheit bewirkt, daß der Same wächst und Frucht trägt."

...

Ich muß schon wieder lachen ...

„Das gefällt mir!"

- - -

„Und Du, oberes Halschakra? Wie fühlt sich das an?"

... ...

Ich lache schon wieder – das Lachen-müssen scheint den Zwischenchakren ja gemeinsam zu sein.

... ...

Dieses Chakra hat auch so etwas ganz Nüchternes: Schauen, was ist – wer ist da noch, was will ich? ...

„Das ist das Schauen nach dem Zusammenwirken."

...

„Sag' mal, Chakra – ich kann zwar wahrnehmen, was da ist, aber irgendwas stockt da in mir, oder?"

...

„Seit Du die Mandeln und Polypen rausbekommen hast, mit fünf Jahren – seitdem stockt da was."

„Was ist das denn?"

Sehr großer Seufzer ...

„Das wüßte ich jetzt gerne, was das ist. ... Hat das mit der Astralreise zu tun? Bei der Operation habe mich das erste mal von oben gesehen."

„Nein."

„Hat das damit zu tun, daß da was rausgeschnitten worden ist?"

„Nein."

„Und womit hat das zu tun?"

„Spüre."

...

Noch ein tiefer Seufzer ...

...

„Weil ich da noch mal zehn Tage alleine im Krankenhaus gewesen bin?"

...

„Du denkst – Du schaust nicht."

220

„Hm ... ... Das hat was mit Eigenständigkeit zu tun, nicht wahr?“

„Ja.“

„Und die habe ich da irgendwie aufgegeben?“

„Ja.“

„Bei dieser Operation?“

...

„Schaue hin.“

...

„War es das Narkotisiertwerden mit der Gasmaske, mit dem Chloroform?“

„Schon näher.“

„Was ist das für'n Gefühl, was da ist? ... Da stockt die Fülle ... die Kraft, die von unten kommt, fließt da nicht weiter ... hm ... Sag', Kehldeckelchakra, was kann ich tun, daß das fließt? ... Das ist doch die Stelle, an denen diese schrecklichen Schmerzen gewesen sind, mit denen ich jahrelang beim Meditieren zu tun hatte. Was kann ich tun, Kehldeckelchakra?“

...

„Schau.“

Ich sehe etwas wie Wirbel in meinem Hals ... die Kraft steigt auf, aber bei ungefähr Dreiviertel des Halses von unten nach oben hin gesehen verwirbelt sich das und kommt ins Stocken – das ist die Stelle, bis zu der bei mir die Kundalini mühelos aufsteigen kann. Manchmal steigt sie auch höher, aber dann ist das anstrengend. Sie steigt dann vom Halschakra aus zum Dritten Auge hoch – und diese Etappe ist mühsam. Von unten bis zum Thymuschakra ist es o.k.

Was ist da? ... Da ist irgendwas ... sieht aus wie eine Raute ... Ist das der Schnitt von der Mandel- und Polypen-Operation? ... Stimmt das denn so?

„Was kann ich tun?“

...

Ich kann wahrnehmen, daß ich mich viel weniger an anderen Menschen festhalten würde als bisher, wenn das heile wär'. Da ist so'n ... das klingt jetzt so pathetisch: da ist so'n Mut zur Freiheit, also ... oder die Bereitschaft, die Dinge fließen zu lassen, zu schauen, wie sie sich entwickeln und wie es gut paßt ... da ist weniger so'n Wille da, es unbedingt prägen zu wollen ... ...

Das sieht aus wie 'ne Narbe, wie was Verhärtetes ... Ich streiche da drüber ...

Chakra: „Sprich es aus!“

„Was denn?“

„Deinen Willen.“

„Jetzt?“

„Immer!“

...

„Das ist mehr als Aufrichtigkeit, nicht wahr?"

„Ja, aufrichtig bist Du – mehr aufrichtig kann man garnicht sein."

„Das bekommt dann etwas Zupackendes, etwas haben wollen – auch von anderen Menschen ... etwas mit anderen Menschen tun wollen ... Jetzt kommt's in Bewegung!"

... ...

Ich sehe einen kleinen Strahl in meinem Hals, der weiter hoch strahlt. ... Das, was da ein Wirbel war, das streckt sich jetzt wieder auf, das geht nach oben weiter – das war vorher ein Wirbel, der ... ja, ich sag' jetzt mal, der wie ein Sackgassen-Wirbel war, der nicht weitergeflossen ist.

Das ist ja interessant – etwas wollen, auch von anderen wollen ... und dann schauen, was passiert. Zeigen, was ich will, und dann gemeinsam mit den anderen schauen, was wir wollen – wenn wir etwas gemeinsam wollen. ... Und unabhängig davon sein, was dabei herauskommt. Hey, das ist spannend! Das ist wieder dieser Freiheits-Aspekt.

Das heißt: Ich will etwas, ich zeige, was ich will, und dann schaue ich zusammen mit den anderen, was gemeinsam geht – und das tue ich ... und was nicht gemeinsam geht, tue ich eben nicht – und da finden sich andere. ... Hm ...

Ah, jetzt fließt es richtig. ... So darf das gerne bleiben!

„Danke!"

- - -

Ja, dann schaue ich jetzt auch noch nach dem Stirnchakra, also nach dem Zwischenchakra zwischen dem Dritten Auge und dem Scheitelchakra.

Ich muß schon wieder lachen ... warum eigentlich? ... Es fühlt sich einfach gut an, wo ich bin ...

Das ist wie ein Kuppelraum ... wobei die Kuppel oben eine große, kreisrunde Öffnung hat ... die macht ungefähr die Hälfte des Durchmessers der Kuppel aus ... Da kann ich zum Scheitelchakra hochgucken ...

Und das Dritte Auge? Wo ist das?

...

Das ist ungefähr auf der Höhe des Fußbodens dieses runden Kuppelraumes ...

Da ist Weite in diesem Raum ... Fließen, offen sein ... offen sein für das, was kommt ... sich entfaltet ... ja ... das sieht aus, als könnte ich das gut brauchen ...

„Danke!"

16. Zusammenfassung

Die folgenden Anregungen aus den Traumreisen sind so gut wie möglich thematisch geordnet – sie sind aber kein „Kochrezept für die Erleuchtung", sondern eine Reihe von Punkten, deren Berücksichtigung den Weg zu sich selber erleichtern kann.

1. Erwecke zuerst die Kundalini – alles andere ergibt sich dann daraus und führt zum Ziel und nicht nur zu Wissen (Naropa).

2. Das Herzchakra steht zwischen der Erdgöttin und dem Himmelsgott (Huayna Capac).

3. Die Erdgöttin liebt jeden einzelnen Menschen und gibt ihnen Geborgenheit – das ist das Wesen des Erdchakras (Pacha Mama).

4. Vertraue erst der Erde und öffne Dich dann der Weite des Himmels (Saraha).

5. Erfülle Dich vollkommen mit Selbstliebe, werde ganz Ausdruck Deines Herzchakras (Saraha).

6. Vertraue dem Leben und lasse das Leben fließen und tanze das Leben (Viracocha).

7. Rufe die Sonne in Dein Herz – dann wirst Du die Chakren kennenlernen (Montezuma).

8. Das Herzchakra ist innere Integration, Zeitlosigkeit, Einssein, Selbstliebe (Herzchakra).

9. Liebe Dich selber und schaue, was Deine Liebe in Deinen Begegnungen tun will (Viracocha).

10. Wenn die Seele sich bewegt, hinterläßt sie eine zweipolare Spur, d.h. sie erscheint als der innere Mann und die innere Frau (die drei Kreise).

11. Beziehungen versteht man durch das Gespräch mit dem inneren Mann und mit der inneren Frau (Patanjali).

12. Genieße die Begegnungen und bleibe eigenständig (innerer Mann und innere Frau).

13. Der innere Mann und die innere Frau sind einem Menschen immer näher als jeder Mensch im Außen (innerer Mann und innere Frau).

14. Die Vereinigung des inneren Mannes mit der inneren Frau in allen Chakren führt am schnellsten zur Selbstliebe – schaue, was sie Dir in jedem Chakra sagen und zeigen (Sushumna, Ida und Pingala).

15. Der Weg führt von dem Selbstausdruck über die Mann-Frau-Polarität zur Integration (drei Kreise).

16. Spüre Deine Vorlieben, schau, worauf Du Dich freust, entscheide Dich, und mische Dich nicht zu sehr in den Fluß der Dinge ein (Wunschbaum).

XIX Das Gesamtsystem – Teil 8:   die Struktur des Chakrensystems

1. Übersicht über die Chakren

In der folgenden Übersicht sind die sicheren Informationen normal geschrieben, die unsicheren hingegen *kursiv*. Es sind nur die wichtigsten Eigenschaften der Chakren aufgeführt.

a)   das Quell-Chakra

Name: **Herzchakra**
Lage: in der Mitte der Brust
Funktion im System: Identität, Seele, Zentrum des gesamten Systems
Eigenschaften: Identität, Eigenständigkeit, Selbstsicherheit, Selbstbewußtsein,
            Selbstliebe, Kreativität; zentrales Chakra der Selbstheilung

b)   die 6 Hauptchakren

Name: **Sonnengeflecht**
Lage: zwischen Rippenbogen und Nabel
Funktion im System: erstes unteres Hauptchakra (konkreter Impuls)
Eigenschaften: ungehinderter körperlicher Selbstausdruck, körperliche Impulse,
            Bewegungsfreude

Name: **Halschakra**
Lage: in der Mitte des Halses
Funktion im System: erstes oberes Hauptchakra (konkreter Impuls)
Eigenschaften: ungehinderter sozialer Selbstausdruck, sich zeigen wie man ist,
            Freude an Menschen, Kontaktfreude

Name: **Hara**

Lage: zwischen Nabel und Schamhaaren

Funktion im System: zweites unteres Hauptchakra (Umsetzung der Impulse)

Eigenschaften: innerer Halt, Raum einnehmen, sich in Situationen behaupten, Situationen den eigenen Wünschen gemäß gestalten

Name: **Drittes Auge**

Lage: zwischen den Augenbrauen

Funktion im System: zweites oberes Hauptchakra (Umsetzung der Impulse)

Eigenschaften: Übersicht, Kooperation, Wege finden

Name: **Wurzelchakra**

Lage: zwischen Genitalien und After

Funktion im System: drittes unteres Hauptchakra (körperlicher Kontakt)

Eigenschaften: Lebenskraft, körperlicher Kontakt, Sexualität, Lebenswille, Instinkte

Name: **Scheitelchakra**

Lage: auf dem Scheitel

Funktion im System: drittes oberes Hauptchakra (Kontakt zur Gemeinschaft/Ganzes)

Eigenschaften: geistiger Kontakt, Freude an Gemeinschaft, Spiritualität

c) die 6 Nebenchakren der Arme

Name: **Oberarmchakren**

Lage: auf den Oberarmen

Funktion im System: erstes Nebenchakra der Arme (Handlungs-Impuls)

Eigenschaften: die generelle Ausrichtung bei einer Handlung

Name: **Unterarmchakren**

Lage: auf den Unterarmen

Funktion im System: zweites Nebenchakra der Arme (Umsetzung der Handlungs-Impulse)

Eigenschaften: die Bewegung bei der Handlung vor Ort

Name: **Handchakren**
Lage: in der Mitte der Handinnenflächen
Funktion im System: drittes Nebenchakra der Arme (Kontakt bei der Handlung)
Eigenschaften: der Kontakt mit dem, mit dem man etwas tut; Heilung

d) die 6 Nebenchakren der Beine

Name: **Oberschenkelchakren**
Lage: in der Mitte der Oberschenkel
Funktion im System: erstes Nebenchakra der Beine (Ortswechsel-Impuls)
Eigenschaften: die generelle Ausrichtung bei einem Ortswechsel, Zielstrebigkeit

Name: **Unterschenkelchakren**
Lage: in der Mitte der Unterschenkel
Funktion im System: zweites Nebenchakra der Beine (Umsetzung der Ortswechsel-
            Impulse)
Eigenschaften: die Bewegung vor Ort bei einem Ortswechsel, gemeinsame
            Bewegungen

Name: **Fußchakren**
Lage: in der Mitte der Fußsohlen
Funktion im System: drittes Nebenchakra der Beine (Kontakt beim Ortswechsel)
Eigenschaften: der Kontakt mit der Erde beim Ortswechel; Verbundenheit mit der
            Welt

e) die 6 Sushumna-Zwischenchakren

Name: **Wunschbaum**
Lage: unten am Brustbein
Funktion im System: Zwischenchakra auf der Sushumna zwischen Herzchakra und
            Sonnengeflecht
Eigenschaften: Schutz der Individualität, Konkretisierung der Wünsche,
            Aufrechterhaltung der Flexibilität der eigenen körperlichen Ziele

Name: **Thymuschakra**

Lage: oben am Brustbein

Funktion im System: Zwischenchakra auf der Sushumna zwischen Herzchakra und Halschakra

Eigenschaften: Schutz der Individualität, Konkretisierung der Wünsche, Aufrechterhaltung der Flexibilität der eigenen sozialen Ziele

Name: **Nabelchakra**

Lage: am Nabel

Funktion im System: Zwischenchakra auf der Sushumna zwischen Sonnengeflecht und Hara

Eigenschaften: in Treue zu den eigenen körperlichen Zielen, bereit für neue Wege sein, einen neuen Standpunkt suchen

Name: **Kehldeckelchakra**

Lage: oberes Ende des Halses

Funktion im System: Zwischenchakra auf der Sushumna zwischen Halschakra und Drittem Auge

Eigenschaften: in Treue zu den eigenen sozialen Ziele bereit für neue Wege sein, einen neuen Blickwinkel suchen

Name: **Schamhaarchakra**

Lage: am oberen Ende des Schamhaares

Funktion im System: Zwischenchakra auf der Sushumna zwischen Hara und Wurzelchakra

Eigenschaften: in Treue zum eigenen inneren Halt und zum eigenen Rhythmus körperliche Kontakte aufnehmen

Name: **Stirnchakra**

Lage: am Haaransatz

Funktion im System: Zwischenchakra auf der Sushumna zwischen Drittem Auge und Scheitelchakra

Eigenschaften: in Treue zu den eigenen sozialen und spirituellen Zielen neue menschliche und spirituelle Kontakte aufnehmen

f) die 6 Zwischenchakren der Arme

Name: **Schultergelenkchakren**
Lage: an den Schultergelenken
Funktion im System: Zwischenchakra zwischen Herzchakra und Oberarm-
Nebenchakra
Eigenschaften: *Entschlüsse zu konkreten Handlungen*

Name: **Ellbogenchakren**
Lage: an den Ellbogen
Funktion im System: Zwischenchakra zwischen Oberarm-Nebenchakra und
Unterarm-Nebenchakra
Eigenschaften: *Entschlüsse zu einem konkreten Verhalten vor Ort;*
Durchsetzungsfähigkeit

Name: **Handgelenkchakren**
Lage: an den Handgelenken
Funktion im System: Zwischenchakra zwischen Unterarm-Nebenchakra und
Handchakra
Eigenschaften: *Entschlüsse zu einem Kontakt (anfassen, halten, loslassen, biegen,*
schlagen usw.)

g) die 6 Zwischenchakren der Beine

Name: **Hüftgelenkchakren**
Lage: an den Hüftgelenken
Funktion im System: Zwischenchakra zwischen Herzchakra und Oberschenkel-
Nebenchakra
Eigenschaften: *Entschlüsse zu einem Ortswechsel*

Name: **Kniechakren**

Lage: an den Knien

Funktion im System: Zwischenchakra zwischen Oberschenkel-Nebenchakra und Unterschenkel-Nebenchakra

Eigenschaften: *Entschlüsse zu einer konkreten Bewegung vor Ort; Gründlichkeit, Eigenständigkeit, Beharrlichkeit, Ausdauer*

Name: **Knöchelchakren**

Lage: an den Knöcheln

Funktion im System: Zwischenchakra zwischen Unterschenkel-Nebenchakra und Fußchakra

Eigenschaften: *Entschlüsse zu einem konkreten Kontakt mit der Erde (oder andern Dingen)*

h)   die 12 Ida/Pingala-Zwischenchakren

Name: **Wunschbaum-Außenchakren**

Lage: ca. zehn Fingerbreit links und rechts des Wunschbaumes

Funktion im System: die beiden zum Wunschbaum gehörenden Ida/Pingala-Zwischenchakren

Eigenschaften: *vermutlich die konkreten Beziehungs-Wünsche*

Name: **Thymus-Außenchakren**

Lage: ca. zehn Fingerbreit links und rechts des Thymuschakras *(Achselchakren? Schulterschakren?)*

Funktion im System: die beiden zum Thymuschakra gehörenden Ida/Pingala-Zwischenchakren

Eigenschaften: *vermutlich die konkreten Gemeinschafts-Wünsche*

Name: **Nabel-Außenchakren**

Lage: ca. zehn Fingerbreit links und rechts des Nabelchakras

Funktion im System: die beiden zum Nabelchakra gehörenden Ida/Pingala-Zwischenchakren

Eigenschaften: gesunder Zustand: selbstbewußt die eigenen Wünsche umsetzen; kranker Zustand: Wut, Scham

Name: **Außenchakren des Kehldeckelchakras**
Lage: an den beiden Kiefergelenken
Funktion im System: die beiden zum Kehldeckelchakra gehörenden Ida/Pingala-
        Zwischenchakren
Eigenschaften: *vermutlich der Wunsch, der Mut oder der Entschluß, sich selber*
        vollkommen unverstellt zu zeigen

Name: **Außenchakren des Schamhaarchakras**
Lage: ca. zehn Fingerbreit links und rechts des Schamhaar-Zwischenchakras
Funktion im System: die beiden zum Schamhaarchakra gehörenden Ida/Pingala-
        Zwischenchakren
Eigenschaften: gesunder Zustand: wissen, wann man sich mit wem einläßt; kranker
        Zustand: Betrug, Selbstbetrug, Zurückweisung, Ablehnung, sich
        einigeln, ständig kritisieren

Name: **Außenchakren des Stirnchakras**
Lage: ca. fünf Fingerbreit links und rechts des Stirnchakras
Funktion im System: die beiden zum Stirnchakra gehörenden Ida/Pingala-
        Zwischenchakren
Eigenschaften: evtl. *der Wunsch nach einer spirituellen Beziehung oder der*
        Entschluß zu einer spirituellen Lebensweise

i) die 12 Kshetrams

Name: **vorderes Herzchakra-Kshetram**
Lage: vorne vor dem Herzchakra auf dem Körper
Funktion im System: Absichten des Herzchakras
Eigenschaften: sich der Welt öffnen, lieben, Optimismus

Name: **hinteres Herzchakra-Kshetram**
Lage: hinter dem Herzchakra auf dem Körper (zwischen den Schulterblättern)
Funktion im System: alte Prägungen des Herzchakras
Eigenschaften: Prägung die Eltern, Geschwister, Ahnen usw.; Freude der Eltern über
        die Individualität ihres Kindes; Rückhalt bei ihnen, bei den Ahnen
        und bei den Göttern

Name: **vorderes Sonnengeflecht-Kshetram**
Lage: vorne vor dem Sonnengeflecht auf dem Körper
Funktion im System: Absichten des Sonnengeflechts
Eigenschaften: *aktuelle körperliche Handlungsimpulse*

Name: **hinteres Sonnengeflecht-Kshetram**
Lage: hinter dem Sonnengeflecht auf dem Körper
Funktion im System: alte Prägungen des Sonnengeflechts
Eigenschaften: *alte, erlernte Handlungsweisen, Stärkung durch die Eltern*

Name: **vorderes Halschakra-Kshetram**
Lage: vorne vor dem Halschakra auf dem Körper
Funktion im System: Absichten des Halschakras
Eigenschaften: *das, was man gerade von sich zeigen will*

Name: **hinteres Halschakra-Kshetram**
Lage: hinter dem Halschakra auf dem Körper
Funktion im System: alte Prägungen des Halschakras
Eigenschaften: *erlerntes Verhalten in Gemeinschaften*

Name: **vorderes Hara-Kshetram**
Lage: vorne vor dem Hara auf dem Körper
Funktion im System: Absichten des Haras
Eigenschaften: *derzeitige konkrete Bewegungsimpulse*

Name: **hinteres Hara-Kshetram**
Lage: hinter dem Hara auf dem Körper
Funktion im System: alte Prägungen des Haras
Eigenschaften: *Rückhalt bei den Eltern u.a. für den eigenen Standpunkt (aber auch erlernte Handlungsverbote)*

Name: **vorderes Kshetram des Dritten Auges**
Lage: vorne vor dem Dritten Auge auf dem Körper
Funktion im System: Absichten des Dritten Auges
Eigenschaften: *derzeitige Ansichten, Blickwinkel und Kontaktwünsche*

Name: **hinteres Kshetram des Dritten Auges**
Lage: hinter dem Dritten Auge auf dem Körper
Funktion im System: alte Prägungen des Dritten Auges
Eigenschaften: *Prägung der eigenen Ansichten u.a. durch die Eltern*

Die beiden **Wurzelchakra-Kshetrams** sind mit dem Wurzelchakra identisch.

Die beiden **Scheitelchakra-Kshetrams** sind mit dem Wurzelchakra identisch.

j) die 12+2 Aura-Punkte

Name: **vorderer Aura-Punkt des Herzchakras**
Lage: ca. 80cm vor dem Herzchakra
Funktion im System: Ansatzpunkt für konzentrierte Handlungen
Eigenschaften: Herzbegegnungen

Name: **hinterer Aura-Punkt des Herzchakras**
Lage: ca. 80cm hinter dem Herzchakra
Funktion im System: Ansatzpunkt für den Rückhalt bei den Eltern, Freunden, Ahnen,
                Göttern usw.
Eigenschaften: Rückhalt bei anderen Menschen

Name: **vorderer Aura-Punkt des Sonnengeflechts**
Lage: ca. 80cm vor dem Sonnengeflecht
Funktion im System: Ansatzpunkt für Lebenskraft-Verbindungen
Eigenschaften: Abgabe und Aufnahme von Lebenskraft von anderen Menschen
                (freiwillig und auch ungewollt)

Name: **hinterer Aura-Punkt des Sonnengeflechts**

Lage: ca. 80cm hinter dem Sonnengeflecht

Funktion im System: Ansatzpunkt für die energetische Unterstützung durch Eltern, Freunde usw.

Eigenschaften: *Unterstützung durch Lebenskraft von anderen Menschen*

Name: **vorderer Aura-Punkt des Halschakras**

Lage: ca. 60cm vor dem Halschakra

Funktion im System: Ansatzpunkt für Gesprächskontakte

Eigenschaften: *kooperative Gespräche, aber auch für die (demagogische) Durchsetzung der eigenen Ansichten*

Name: **hinterer Aura-Punkt des Halschakras**

Lage: ca. 60cm hinter dem Halschakra

Funktion im System: Ansatzpunkt für verbale Unterstützung

Eigenschaften: *Hilfe bei Angst, Unterlegenheitsgefühlen, Engegefühlen u.ä.; Rückhalt in einer Gemeinschaft*

Name: **vorderer Aura-Punkt des Haras**

Lage: ca. 80cm vor dem Hara

Funktion im System: Ansatzpunkt für die Koordination von Bewegungen mit anderen

Eigenschaften: *Kampf um den eigenen Standpunkt und den eigenen Raum; Koordination der Bewegungen bei der Arbeit, beim Sex, beim Tanz, beim Kampf usw.*

Name: **hinterer Aura-Punkt des Haras**

Lage: ca. 80cm hinter dem Hara

Funktion im System: Ansatzpunkt für körperlichen Rückhalt

Eigenschaften: *körperliche Sicherheit durch andere, Geschütztwerden*

Name: **vorderer Aura-Punkt des Dritten Auges**
Lage: ca. 40cm vor dem Dritten Auge
Funktion im System: Konzentrationspunkt
Eigenschaften: *Konzentrationspunkt, bewußter Kontakt zu anderen, Willenskampf mit anderen, Hypnose*

Name: **hinterer Aura-Punkt des Dritten Auges**
Lage: ca. 40cm hinter dem Dritten Auge
Funktion im System: Ansatzpunkt für die Inspiration
Eigenschaften: *Ansatzpunkt für die Inspiration*

Name: **Aura-Punkt des Wurzelchakras**
Lage: ca. 120cm unter dem Wurzelchakra
Funktion im System: Ansatzpunkt für die Verbindung zur Erdgöttin
Eigenschaften: Rückhalt in der Erde, Erdung, Gelassenheit, Genährtwerden

Name: **Aura-Punkt des Scheitelchakras**
Lage: ca. 20cm über dem Scheitelchakra
Funktion im System: Ansatzpunkt für die Verbindung zu den Göttern
Eigenschaften: Rückhalt bei Gott

Name: **Aurapunkt der inneren Frau**
Lage: ca. 100cm links des Herzchakras
Funktion im System: Ansatzpunkt für eine Frau, die der inneren Frau entspricht
Eigenschaften: weibliches Spiegelbild der eigenen Seele

Name: **Aurapunkt des inneren Mannes**
Lage: ca. 100cm rechts des Herzchakras
Funktion im System: Ansatzpunkt für einen Mann, die dem inneren Mann entspricht
Eigenschaften: männliches Spiegelbild der eigenen Seele

k)   die 2 Organ-Chakren

Name: **Hrit-Chakra**
Lage: im physischen Herzen (linke Brustseite)
Funktion im System: Organ-Chakra des Herzens
Eigenschaften: *Selbstfindung (?)*

Name: **Milzchakra**
Lage: in der physischen Milz (am linken, unteren Rippenbogen)
Funktion im System: Organ-Chakra der Milz
Eigenschaften: *Versorgung mit Lebenskraft, Fröhlichkeit (?)*

2. Die Entfaltung des Herzchakras in drei Schritten

Das Prinzip der Entfaltung in drei Stufen ist das grundlegende Differenzierungs-prinzip im gesamten Chakrensystem:

Der Entfaltung des Herzchakras in drei Schritten			
Herzchakra	*1. Schritt*	*2. Schritt*	*3. Schritt*
Zentrum	allgemeiner Impuls	konkreter Impuls	Kontakt
Identität	Gefühl	Struktur	Berührung
Tiefschlaf	Traum	Wachen	Ekstase
zeitlos	großer Zeitraum	kleiner Zeitraum	Hier und Jetzt
Herzchakra	Sonnengeflecht	Hara	Wurzelchakra
Herzchakra	Halschakra	Drittes Auge	Scheitelchakra
Herzchakra	Oberarmchakra	Unterarmchakra	Handchakra
Herzchakra	Oberschenkelchakra	Unterschenkelchakra	Fußchakra
Herzchakra	Chakren	Kshetrams	Aura-Punkte
Herzchakra	1. Kreis	2. Kreis	3. Kreis

3. Das Gesamtsystem der Chakren

Der Tempel der Seele

In der Mitte der Brust, in der Mitte der Welt steht ein kreisrunder Tempel aus weißem Marmor und Gold. Er ist das Heim, das die Seele für ihre Inkarnation gewählt hat: das Herzchakra. Die Seele ist der König des Sonnenlandes und der Großkönig des gesamten Reiches.

Der Tempel der Seele ist der zeitlose Ort in dem Reich des Großkönigs, in dem Körper des Menschen, in dem Leben des Menschen. Er ist immer da, er ist immer gleich, und er ist immer die Quelle der Fülle, denn er ist jenseits jeglichen Brauchens und jeglichen Mangels – die Seele erfüllt ihren Tempel durch sich selber.

Die Seele ist, was sie ist. Sie ist genau das, was sie sein will. In ihr gibt es keine Trennung, keinen Schatten. Sie ist Selbstliebe, sie ist Licht, sie ist Wärme, sie erfüllt sich selber und sie erfüllt das Sonnenreich und sie erfüllt das gesamte Reich.

Sie ist die Sonne der Welt.

Sie ist der Großkönig und die anderen sechs Könige sind ihre Nachkommen – sie tragen ihre Wünsche in die Welt hinaus, sie verkünden ihre Wünsche, sie berühren das Erwünschte …

Der Großkönig ist der Vater und die Mutter des Feuerkönigs im Sonnengeflecht, des Windkönigs im Halschakra, des Bergkönigs im Dritten Auge, des Höhlenkönigs im Hara, des Drachenkönigs im Wurzelchakra und des Adlerkönigs im Scheitelchakra.

Die Seele ist der Großkönig, sie ist der Schöpfer der Welt, sie ist die Gottheit im Herztempel, sie ist die Quelle, die Mitte und das Ziel … und sie ist das Licht, das alles belebt und erwärmt.

Das Sonnenreich

Das Sonnenreich ist gut geschützt – durch die Rippen, durch die Rückenwirbel, durch das Zwerchfell – durch die Mauer mit den zehn Toren.

In dem Sonnenreich scheint immer die Sonne der Seele und erfüllt das Reich durch ihre Selbstliebe, durch ihre Liebe zu allem in diesem Reich.

Hier ist nichts mehr wert als etwas anderes und hier ist nichts weniger wert als etwas anderes. Hier scheint gleich viel Licht auf alles, was da ist, denn alles wurde von der Seele erschaffen, ist ihr Ausdruck, wird von ihr geliebt, denn es ist ihr Spiegelbild in der Lebenskraft ihres Reiches, ihres Körpers.

Die Seele spiegel sich in der Lebenskraft in ihrem Reich und sieht sich in der Lebenskraft zweimal – einmal als Mann und einmal als Frau.

Das Licht der Seele erfüllt das Sonnenreich innerhalb der Schutzes der Rippen mit Bewußtheit, mit Präsenz, mit vollkommener Anteilnahme, mit Identität, mit Eigenständigkeit, mit Selbstverständlichkeit, mit einem zeitlosen „Ich bin."

Die Seele strahlt das Licht der Sonne aus und sie trinkt dieses Licht der Sonne wieder, wenn es zu ihr zurückkehrt – sie sendet ihr Licht in die Welt hinaus und sie nimmt ihr Licht wieder auf – mit jedem Herzschlag, mit jedem Atemzug.

Das Sonnenreich des Großkönigs ist von seinem alles erreichenden, alles erwärmenden, alles liebenden Seelenlicht erfüllt.

Das Sonnenreich entstand bei der Zeugung und zwei Monate lang war es das einzige Land in dem großen Reich, das gerade entstand. Es war erfüllt von dem Frieden des Tiefschlafs, von dem Frieden der tiefen Meditation des Schweigens, von dem Frieden der Seele.

Die zehn Wege

Zwei Monate nach der Erschaffung des Landes der Sonne, zwei Monate nach der Zeugung bilden sich zehn Knospen an der Grenze des Landes der Sonne. Diese Knospen trugen in sich das Wissen, wie sie später einmal zu Toren werden konnten.

Die Seele sendet einen Strahl nach unten hin aus, den ersten Pol der Sushumna, um die äußeren Welt berühren zu können. So entstand die erste der zehn Knospen.

Die Seele sendet einen Strahl noch oben hin aus, den zweiten Pol der Sushumna, um die Gemeinschaft mit anderen Menschen erleben zu können. So entstand die zweite der Knospen.

Die Seele sendet zwei Strahlen zur Seite hin in die Arme aus, um in der Welt handeln zu können. So entstand die dritte und die vierte der zehn Knospen.

Die Seele sendet zwei Strahlen nach unten hin in die Beine aus, um sich in der Welt bewegen zu können. So entstand die fünfte und die sechste der zehn Knospen.

Dann blickte die Seele um sich. Sie war von Selbstliebe erfüllt. Sie wollte diese Liebe in der Welt erleben. Da schaute sie in die Lebenskraft, die das Reich der Sonne erfüllte – und sie spiegelte sich in der Lebenskraft. Sie sah sich selber als sich selber – die Sushumna. Und sie sah sich selber zweifach gespiegelt, einmal als Mann und einmal als Frau – das waren Ida und Pingala. Und auch diese beiden sandte die Seele als Strahlen aus und sie wurden zu Knospen an der Grenze des Reiches der Sonne. Durch sie konnte sie ihre eigene Selbstliebe in der Begegnung mit anderen Menschen erleben – indem sie sich in ihrer Wahrnehmung auf eine der beiden beschränkte – auf Mann oder Frau – und die andere mit einem anderen Menschen verband. So erschuf die Seele aus ihrer Selbstliebe die vier Knospen, die ihr die Liebe zu anderen Menschen ermöglichte.

Ida und Pingala wurden zu zwei Strahlen, die rings um die Sushumna tanzten; sie wurden zu zwei Knospen links und rechts des Strahles, den die Seele nach unten hin gesandt hatte, um die Welt mit ihrem entstehenden Körper so innig wie möglich berühren zu können. So entstand die siebte und die achte der zehn Knospen.

Ida und Pingala wurden zu zwei Strahlen, die rings um die Sushumna tanzten; sie wurden zu zwei Knospen links und rechts des Strahles, den die Seele nach oben hin gesandt hatte, um eine Gemeinschaft mit anderen Menschen so innig wie möglich berühren zu können. So entstand die neunte und die zehnte der zehn Knospen.

Die zehn Tore der Stadt der Seele

Als sich zwei Monate nach der Zeugung, zwei Monate nach der Gründung des Sonnenlandes die zehn Knospen bildeten, gab es für die Seele ein Innen und ein Außen. Das Innen des Sonnenlandes und das Außen dessen, was außerhalb lag – das Traumland. An der Grenze zwischen diesem Innen und Außen bildeten sich die zehn Knospen; in der Grenze zwischen Innen und Außen entstanden zehn Tore.

Durch diese zehn Tore gelangten die zehn Strahlen der Sonne in das neu entstehende Land rings um sie. Diese zehn Tore schützten das Licht, die Wärme, die Fülle und die Selbstliebe in dem Sonnenland. In diesem Land tanzte die Seele in ihrem Tempel das, was sie ist. Und in dem Sonnenland rings um diesen Tempel tanzten die beiden Spiegelbilder der Seele: die innere Frau und der innere Mann. Und sie tanzten Hand in Hand denselben Seelentanz zu zweit in vollkommener Liebe und Verbundenheit, denn sie waren nichts anderes als zwei Gestalten derselben Seele.

Diese zehn Tore schützten nicht nur das Land, in dem die Seele allezeit genau so strahlt, wie sie ist – diese zehn Tore verwandelten auch das zeitlose „Ich bin" der Seele in einen Schöpfungsimpuls, in Wünsche an die Welt, in einen Selbstausdruck, in den Drang, sich in der Begegnung mit der Welt selber zu erleben, in der körperlichen Vereinigung von Mann und Frau ihre Selbstliebe zwischen sich und einem anderen Menschen als Liebe zu erleben, in der Verbindung mit einer Gruppe von anderen Menschen die eigenen Selbstliebe als Liebe zur Welt zu erleben.

So wurde aus der Selbstliebe der Seele ihre Liebe zum Leben – durch die zehn Knospen an den zehn Toren des Reiches der Sonne.

Diese zehn Knospen vertrauten auf das Strahlen des Herzchakras und konnten so von innen nach außen hin wachsen.

Diese zehn Knospen vertrauten auf das Strahlen des Herzchakras und konnten so aus dieser Ruhe im Innen sich an der Bewegung im Außen erfreuen.

Diese zehn Knospen vertrauten auf das Strahlen des Herzchakras und wußten, daß ihre Selbstliebe ihr Leben gestalten würde.

Die große Knospe an dem großen Tor unten am Brustbein, durch das die Sushumna nach unten hin strahlt, ist der „Wunschbaum": Wenn das zeitlose Licht der Seele durch dieses Tor strahlt, wird es zu Wünschen des körperlichen Erlebens in der Welt.

Neben diesem großen Tor der Sushumna liegen außen am Rippenbogen die beiden kleinen Tore von Ida und Pingala, durch die der innere Mann und die innere Frau nach unten strahlen, um die körperliche Vereinigung mit einem anderen Menschen in der Welt möglich zu machen.

Die große Knospe an dem großen Tor oben am Brustbein, durch das die Sushumna nach unten hin strahlt, ist das Thymuschakra: Wenn das zeitlose Licht der Seele durch dieses Tor strahlt, wird es zu Wünschen des gemeinschaftlichen Erlebens in der Welt.

Neben diesem großen Tor der Sushumna liegen außen an den Achseln die beiden kleinen Tore von Ida und Pingala, durch die der innere Mann und die innere Frau nach oben strahlen, um die Gemeinschaft mit anderen Menschen in der Welt möglich zu machen.

Durch die beiden Knospen an den Toren des Sonnenlandes an den Schultern strahlt das Licht der Seele und wird zu Handlungs-Wünschen.

Durch die beiden Knospen an den Toren des Sonnenlandes an den Hüften strahlt das Licht der Seele und wird zu Wünschen, sich in der Welt zu bewegen.

Die sechs Reiche des Traumlandes

Das Land rings um das Sonnenland wird von den Strahlen der Seele erfüllt, die durch die zehn Tore des Sonnenlandes in dessen Umgebung leuchten und sie erwärmen. Dieses Land der Sonnenstrahlen ist anderes als das Sonnenland: Es ist nicht das Licht selber, sondern es wird vom Strahlen des Lichtes erfüllt. Es begann zwei Monate nach der Zeugung, zwei Monate nach der Gründung des Reiches zu entstehen.

Das Sonnenland liegt im Tiefschlaf des inneren Friedens – das Land der Sonnenstrahlen liegt im Traum dessen, was es ist und was es erschaffen will. Hier nehmen alle Wünsche Gestalt an; hier wird alles gefühlt, was da ist; hier werden alle Erlebnisse mit der Welt zu Bildern; hier verbinden sich alle Erlebnis-Bilder mit dem Bild der Seele zu einem Fühlen der Welt, zu einem Fühlen des Lebens, zu einem Fühlen der eigenen Gestalt in der Welt.

In diesem Traumland rings um das Sonnenland entstanden sechs Reiche vor den zehn Toren an der Grenze des Sonnenlandes, in dem unentwegt das Licht der Seele leuchtet und alles erfüllt und wärmt und liebt.

Das erste der sechs Traumreiche entstand an den drei unteren Toren, an dem

Wunschbaum und seinen beiden kleineren Seitenchakren: das Reich des Sonnengeflechts. Dort entstanden Wünsche, sich zu bewegen, Wünsche nach Begegnung zwischen Mann und Frau, Wünsche nach Tanz und Vereinigung, Wünsche, sich selber in der Welt vollkommen frei und leuchtend und liebend zu erleben.

Das zweite der sechs Traumreiche entstand an den drei oberen Toren, an dem Thymuschakra und seinen beiden kleineren Seitenchakren: das Reich des Halschakras. Dort entstanden Wünsche, sich selber den anderen zu zeigen, sich an dem, was die anderen sind, zu erfreuen, sich vollkommen frei in der Gemeinschaft mit den anderen zu erleben.

Das dritte und vierte der sechs Traumreiche entstand an den beiden oberen seitlichen Toren an den beiden Schultergelenken: das Reich der Oberarme. Dort entstanden Wünsche, die Welt zu gestalten, sie nach den eigenen Wünschen zu formen und sich in Taten auszudrücken und zu erleben. Die beiden Reiche der Oberarme ragten in die Welt hinaus und wünschten sich, in den Lauf der Dinge gestaltend einzugreifen.

Das fünfte und sechste der sechs Traumreiche entstand an den beiden unteren seitlichen Toren an den beiden Hüftgelenken: das Reich der Oberschenkel. Dort entstanden Wünsche, die Welt zu durchwandern, zu anderen Menschen zu gehen, die Vielfalt der Welt zu sehen und sich in der Vielfalt der Welt zu erleben und immer dort zu sein, wo es gerade am schönsten und am lebendigsten und am bereicherndsten ist.

Das Reich des Sonnengeflechts wuchs und gedieh und wurde sich seiner selber bewußt – so entstand in ihm der Feuerkönig. Er strahlte und wünschte hemmungslos und berührte alles in der Welt, bewegte sich in allem voller Freude, erlebte sich in der Berührung mit der Welt – und die Seele, die nun zum Großkönig über das Reich des Sonnengeflechts geworden war, freute sich über das Erleben des Feuerkönigs, denn in seinem Erleben erlebte sie sich auch selber auf eine neue Weise. Und das Feuer des Feuerkönigs im Sonnengeflecht durchwärmte alles, was er berührte – und in jeder Berührung blieb er vollkommen er selber, vollkommen vom Licht der Seele erfüllt, denn er war aus den Strahlen der Seele entstanden.

Das Reich des Halschakras wuchs und gedieh und wurde sich seiner selber bewußt – so entstand in ihm der Windkönig. Er zeigte sich selber den anderen vollkommen unverhüllt, er sah alles so, wie es ist, er begegnete allem voller Freude, erlebte die Begegnung mit anderen Menschen – und die Seele, die nun zum Großkönig über das Reich des Halschakras geworden war, freute sich über das Erleben des Windkönigs, denn in seinem Erleben erlebte sie sich auch selber auf eine neue Weise. Und der Hauch des Windkönigs im Halschakra streichelte alles, was er berührte – und in jeder Berührung blieb er vollkommen er selber, vollkommen vom Licht der Seele erfüllt, denn er war aus den Strahlen der Seele entstanden.

Nachdem fünf Monate seit dem Entstehen des Traumlandes und sieben Monate seit der Zeugung, seit der Gründung des Sonnenlandes vergangen waren, war das Traumland ganz von den Wunschbildern der Seele erfüllt – und es war eine große Fülle von lebendigen, bunten, lebhaften und innigen Wünschen.

Aus dieser Fülle heraus begannen sich an der Grenze des Traumlandes mit seinen sechs Königreichen zehn neue Knospen zu bilden, die zu zehn Toren in der Grenze des Traumlandes wurden.

Diese zehn Tore schützen das Traumland und das Sonnenland in dessen Mitte; sie schützen den eigenen Leib, der entstanden war, denn das Traumland lebt im Inneren des Leibes; sie schützen den hemmungslosen Selbstausdruck der Seele in dem Sonnenland in der Mitte des Traumlandes. Und diese zehn Tore verwandeln die zehn Strahlen, die im Herzchakra entsprungen waren, durch das Traumland gereist waren und die nun durch dieses Land hindurch weiter nach außen strahlen wollen, zu etwas Neuem, das zu erwachen begann. Dieses Neue sieht die Welt, es sieht vor allem die Welt; es erinnert sich an sich selber und nimmt diese Erinnerung als Leitfaden für seine Bewegungen in der Welt – aber es erschafft nun neue Bilder: nicht mehr die Bilder des hemmungslosen Selbstausdrucks, sondern Bilder von Möglichkeiten, die es in der Welt sehen kann; das Neue erschuf Bilder von der Welt. Und die zehn Tore trennen die Gefühle des hemmungslosen Selbstausdrucks im Traumland von den Bildern der Welt in diesem neuen Land, das rings um das Traumland zu entstehen beginnt.

Drei dieser Knospen, drei dieser Tore führen weiter nach unten – das Licht der Sushumna mit dem Bild der Seele fließt durch das große, mittlere Tor am Nabel weiter nach unten; links und rechts von ihm fließt das Licht von Ida und Pingala mit dem Bild des inneren Mannes und dem Bild der inneren Frau durch die beiden kleineren Tore rechts und links des Nabels weiter nach unten. Und diese drei Bilder erwachen in dem neuen Land, das sie durch diese drei Tore hindurch betreten – und sie sehen sich selber in der Welt. Sie wählten und nahmen einen Ort ein in der Welt. Das Bild der Seele in der Sushumna entschied sich, was es nun in der Welt sein wollte. Und das Bild des inneren Mannes und das Bild der inneren Frau in dem Strahl von Ida und Pingala entschieden sich für einen Menschen, mit dem sie den Tanz „Geliebter und Geliebte" tanzen wollten.

Drei andere dieser Knospen, drei andere dieser Tore führen weiter nach oben – das Licht der Sushumna mit dem Bild der Seele fließt durch das große, mittlere Tor am Kehldeckelchakra weiter nach oben; links und rechts von ihm fließt das Licht von Ida und Pingala mit dem Bild des inneren Mannes und dem Bild der inneren Frau durch die beiden kleineren Tore rechts und links des Kehldeckelchakras weiter nach oben. Und diese drei Bilder erwachen in dem neuen Land, das sie durch diese drei Tore hindurch betraten – und sie sahen sich in der Welt. Sie wählten eine Gemeinschaft in der Welt und wurden Teil von ihr. Das Bild der Seele in der Sushumna entschied sich, was es nun in dieser Gemeinschaft sein wollte. Und das Bild des inneren Mannes und das Bild der inneren Frau in dem Strahl von Ida und Pingala entschieden sich für mehrere Menschen, mit denen sie den Tanz „in Liebe verbundene Gemeinschaft" tanzen wollten.

Zwei weitere dieser Knospen, zwei weitere dieser Tore führten oben durch die Arme weiter nach außen – in ihnen floß das Licht der Seele durch das Tor der Ellbogen weiter nach außen. Und dieses Licht erwachte in dem neuen Land, das es durch die beiden Tore der Ellbogen hindurch betrat – und sie sahen sich in den verschiedensten Situationen. Sie wählten, was sie dort tun wollten, was sie dort verändern wollten, was sie dort erschaffen wollten, was sie dort gestalten wollten, was sie dort erreichen wollten, wem sie die Hand reichen wollten, wo sie kämpfen wollten, wo sie liebkosen wollten.

Die beiden letzten dieser Knospen, die beiden letzten dieser Tore führten weiter durch die Beine nach unten – in ihnen floß das Licht der Seele durch das Tor der Knie weiter nach außen. Und dieses Licht erwachte in dem neuen Land, das es durch die beiden Tore der Knie hindurch betrat – und es fand sich an den verschiedensten Orten wieder. Sie wählten, wo sie sein wollten, was sie sehen wollten, welchen Berg sie besteigen wollten, in welchem Meer sie schwimmen wollten, welchen Menschen sie begegnen wollten, welche Treppe sie hinaufsteigen wollten, wo sie standfest und beharrlich bleiben wollten.

Die sechs Reiche des Landes der Wachheit

Am Anfang war das Land der Sonne, das endlos im Frieden des Tiefschlafs pulsiert. Aus den Strahlen dieses Landes bildete sich rings um es herum das Land der Träume mit seinen sechs Königreichen. Nun erwachte rings um dieses Traumland ein neues Land: das Land des Wachens.

In diesem Land sieht das Licht der Seele die Welt und es sieht sich selber in der Welt. Dieses Licht des Bewußtseins blickt in diesem neuen Land nicht mehr nach innen auf die Quelle im Tempel der Seele, sondern nach außen auf das Meer der Welt.

Das Licht des Bewußtseins schaut ruhig, sachlich, genau, neugierig, abwägend, berechnend, vorherschauend, planend, es sieht Möglichkeiten und Wege und wählt den optimalen Kurs, es trifft Entscheidungen für dieses und gegen jenes, es hat Vorlieben, es will dieses haben und jenes vermeiden, es sucht den Überblick und nimmt einen festen Standpunkt ein, es setzt Grenzen, es sagt „Ja." und es sagt „Nein!" und es sagt „Doch!!!"

In diesem Land des wachen Bewußtseins bilden sich sechs Königreiche, die außen vor den sechs Königreichen des Traumlandes liegen.

Vor den drei Strahlen, vor Sushumna, Ida und Pingala, die nach unten hin durch die drei Tore des Nabelckakras und der beiden kleinen Tore neben ihm hinausstrahlen, entsteht das Königreich des Haras, in dem der Höhlenkönig herrscht. Er ist ein Sohn des Feuerkönigs im Sonnengeflecht, der ein Sohn des Großkönigs des Herzchakras im Sonnenland ist.

Dieser König errichtet sich eine feste Burg, er nimmt einen sicheren Stand ein, er tanzt in seinem eigenen Rhythmus, er bewegt sich im Fluß seiner eigenen Wahrheit, er kennt die Tiere in seinem Reich, er kennt das Krafttier, die Kraftpflanze und den Kraftstein, die ihn mit der Welt verbinden, die seine Verbündete in der Welt sind – und von ihnen lernt er viele Dinge, die ihn mit der Welt vertraut werden lassen. Der Höhlenkönig tut, was er will, und er will das, was er tut. Er ist ein wilder König, er kennt die Instinkte seines Tieres, er hat die tiefen Wurzeln seiner Pflanze und er trägt die Strukturen seines Steines in sich.

Vor den drei Strahlen, vor Sushumna, Ida und Pingala, die nach oben hin durch die drei Tore des Kehldeckelchakras und der beiden kleinen Tore neben ihm hervorstrahlen, entsteht das Königreich des Dritten Auges, in dem der Bergkönig herrscht. Er ist ein Sohn des Windkönigs im Halschakra, der ein Sohn des Großkönigs des Herzchakras im Sonnenland ist.

Dieser König blickt in die Weite, sieht das große Ganze, er sieht die Vielfalt der Wege, der Verbindungen, der Adern des Lebens in der Welt und er sieht die verborgenen Möglichkeiten, er reicht anderen die Hand und lädt sie zur Gemeinschaft ein, er kennt den Lichtbringer, der das Neue aus dem Ursprung der Welt zu den Menschen bringt, damit sie sich selber und die anderen und die neuen Wege sehen können, damit sie Dinge gemeinsam tun können, und er schafft, was er will, und das was er erschafft, ist das, was er will. Er ist ein weiser König, denn er sieht die Welt, wie sie ist, und er ist mit dem Lichtbringer verbunden, der die Inspiration zu ihm bringt.

Die beiden Strahlen, die vom Herzchakra aus durch die beiden Tore der Schultergelenkchakren in das Reich des Tatendrangs der Oberarme fließen, strömen von dort aus durch die beiden Tore der Ellbogen in die beiden Reiche der Unterarme, in denen diese beiden Lichtstrahlen des Herzens nun bewußt in einer Situation zu handeln beginnen, sich Raum schaffen, sich auf Menschen und Dinge, die dort sind, ausrichten, die dort Entschlüsse fassen und umzusetzen beginnen. Sie wissen, was sie tun.

Die beiden Strahlen, die vom Herzchakra aus durch die beiden Tore der Hüftgelenkchakren in das Reich des Bewegungsdrangs der Oberschenkel fließen, strömen von dort aus durch die beiden Tore der Knie in die beiden Reiche der Unterschenkel, in denen diese beiden Lichtstrahlen des Herzens nun bewußt an einen Ort gehen, sich dort bewegen, sich an Menschen und Dingen, die dort sind, orientieren, die dort die besten Möglichkeiten auswählen und sich dorthin stellen, dort umhergehen, dort tanzen. Sie wissen, wo sie sind.

Die zehn Tore des Reiches der Klarheit

Am Ende des ersten Monats nach der Entstehung des Landes des Wachens, am Ende des sechsten Monat nach der Entstehung des Landes der Träume, am Ende des achten Monats nach der Zeugung, nach der Entstehung des Landes des Tiefschlafs ist die Wachheit, die Klarheit, der feste Stand, die Weitsicht so weit angewachsen, daß rings um das Land des Wachens etwas Neues entsteht, daß erneut eine Grenze entsteht, daß sich erneut zehn Knospen an dieser Grenze bilden, daß erneut zehn Tore in dieser Grenze entstehen, die mit einem neuen Versprechen, neuen Möglichkeiten das Licht der Seele in die Welt hinaus locken.

Diese Grenze des Landes des Wachens schützt das Bewußtsein nach außen, sie schützt den festen Stand gegen alles in der Welt im Hara, sie schützt die klare Bewußtheit über alles in der Welt im Dritten Auge – durch diese Grenze weiß das Licht, das vom Herzen aus in die Welt hinausstrahlt, auch hier noch, wer es ist und was es will.

An der unteren Grenze des Reiches des Haras bildet sich das Tor des Schamhaarchakras für das Bild der Seele in dem Lebenskraft-Strahl der Sushumna. Es ist von der Sehnsucht nach dem Erleben des eigenen Leibes erfüllt. Links und rechts daneben bilden sich die beiden kleineren Tore für die beiden Bilder des inneren Mannes und der inneren Frau in den beiden Lebenskraftstrahlen von Ida und Pingala. Sie sind von der Sehnsucht nach dem Erleben der Vereinigung des eigenen Leibes mit dem Leib eines anderen erfüllt.

An der oberen Grenze des Reiches des Dritten Auges bildet sich das Tor des Stirnchakras für das Bild der Seele in dem Lebenskraft-Strahl der Sushumna. Es ist von der Sehnsucht nach dem Erleben der eigenen Gemeinschaft erfüllt. Links und rechts daneben bilden sich die beiden kleineren Tore für die beiden Bilder des inneren Mannes und der inneren Frau in den beiden Lebenskraftstrahlen von Ida und Pingala. Sie sind von der Sehnsucht nach dem Erleben der gegenseitigen Bereicherung in der eigenen Gemeinschaft erfüllt.

Die sechs Reiche des Landes der Ekstase

Das neue Land, das rings um das Land des Wachens entstanden ist, brennt mit hellen Flammen, erstrahlt in hellem Licht, ist erfüllt von der Intensität der Begegnung

245

– es ist das Land der Ekstase. Das Licht der Seele ist von dem zeitlosen Tempel des Herzens durch die weiten Bögen der Wünsche in dem Traumland und den kurzen Bögen der Pläne im Land des Wachens nun in das Land des Hier und Jetzt gelangt, in dem das Licht der Seele die Perlen der Erlebnisse auf den Lebensfaden reiht.

Vor den drei Toren des Nabelchakras unterhalb des Reiches des Haras entsteht das Reich des Wurzelchakras. Dort hat der Drachenkönig seinen Thron errichtet. Er ist der Sohn des Höhlenkönigs im Hara, der Enkel des Feuerkönigs im Sonnengeflecht, der Urenkel des Großkönigs im Herzchakra. Er tanzt inmitten des Kundalinifeuers, er sagt „Ja" zu dem, was er erlebt, er schöpft das, was geschieht, mit allen Sinnen, mit allem Bewußtsein, mit allen Gefühlen, mit aller Weisheit aus, er trinkt den Trank des Lebens in vollen Zügen, er riecht alle Düfte, er hört alle Töne, er sieht alle Farben, er tastet alle Dinge, er spürt alle Arten von Wärme und Kälte, er schmeckt jeden Geschmack, er vereint seinen Leib mit dem eines anderen Menschen, er erlebt den Tanz von Mann und Frau, er spürt das Lebensfeuer tanzen und er ist das Feuer des Lebenstanzes und er lebt den Feuertanz, und er genießt die Begegnung mit jedem Menschen – und er geht weiter, wenn etwas anderes eine größere Bereicherung für ihn ist.

Vor den drei Toren des Stirnchakras oberhalb des Reiches des Dritten Auges entsteht das Reich des Scheitelchakras. Dort hat der Adlerkönig seinen Thron erreichtet. Er ist der Sohn des Bergkönigs im Dritten Auge, der Enkel des Windkönigs im Halschakra, der Urenkel des Großkönigs im Herzchakra. Er ruht in dem Einen Licht, in dem Einen Klang, in dem Einen Duft, in der Einen Farbe, in der Einen Berührung, er wird eins mit dem Ganzen, erlebt es aus der Sicht des Ganzen, ist das Ganze, entfaltet sich als das Ganze, ist von dem Licht des Ganzen erfüllt, erwärmt, erleuchtet – und lächelt im Auge des Sturmes.

Vor den beiden Toren der Handgelenke bildet sich das Reich der Berührung der Welt in der Tat durch die Handchakren – in denen das Licht des Herzens aufleuchtet, das durch die beiden Schultergelenk-Tore, die beiden Reiche der Oberarme, die beiden Ellbogen-Tore, die beiden Reiche der Unterarme und die beiden Tore der Handgelenke nun bis in die Welt gelangt ist und sie berührt und in der Tat erlebt.

Vor den beiden Toren der Fußgelenke bildet sich das Reich der Berührung der Welt in den Schritten in der Welt durch die Fußchakren – in denen das Licht des Herzens aufleuchtet, das durch die beiden Hüftgelenk-Tore, die beiden Reiche der Oberschenkel, die beiden Knie-Tore, die beiden Reiche der Unterschenkel und die beiden Tore der Fußgelenke nun bis in die Welt gelangt ist und sie berührt und in jedem Schritt erlebt.

Nachdem das ganze Reich bei der Geburt in die Welt hinausgetreten ist, einen Monat nach der Entstehung des Landes der Ekstase, zwei Monate nach der Entstehung des Landes des Wachens, sieben Monate nach der Entstehung des Landes der Träume und neun Monate nach der Zeugung und nach der Entstehung des Landes des Friedens des Tiefschlafs, rief der Großkönig alle sechs Könige zusammen, versammelten sich die sieben Könige: der Großkönig aus dem Herzchakra, der Feuerkönig aus dem Sonnengeflecht, der Windkönig aus dem Halschakra, der Höhlenkönig aus dem Hara, der Bergkönig aus dem Dritten Auge, der Drachenkönig aus dem Wurzelchakra und der Adlerkönig aus dem Scheitelchakra.

Ein jeder von ihnen sang sein Lied und tanzte seinen Tanz und sie sangen und tanzten gemeinsam das Lied des Lebens.

Dieses Lied erklang in den sieben Königreichen, in den sieben Chakren und es erzählte mit vielen Worten, Bildern und Melodien, von dem, was gewesen ist.

Der Großkönig im Herzchakra sang über die Eltern, die Ahnen und die Götter, die ihm Rückhalt gaben – und es bildete sich ein Strudel, ein Muster, ein Mandala, ein Chakra zwischen den Schulterblättern und sie nannten es das Schulterblätter-Kshetram. Es war ein Lied über die tiefen Wurzeln in der Welt, über viele vergangene Leben – ein Lied über die Geschichte der Seele.

Der Feuerkönig im Sonnengeflecht sang über die Eltern, die Ahnen und die Götter, die ihm Rückhalt gaben – und es bildete sich ein Strudel, ein Muster, ein Mandala, ein Chakra zwischen den Schulterblättern und sie nannten es das Rücken-Kshetram. Es war ein Lied über alte Wünsche, über Begegnungen in früheren Leben – ein Lied über die Ängste und Hoffnungen der Eltern, über die Geschichte der Seele.

Der Windkönig im Halschakra sang über die Eltern, die Ahnen und die Götter, die ihm Rückhalt gaben – und es bildete sich ein Strudel, ein Muster, ein Mandala, ein Chakra am Nacken und sie nannten es das Nacken-Kshetram. Es war ein Lied über weite Wege in der Welt, über die Hoffnungen und Ängste der Menschen, über das, was die Menschen in der Welt erschaffen wollten und über das, was sie dabei erreicht hatten – ein Lied über die Geschichte der Seele.

Der Höhlenkönig im Hara sang über die Eltern, die Ahnen und die Götter, die ihm Rückhalt gaben – und es bildete sich ein Strudel, ein Muster, ein Mandala, ein Chakra an den Lendenwirbeln und sie nannten es das Lendenwirbel-Kshetram. Es war ein Lied über den Halt in der Welt, über die Suche nach einem Ort, nach einer Heimat, nach einem Heim, nach Freiraum, nach Freiheit – ein Lied über die Geschichte der Seele.

Der Bergkönig im Dritten Auge sang über die Eltern, die Ahnen und die Götter, die ihm Rückhalt gaben – und es bildete sich ein Strudel, ein Muster, ein Mandala, ein

Chakra an der Schädelbasis und sie nannten es das Schädelbasis-Kshetram. Es war ein Lied über uralte Vorstellungen über die Welt, Ängste der Eltern, alte Traditionen, von denen manche trugen, aber manche auch einengten, über die ganze lange Geschichte des Bildes, das sich die Menschen über die Welt gemacht haben – ein Lied über die Geschichte der Seele.

Der Drachenkönig im Wurzelchakra sang über die Eltern, die Ahnen und die Götter – aber es bildete sich kein neuer Strudel, kein neues Muster, kein neues Mandala, kein neues Chakra, denn der Drachenkönig berührt die Welt stets im Hier und Jetzt mit seinem Leib – der Drachenkönig hat kein Lied über die Vergangenheit. Seine Geschichte ist das ewige Hier und Jetzt der Berührung mit der Welt.

Der Adlerkönig im Scheitelchakra sang über die Eltern, die Ahnen und die Götter – aber es bildete sich kein neuer Strudel, kein neues Muster, kein neues Mandala, kein neues Chakra, denn der Adlerkönig berührt die Welt stets im Hier und Jetzt mit seinem Geist – der Adlerkönig hat kein Lied über die Vergangenheit. Seine Geschichte ist das ewige Hier und Jetzt des Bewußtseins, das die gesamte Welt erfüllt.

Da begannen die sieben Könige ihren Blick von dem, was gewesen war, auf das zu richten, was kommen wird, auf das, was sie erschaffen wollten.

Der Großkönig im Herzchakra sang über seine Liebe, über die Frau und den Mann in ihm und über die Götter, die mit ihm das gestalten, was sein wird – und es bildete sich ein Strudel, ein Muster, ein Mandala, ein Chakra vorne vor dem Herzchakra und sie nannten es das Brust-Kshetram. Es war ein Lied über die Liebe, die der Großkönig in die Welt bringen will, die er erleben will, die im Innen immer da ist und die er nun auch in das Außen bringen will – ein Lied über das Wesen der Seele.

Der Feuerkönig im Sonnengeflecht sang über seine Liebe, über die Frau und den Mann in ihm und über die Götter, die mit ihm das gestalten, was sein wird – und es bildete sich ein Strudel, ein Muster, ein Mandala, ein Chakra vorne vor dem Sonnengeflecht und sie nannten es das Sonnengeflecht-Kshetram. Es war ein Lied über neue Wünsche, über Wiederbegegnungen, über neue Begegnungen – ein Lied über die Sehnsucht der Seele.

Der Windkönig im Halschakra sang über seine Liebe, über die Frau und den Mann in ihm und über die Götter, die mit ihm das gestalten, was sein wird – und es bildete sich ein Strudel, ein Muster, ein Mandala, ein Chakra vor dem Halschakra und sie nannten es das Hals-Kshetram. Es war ein Lied über die Weite der Welt, über die vielen Möglichkeiten, neue Flüsse, neue Meere, neue Ufer, neue Inseln, über Altvertrautes, Liebe, Freundschaft, gemeinsame Wege – ein Lied über die Sehnsucht der Seele.

Der Höhlenkönig im Hara sang über seine Liebe, über die Frau und den Mann in ihm und über die Götter, die mit ihm das gestalten, was sein wird – und es bildete sich ein Strudel, ein Muster, ein Mandala, ein Chakra vor dem Hara und sie nannten es das

Hara-Kshetram. Es war ein Lied über neue Orte in der Welt, über neue Tänze, neue Rhythmen, neue Melodien, neue Formen der Heimat, neue Formen der Vertrautheit, neue Formen des Freiraums, neue Formen der Freiheit – ein Lied über die klare Weite der Seele.

Der Bergkönig im Dritten Auge sang über seine Liebe, über die Frau und den Mann in ihm und über die Götter, die mit ihm das gestalten, was sein wird – und es bildete sich ein Strudel, ein Muster, ein Mandala, ein Chakra vor dem Dritten Auge und sie nannten es das Dritte Auge-Kshetram. Es war ein Lied über neue Möglichkeiten, neue Formen der Gemeinschaft, neuen Mut, neue Arten des Zusammenlebens, neue Bilder von der Welt, neue Bilder über das Leben, die dem Licht der Seele mehr und mehr Raum zur Entfaltung geben – ein Lied über die klare Weite der Seele.

Der Drachenkönig im Wurzelchakra sang über seine Liebe, über die Frau und den Mann in ihm und über die Götter, die mit ihm das gestalten, was sein wird – aber es bildete sich kein neuer Strudel, kein neues Muster, kein neues Mandala, kein neues Chakra, denn der Drachenkönig berührt die Welt stets im Hier und Jetzt mit seinem Leib – der Drachenkönig hat kein Lied über die Vergangenheit. Seine Geschichte ist das ewige Hier und Jetzt der Berührung mit der Welt.

Der Adlerkönig im Scheitelchakra sang über seine Liebe, über die Frau und den Mann in ihm und über die Götter, die mit ihm das gestalten, was sein wird – aber es bildete sich kein neuer Strudel, kein neues Muster, kein neues Mandala, kein neues Chakra, denn der Adlerkönig berührt die Welt stets im Hier und Jetzt mit seinem Geist – der Adlerkönig hat kein Lied über die Vergangenheit. Seine Geschichte ist das ewige Hier und Jetzt des Bewußtseins, das die gesamten Welt erfüllt.

So sangen die sieben Könige das Lied der Seele siebenstimmig – ein Chor, der aus einer einzigen Quelle floß: aus dem Tempel des Herzens.

Der tiefe Baß des Großkönigs im Herzchakra erschuf das Fundament, die tiefen Wurzeln, die Ruhe in jeder Bewegung, die Selbstgewißheit, die Selbstliebe, das warme Strahlen der Seele, das allen Klängen, allen Stimmen zugrundeliegt.

Die kräftige, dunkle Stimme des Feuerkönigs im Sonnengeflecht ließ das Lied aufleuchten, gab ihm Kraft, gab ihm Drang, gab ihm Richtung – seine Stimme wurde zu einem breiten Strom, der sich einen Weg bahnt und seinen Weg zum Meer hin zieht.

Die kräftige, klangvolle Stimme des Windkönigs im Halschakra gab dem Lied Weite, gab ihm Resonanz, gab ihm eine innere Ordnung, die sich aus dem Herzchakra heraus entfaltete – sie wehte wie der Wind über Ebenen, durch Wälder, um Berggipfel, über das Meer, über Eis und über Wüsten und über grüne Wiesen und Felder.

Die lauttönende, feste Stimme des Höhlenkönigs gab dem Lied Halt und festen Takt und lebendigen,wechselhaften Rhythmus – seine Stimme brachte die Melodien zum Schwingen, verband die Stimmen miteinander und löste sie wieder, um sie dann erneut miteinander zu verbinden … wie ein weites Geflecht aus Lebenskraftfäden, die alles miteinander verbinden, alles miteinander schwingen lassen, allem Halt geben und zugleich alles frei lassen.

Die lauttönende, weit offene Stimme des Bergkönigs gab dem Lied ein Ziel, ein alles verbindendes Licht – seine Stimme führte die Vielfalt an, sie gab dem Ganzen Richtung, sie führte die Kraft der Wurzeln durch den Stamm bis hinauf in die Krone und zu den Früchten.

Die helle, leidenschaftliche Stimme des Drachenkönigs schwang sich in dem Lied zu immer neuen Höhen hinauf, er sang voller Triller, voller Verzierungen, voller immer neuer Formen, voller Abweichungen, voller Mut, er wandte sich gegen andere Melodien, nahm sie dann voller Liebe wieder auf, verwandelte sie mit seiner Glut und führte das Lied in immer neue Tiefen, in immer neue Weiten, auf immer neue Gipfel, in immer neue Länder – und das Lied verwandelte sich, wurde Vulkan, wurde Sturm, wurde Erdbeben, wurde große Flut … und der Drachenkönig brachte das Lied in immer neue Formen der Ekstase.

Die hohe, klare Stimme des Adlerkönigs im Scheitelchakra fügte das Lied in die Welt, gab ihm Halt und Bedeutung, erfüllte es mit dem Licht der Quelle der Welt, fügte es ein in den großen Choral des Liedes der Welt, beschenkte mit ihm sich selber und andere – und es gab keinen Unterschied zwischen dem Geschenk an sich selber und dem Geschenk an andere.

So sangen die sieben Könige das Lied der Seele siebenstimmig – ein Chor, der aus einer einzigen Quelle floß: aus dem Tempel des Herzens.

Und in dem Lied ist ein Rhythmus wie Ebbe und Flut:

Aus dem Tiefschlaf-Lied des Großkönigs im Herzchakra erwächst das Traum-Lied des des Feuerkönigs im Sonnengeflecht und des Windkönigs im Halschakra. Aus dem Traumlied dieser beiden Könige entsteht das Wach-Lied des Höhlenkönigs im Hara und des Bergkönigs im Dritten Auge. Und aus dem Wach-Lied dieser beiden Könige entsteht das Ekstase-Lied des Drachenkönigs im Wurzelchakra und des Adlerkönigs im Scheitelchakra.

Und wenn das Ekstase-Lied ein Ende findet, ordnen der Höhlenkönig und der Bergkönig die Erlebnisse des Ekstase-Liedes wieder in Wissen des Wach-Liedes ein. Und wenn das Wach-Lied endet, ordnen der Feuerkönig und der Windkönig das Wissen des Wach-Liedes wieder in die Bilder des Traum-Liedes ein. Und wenn das Traum-Lied verklungen ist, ordnet der Großkönig die Bilder des Traumliedes wieder in die Stille des Tiefschlaf-Liedes ein.

Dann sind ein Tag und eine Nacht vergangen – das Lied wurde am Tag von innen nach außen hin gesungen und gespielt, die Instrumente wurde in der Nacht von außen nach innen hin wieder gestimmt.

Nun kann ein neuer Tag beginnen.

Nun kann ein neues Lied gesungen werden.

Die vierzehn Berührungen

Das Sonnenlicht, das aus dem Herztempel in alle Reiche erstrahlt, hat auf der Haut die Kshetrams entstehen lassen, die Lebenskraftwirbel hinten und vorne. Doch das Licht strahlt noch weiter nach außen bis zu der Hülle aus Lebenskraft, die den Leib umgibt. Dort bilden sie vierzehn Punkte der Berührung, sechs Pfade in die Welt, zwei Bündelungen der inneren Bilder.

Der Drachenkönig im Wurzelchakra sendet einen Lebenskraftstrahl bis in die Erde … die Erde antwortet und sendet den Erdfeuerdrachen, die Kundalini aus der Mitte der Erde, aus dem Wurzelchakra der Erde empor zu dem Wurzelchakra des Menschen, zu dem Drachenkönig. Und dieser Strahl nährt den Menschen. Dies ist der erste der vierzehn Aura-Punkt und der erste der sechs Pfade in die Welt.

Der Adlerkönig im Scheitelchakra sendet einen Lebenskraftstrahl bis in den Himmel … der Himmel antwortet und sendet den Lichtvogel, den Lichtbringer aus dem Scheitelchakra der Welt herab in das Scheitelchakra des Menschen. Und dieser Strahl weitet das Bewußtsein des Menschen. Dies ist der zweite der vierzehn Aura-Punkte und der zweite der sechs Pfade in die Welt.

Der Großkönig im Herzchakra sendet einen Lebenskraftstrahl nach hinten zu den Eltern seines Leibes, zu den Ahnen seines Leibes, zu den Göttern aus … die Götter antworten und senden eine Verbindung, die Rückhalt gibt, ein Vertrauen, eine Religion – eine Rück-Verbindung. Und dieser Strahl gibt dem Menschen Halt. Dies ist der dritte der vierzehn Aura-Punkte und der dritte der sechs Pfade in die Welt.

Der Großkönig im Herzchakra sendet einen Lebenskraftstrahl nach vorne zu den Menschen in der Welt, denen er seine Liebe schenken will … und manchmal antworten diese Menschen und schicken einen Strahl der Liebe als Antwort zurück. Und dieser Strahl läßt die Seele, läßt den Menschen seine Selbstliebe erleben. Dies ist der vierte der vierzehn Aura-Punkte und der vierte der sechs Pfade in die Welt.

Der Großkönig im Herzchakra bündelt alle Wünsche, alle Gedanken, alle Bilder über sein eigenes männliches Spiegelbild, über den inneren Mann in ihm und sendet sie als einen Lebenskraftstrahl nach seiner rechten Seite hin zu den Menschen in der Welt und lädt die ein, die diesem Bild gleichen … und manchmal antworten die Menschen, die ein ähnliches Bild in sich tragen und schicken einen Strahl der Liebe als Antwort zurück. Und dieser Strahl läßt die Seele, läßt den Menschen seine

Selbstliebe, seinen inneren Mann in einer äußeren Begegnung erleben. Dies ist der fünfte der vierzehn Aura-Punkte und der fünfte der sechs Pfade in die Welt und die erste der beiden Bündelungen der inneren Bilder.

Der Großkönig im Herzchakra bündelt alle Wünsche, alle Gedanken, alle Bilder über sein eigenes weibliches Spiegelbild, über die innere Frau in ihm und sendet sie als einen Lebenskraftstrahl nach seiner linken Seite hin zu den Menschen in der Welt und lädt die ein, die diesem Bild gleichen … und manchmal antworten die Menschen, die ein ähnliches Bild in sich tragen und schicken einen Strahl der Liebe als Antwort zurück. Und dieser Strahl läßt die Seele, läßt den Menschen seine Selbstliebe, seine inneren Frau in einer äußeren Begegnung erleben. Dies ist der sechste der vierzehn Aura-Punkte und der sechste der sechs Pfade in die Welt und die zweite der beiden Bündelungen der inneren Bilder.

Der Feuerkönig im Sonnengeflecht sendet einen Lebenskraftstrahl nach vorne zu den Menschen in der Welt, die er in seinem Leben haben will, mit denen er sich vereinen will … und wenn diese Menschen denselben Traum träumen wie der Feuerkönig, antworten diese Menschen und schicken ihm einen Strahl der Lebenskraft als Antwort zurück. Und dieser neue Strahl vor dem Feuerkönig führt die beiden Menschen zueinander. Dies ist der siebte der vierzehn Aura-Punkte.

Der Feuerkönig im Sonnengeflecht hat schon viele Lebenskraftstrahlen zu den Menschen in der Welt, die er in seinem Leben haben will, mit denen er sich vereinen will, ausgesandt, und sie bilden das Netz seiner früheren Träume, das ihm beim Erschaffen seiner neuen Träume leitet … diese Menschen haben denselben Traum wie der Feuerkönig geträumt und haben ihm deshalb einen Strahl der Lebenskraft als Antwort zurückgesandt. Und diese alte Strahlen hinter dem Feuerkönig führten diese Menschen zueinander. Dies ist der achte der vierzehn Aura-Punkte.

Der Windkönig im Halschakra sendet einen Lebenskraftstrahl nach vorne zu den Menschen in der Welt, die er in seinem Leben haben will, mit denen er eine Gemeinschaft gründen will … und wenn diese Menschen denselben Traum träumen wie der Windkönig, antworten diese Menschen und schicken ihm einen Strahl der Lebenskraft als Antwort zurück. Und dieser neue Strahl vor dem Windkönig führt die Gemeinschaft zusammen. Dies ist der neunte der vierzehn Aura-Punkte.

Der Windkönig im Halschakra hat schon viele Lebenskraftstrahlen zu den Menschen in der Welt, die er in seinem Leben haben will, mit denen er eine Gemeinschaft gründen will, ausgesandt, und sie bilden das Netz seiner früheren Träume, das ihm beim Erschaffen seiner neuen Träume leitet … diese Menschen haben denselben Traum wie der Windkönig geträumt und haben ihm deshalb einen Strahl der Lebenskraft als Antwort zurückgesandt. Und diese alte Strahlen hinter dem Windkönig führten diese Menschen zusammen. Dies ist der zehnte der vierzehn Aura-Punkte.

Der Höhlenkönig im Hara sendet einen Lebenskraftstrahl nach vorne zu den Menschen in der Welt, mit denen er zusammen sein Leben planen will, mit denen er sich vereinen will … und wenn diese Menschen dieselben Pläne haben wie der Höhlenkönig, antworten diese Menschen und schicken ihm einen Strahl der Lebenskraft als Antwort zurück. Und dieser neue Strahl vor dem Höhlenkönig führt die beiden Menschen zueinander. Dies ist der elfte der vierzehn Aura-Punkte.

Der Höhlenkönig im Hara hat schon viele Lebenskraftstrahlen zu den Menschen in der Welt, mit denen er sein Leben planen wollte, mit denen er sich vereinen wollte, ausgesandt, und sie bilden das Buch seiner früheren Pläne, das ihm beim Erschaffen seiner neuen Pläne leitet … diese Menschen haben denselben Plan wie der Höhlenkönig entworfen und haben ihm deshalb einen Strahl der Lebenskraft als Antwort zurückgesandt. Und diese alten Strahlen hinter dem Höhlenkönig führten diese Menschen zueinander. Dies ist der zwölfte der vierzehn Aura-Punkte.

Der Bergkönig im Dritten Auge sendet einen Lebenskraftstrahl nach vorne zu den Menschen in der Welt, mit denen er zusammen sein Leben planen will, mit denen er eine Gemeinschaft bilden will … und wenn diese Menschen dieselben Pläne haben wie der Bergkönig, antworten diese Menschen und schicken ihm einen Strahl der Lebenskraft als Antwort zurück. Und dieser neue Strahl führt die beiden Menschen zueinander. Dies ist der dreizehnte der vierzehn Aura-Punkte.

Der Bergkönig im Dritten Auge hat schon viele Lebenskraftstrahlen zu den Menschen in der Welt, mit denen er sein Leben planen wollte, mit denen er eine Gemeinschaft bilden wollte, ausgesandt, und sie bilden das Buch seiner früheren Pläne, das ihm beim Erschaffen seiner neuen Pläne leitet … diese Menschen haben denselben Plan wie der Bergkönig entworfen und haben ihm deshalb einen Strahl der Lebenskraft als Antwort zurückgesandt. Und diese alten Strahlen führten diese Menschen zueinander. Dies ist der vierzehnte der vierzehn Aura-Punkte.

Die Quelle

Und die Quelle alle dieser Chakren und Wege und Länder und Übergänge ist die Seele im Herzchakra.

Und sie atmet: Am Tage tritt sie in die Welt hinaus und atmet ein und erschafft und erlebt; und in der Nacht kehrt sie sie zurück in ihren Tempel und atmet aus und nimmt die Erlebnisse in sich auf.

Bei der Zeugung dehnt sie sich in die Welt hinein aus: vom Tiefschlaf in den Traum in das Wachen in die Ekstase; und beim Tod zieht sie sich wieder zurück: von der Ekstase in das Wachen in den Traum in den Tiefschlaf.

XX Die vier Formen der Aufmerksamkeit

Das Herzchakra enthält den Inkarnationsimpuls für das derzeitige Leben, also den Schöpfungsimpuls für den Menschen, der jetzt gerade über seine Chakren nachdenkt. Dieser Inkarnationsimpuls ist der Gesamt-Selbstausdruck der Seele.

Dieser Gesamtimpuls wird in einem ersten Schritt zu einem großen Entwurf des Selbstausdrucks konkretisiert – zu einer bestimmten Bewegungsrichtung (Sonnengeflecht) und zu einer bestimmten Gemeinschaft (Halschakra).

Diese großen Entwürfe des Selbstausdrucks werden in einem zweiten Schritt zu Entscheidungen für den Selbstausdruck in der derzeitigen Situation weiter konkretisiert – zu einer bestimmten Haltung (Hara) und zu einem bestimmten Form der Kooperation (Drittes Auge).

Diese Situations-bezogenen Formen des Selbstausdrucks werden schließlich zu Handlungen im Hier und Jetzt – zu einem körperlichen Kontakt (Wurzelchakra) und zu einem Kontakt zur Gemeinschaft (Scheitelchakra).

Jeder Augenblick ist eine Gelegenheit, das, was man wirklich ist, selber auszudrücken.

Diese kleinsten Formen des Selbstausdrucks setzen sich zu dem Selbstausdruck in einer Situation zusammen.

-o-

Der Selbstausdruck in der Situation setzt sich zu den großen Entwürfen des Selbstausdrucks zusammen.

Diese großen Entwürfe des Selbstausdrucks setzen sich schließlich zu der erreichten Verwirklichung des Gesamt-Selbstausdrucks der Seele zusammen.

Der Selbstausdruck der Seele in einem Leben setzt sich aus den vielen winzigen Formen des Selbstausdrucks in jedem einzelnen Augenblick, zu der Präsenz im Hier und Jetzt zusammen.

Aber ohne die Bewußtheit über den Gesamtimpuls der Seele in diesem Leben ist es kaum möglich, im Hier und Jetzt wirklich ganz man selber zu sein.

-o-

Und die großen Entwürfe des Selbstausdrucks und die Entscheidungen für den Situations-abhängigen Selbstausdruck benötigt man, um den Gesamt-Selbstausdruck der Seele in ihrer derzeitigen Inkarnation überhaupt auf einen bestimmten Augenblick hin konkretisieren zu können.

Es wird also in jedem Augenblick eine Bewußtheit über die Quelle im Herzchakra und alle drei Konkretisierungs-Schritte gebraucht.

Und jeder dieser drei Schritte braucht Eigenständigkeit, Selbsttreue, Beständigkeit, Selbstbewußtsein, Mut, Flexibilität und am besten auch noch eine gute Portion Humor.

- - -

Jede dieser vier Formen des Selbstausdrucks ist mit einer der vier Formen des Bewußtseins und mit einer von vier Formen der Aufmerksamkeit verbunden.

Das Herzchakra in der Mitte ruht im Tiefschlaf – die Seele weiß, wer sie ist, und sie ist von Selbstliebe erfüllt. Sie ist zeitlos und in ihr ist das Bild dessen, was sie ist, und in ihr ist das gesamte Bild dessen, was sie in ihrer derzeitigen Inkarnation zu sein und zu erleben beschlossen hat. Sie erlebt sich selber in ihrer derzeitigen Inkarnation.

Ich bin das, was ich zu sein gewählt habe.

Das innere Chakren-Paar entfaltet sich im Traum – es erschafft ein hemmungsloses, einsgerichtetes Bild für das, was sie in ihrem Leben tun will. Sie lassen aus dem Bewußtsein des Seele darüber, wer sie ist, Wünsche für ihr Leben entstehen – Wünsche für Beziehungen, Freundschaften, Orte, Taten, Ziele. Dieses Chakrenpaar erschafft Entwürfe für die großen Bögen in dem Lebenstraum.

Das Sonnengeflecht erschafft die Lebensträume über das, was man erleben will; das Halschakra erschafft die Lebensträume über das, was man mit anderen gemeinsam erleben will. Im Sonnengeflecht wachsen die Wünsche des eigenen Körpers heran – und man bewegt sich so, wie man ist; im Halschakra entfalteten sich die Wünsche für eine Gemeinschaft – und man zeigt sich ihr, wie man ist.

Beide Chakren entstehen aus dem Herzchakra heraus. Solange sie auf das Herzchakra bezogen bleiben und sich nicht an der Welt festzuhalten beginnen, sind die kraftvoll, mutig, beständig in der Selbsttreue, flexibel in der Umsetzung, stark in ihrer Ausstrahlung, wirkungsvoll durch die Magie der hemmungslosen und von der eigenen Wahrheit erfüllten Wünsche, voller Vertrauen in die eigene Seele und in das Leben und die Götter.

Aus dem Bewußtsein über die gewählte Gemeinschaft heraus in seinen Wünschen für die eigenen Bewegungen ausdrücken, wer man ist: Sonnengeflecht und Halschakra lassen das Herzchakra im Leben erstrahlen.

Das mittlere Chakren-Paar entfaltet sich im Wachen – es erschafft ein klares Bewußtsein über die Situation, in der man steht, und trifft klare Entscheidungen darüber, was man dort tun will. Sie lassen aus dem Lebenstraum des ersten Chakrenpaares, das im Herzchakra verwurzelt ist, Entschlüsse darüber entstehen, wie man die eigenen Situation gestalten will. Dieses Chakren-Paar erschafft das Bewußtsein darüber, wo man in der Welt ist und welche einfachen und auch welche kreativen Möglichkeiten es dort gibt und was man dort will.

Das Hara erschafft bewußte Vorstellungen über den Standpunkt und die Haltung und den Rhythmus, den man in der Welt einnehmen will; das Dritte Auge erschafft Pläne für die Gemeinschaft und die Art der Welt, in der man leben will. Im Hara wächst das Bewußtsein für den eigenen Körpers heran – und man stellt sich so in die Welt, wie man ist; im Dritten Auge entfalteten sich das Bewußtsein für eine Gemeinschaft, die man gewählt hat, und für die Welt, in der man lebt – und prägt sie durch das, was man ist.

Beide Chakren entstehen aus dem ersten Chakrenpaar heraus, das wiederum im Herzchakra verankert ist. Solange sie auf das erste Chakrenpaar bezogen bleiben und sich nicht in ihren Taten in der Welt zu verlieren beginnen, sind sie klar, sicher, beständig in der Selbsttreue, flexibel in der Umsetzung, stark in ihrem Standpunkt, freundlich in ihrem Umgang mit anderen, weise in ihren Entscheidungen und mit einem wachen Blick auf sich selber und auf ihre Gemeinschaft.

Aus dem Bewußtsein über die Situation der eigenen Gemeinschaft heraus durch seinen eigenen Standpunkt und die eigene Haltung das ausdrücken, wer man ist: Hara und Drittes Auge lassen das Herzchakra im Leben erstrahlen.

Das äußere Chakren-Paar entfaltet sich in der Ekstase – es erschafft die Begeisterung in der Begegnung im Hier und Jetzt und es orientiert sich an der Wahrnehmung des Ganzen und an der eigenen Einheit mit dem Ganzen. Sie lassen aus der durch das zweite Chakren-Paar bewußt gestalteten Situation heraus den bewegenden, berührenden, aufregenden, intensiven Kontakt mit dem Hier und Jetzt und dem Alles-Ewigen-Einen entstehen – aus dem Herzchakra heraus entspringt der Lebenstraum des inneren Chakren-Paares, der im mittleren Chakren-Paar zu der bewußten, wachen Gestaltung der eigenen Lebenssituation wird, aus der schließlich die Begegnung mit der Welt des äußeren Chakrenpaares entsteht. Dieses Chakren-Paar erschafft in der Begegnung mit der Welt das Erleben dessen, was man ist.

Das Wurzelchakra öffnet das Bewußtsein für das Erleben der Begegnung mit allen Sinnen von dem Erleben des Geschmacks einer Erdbeere über das Streicheln einer zärtlichen Hand bis hin zum Orgasmus; das Scheitelchakra öffnet das Bewußtsein für das Erleben für die Welt als Ganzes von der Freude über das Erleben neuer Orte über das Erwachen des Vertrauens in die Welt und der Verantwortung für die Welt bis hin zur Erleuchtung. Im Wurzelchakra entfacht sich das Feuer im eigenen Körpers – und bereichert so sich und die Welt mit dem, was man ist; im Scheitelchakra erstrahlt das Licht des Bewußtseins – und weitet es auf die gesamte Welt aus.

Die beiden äußeren Chakren entstehen aus dem zweiten Chakrenpaar heraus, die sich wiederum aus dem ersten Chakrenpaar heraus entfaltet haben, das wiederum im Herzchakra verankert ist. Solange die beiden äußeren Chakren auf das zweite

Chakrenpaar bezogen bleiben und sich nicht in der Suche nach immer intensiveren Erlebnissen verlieren, sind sie entschieden, freudevoll, beständig in der Selbsttreue, flexibel in der Umsetzung, feurig in ihrer Begeisterung, berührend in ihrem Umgang mit anderen, weitsichtig in ihrem Verhalten und ein Schatz der Bereicherung für sich und alle anderen.

Aus dem Bewußtsein über das Ganze im Hier und Jetzt das ausdrücken, was man ist: Wurzelchakra und Scheitelchakra lassen das Herzchakra im Leben erstrahlen.

- - -

Die vier verschiedenen Chakren-Bereiche, d.h. 1. das Herzchakra in der Mitte der Brust, 2. das Sonnengeflecht und das Halschakra, 3. das Hara (kurz unter dem Nabel) und das Dritte Auge; und 4. das Wurzelchakra (zwischen Genitalien und After) und das Scheitelchakra, entsprechen den vier Bewußtseinsformen:

Thema	Chakrenbereich			
	Herzchakra	*Sonnengeflecht + Halschakra*	*Hara + Drittes Auge*	*Wurzelchakra + Scheitelchakra*
Bewußt-sein	Tiefschlaf	Traum	Wachen	Ekstase

Zu ihnen gehören auch bestimmte Äußerungen der Psyche – die jeweils auch eine „Blüte" haben.

Zum Wachen gehört das Denken – das sollte möglichst klar, präzise und zielgerichtet sein und am besten noch durch Überblick und Intuition unterstützt werden. Im Denken gibt es auch so etwas wie einen „völlig nüchternen, aber begeisternden Rausch der Klarheit" – das ist die „Blüte des Denkens".

Zur Ekstase gehören die Sinne – das Erleben, die Offenheit, die Bereitschaft, die Leidenschaft, die Hingabe … und ein gutes Gespür dafür, was einem guttut und was nicht. Wenn diese Fähigkeit etwas weiter als üblich zu erwachen beginnt, kann man vollkommen ergriffen einen Grashalm betrachten, der durch diese Ergriffenheit wie zu leuchten scheint – das ist die „Blüte der Sinne".

Zum Traum gehört das Fühlen und das Wünschen und das Wollen. Im Traum wird nichts verborgen, da fühlt man hemmungslos, da will man hemmungslos, da erscheint alles im Extrem. Das Wollen, das Wünschen und das Fühlen haben alle drei dieselbe Geste: Sie gehen von einem selber aus in die Welt hinein, sie wollen etwas haben oder tun, sie wünschen etwas herbei – und bei den Gefühlen wird die Welt zudem bewertend wahrgenommen, sodaß man erlebt, was das, was einem begegnet, für einen bedeutet. Wenn dieses hemmungslose Wollen, Wünschen und Fühlen im Sonnengeflecht und im Halschakra sicher im Herzchakra verankert ist, dann entsteht als „Blüte des Fühlens" das Strahlen eines Menschen.

In der Mitte, im Herzchakra liegt die Identität. Das Wollen wird oft mit dem Ich gleichgesetzt – doch das Herzchakra und die Seele in ihm ist im Zustand des Tiefschlafs, d.h. sie ruht in sich selber, ist von Selbstliebe erfüllt, sie ist sich selber genug, sie erlebt sich selber; sie hat den Wunsch, sich auszudrücken und sich selber zu erleben (sonst hätte sie sich nicht inkarniert), aber sie bleibt immer unabhängig von ihren Erlebnissen und auch davon, wie ihr ihr Selbstausdruck gelingt. Die Blüte dieses Zustandes ist das leise Lächeln des Buddha und der altägyptischen Statuen – der Zustand der selbsterfüllten und selbsterwärmenden Richtigkeit: Selbstgewißheit und Selbstliebe.

Thema	Chakrenbereich			
	Herzchakra	*Sonnengeflecht + Halschakra*	*Hara + Drittes Auge*	*Wurzelchakra + Scheitelchakra*
Bewußt-sein	Tiefschlaf	Traum	Wachen	Ekstase
Bewußt-seinstätig-keit	das leise Lächeln des Buddha	Wollen, Wünschen, Fühlen	Denken	Spüren, Erleben
Blüte der Bewußt-seinstätig-keit	Selbstgewißheit und Selbstliebe	Strahlen eines Menschen	„Rausch der Klarheit"	weit offene Sinne, Ekstase

Häufig wird nicht zwischen dem Herzchakra und dem Sonnengeflecht/Halschakra unterschieden – oder anderes gesagt, zwischen der Identität und dem Wollen, Wünschen und Fühlen. Das führt dann auch dazu, daß man nicht mehr zwischen Freundschaften/Beziehungen und sich selber klar unterscheiden kann – der geliebte Mensch nimmt in dem Bewußtsein die Stelle des Ichs oder gar der Seele ein. Das geht nicht gut …

Es gibt noch ein einige weitere Eigenschaften in diesen vier Bereichen, die recht wichtig sind:

Die Ekstase des Wurzelchakras und des Scheitelchakras ist im Hier und Jetzt –

sonst könnten diese beiden Chakren nicht ganz im Erleben sein. Da dies im Augenblick geschieht, ist das Erleben immer wieder neu und kann nicht exakt wie zuvor wiederholt werden.

Das Wachbewußtsein des Haras und das Dritten Auges sind in der „normalen Zeit", d.h. in der Beobachtung der kausalen Zusammenhänge, also in Vergangenheit, Gegenwart und Zukunft – sonst könnte es nicht den Alltag organisieren und das jeweils optimale Vorgehen erkennen. Dieses Koordinieren ist der augenblicklichen Situation verankert und ändert sich daher häufig.

Das Fühlen im Sonnengeflecht und im Halschakra sind auf die Ewigkeit hin ausgerichtet, denn das Fühlen will stets hemmungslos alles und für immer – die Zeit ist hier ein gestaltender Strahl vom Herzen bis in die fernste Zukunft. Diese Ausrichtung dieses Strahlens ist in der eigenen Identität verankert und ändert sich daher nur selten.

Die Identität und die Seele im Herzchakra sind zeitlos und unabhängig von dem, was im Verlaufe eines Lebens geschieht und bleibt ein Leben lang weitgehend gleich.

Eine ähnliche Betrachtung läßt sich nicht nur zu der Weise, wie man in den vier Bereichen die Zeit wahrnimmt, sondern auch zu der Weise, wie man den Raum wahrnimmt, anstellen:

Die Ekstase des Wurzelchakras und des Scheitelchakras ist im Hier und Jetzt – sie sind daher punktförmig.

Das Wachbewußtsein des Haras und das Dritten Auges sind wach in der gegenwärtigen Situation anwesend, aber sehen auch die Vorgeschichte und die vermutliche weitere Entwicklung sowie den gesamten, für die derzeitige Tätigkeit relevanten Umraum.

Das Fühlen im Sonnengeflecht und im Halschakra sind auf ein größtmögliche Ziel hinausgerichtet – sie sind daher wie ein Strahl durch den Raum vom Ich zum Ziel.

Die Identität und die Seele im Herzchakra sind wie ein gefüllter Raum …

Schließlich ist mit diesen vier Bereichen auch eine bestimmte Haltung und Vorgehensweise verbunden:

Die Ekstase des Wurzelchakras und des Scheitelchakras ist im Hier und Jetzt – sie ist das vollkommen unstrukturierte Erleben, das die Ekstase entstehen läßt.

Das Wachbewußtsein des Haras und das Dritten Auges sind wach in der gegenwärtigen Situation anwesend und organisieren sie durch Logik und Entscheidungen.

Das Fühlen im Sonnengeflecht und im Halschakra sind hemmungslos und wie ein Strahl auf ein größtmögliche Ziel hinausgerichtet – dieses Wünschen ruft eine Resonanz in der Welt hervor, die als Magie die Entsprechungen zu den Wünschen zu dem Menschen holt.

Die Identität und die Seele im Herzchakra sind ein einfaches „da sein" …

Diesen unterschiedlichen Eigenschaften der vier Bereiche entsprechen auch vier verschiedene Handlungsweisen:

Im Herzchakra ruht man in sich selber.

Im Sonnengeflecht und im Halschakra wünscht man sich die idealen Lebensumstände. Dabei sollte man darauf achten, daß man diese Wünsche zwar in jeder Situation an das jeweils bestmögliche Ziel bindet, aber niemals vergessen, daß die Quelle der Wünsche im Herzen und nicht in der Welt liegt. Daher sollten Wunsch und Ziel zwar miteinander verbunden werden, aber niemals verwechselt werden oder „aneinanderwachsen".

Im Hara und im Dritten Auge wird nach dem jeweils besten Weg gesucht, um sich die eigenen Wünsche zu erfüllen.

Im Wurzelchakra und im Scheitelchakra wird schließlich die Erfüllung dieser Wünsche erlebt – und zudem jegliche Situation, in die man gerät.

Thema	Chakrenbereich			
	Herzchakra	*Sonnengeflecht + Halschakra*	*Hara + Drittes Auge*	*Wurzelchakra + Scheitelchakra*
Bewußt- sein	Tiefschlaf	Traum	Wachen	Ekstase
Bewußt- seinstätig- keit	das leise Lächeln des Buddha	Wollen, Wünschen, Fühlen	Denken	Spüren, Erleben
Blüte der Bewußt- seinstätig- keit	Selbstgewißheit und Selbstliebe	Strahlen eines Menschen	„Rausch der Klarheit"	weit offene Sinne, Ekstase
Zeit	zeitlos; beständig	strahlförmig in die Ewigkeit; in der Identität ver- ankert – verändert sich nur selten	„normaler Zeit- verlauf"; auf die Situation bezogen – ändert sich oft	Hier und Jetzt; immer wieder neu – kann nicht wie- derholt werden
Blick- winkel	gefüllter Raum	strahlförmig	überall	punktförmig
Bereich	„da-sein", integriert, einheitlich	Analogiewirkung en, Magie	kausale Abläufe	Hier und Jetzt
Hand- lungs- weise	in sich ruhend	Lebensumstände wünschen, aber nicht ganz Kon- kretes (Mensch, Ort, Ereignis u.ä.)	sich für etwas Konkretes ent- scheiden und schauen, ob es umsetzbar ist	Kontakt

Im Herzchakra ist die Identität, die dann im Sonnengeflecht und im Halschakra zu einem hemmungslosen und daher magisch wirksamen Wünschen werden sollte. Bei diesem Übergang ist es wichtig, daß man sich selber und die eigenen Wünsche unterscheidet, da man sich sonst mit anderen Menschen oder Dingen identifiziert oder von ihnen abhängig wird.

Im Hara und im Dritten Auge schaut man, wie man diese Wünsche konkret in der augenblicklichen Situation anstreben und umsetzten kann. Hier ist es wichtig, daß man sich zwar entschließt, mit einem Menschen eine Beziehung einzugehen, an einen

Ort zu reisen, einen Beruf zu wählen usw. (sonst können die Wünsche nicht verwirklicht werden), aber zugleich zu wissen, daß diese Entschlüsse stets den sich verändernden Situationen angepaßt werden müssen – sonst können die eigenen Wünsche nicht mehr verwirklicht werden, sonst beginnt der Selbstausdruck ins Stocken zu geraten. Gefühle neigen dazu, sich Ewigkeit zu wünschen, aber davon sollte sich das Denken nicht anstecken lassen, da es sonst in Dogmatismus, Fanatismus und allgemeine Erstarrung geraten könnte, die nicht mehr viel mit der eigenen Identität zu hat.

Im Wurzelchakra und im Scheitelchakra erlebt man den Augenblick. Damit dies möglich ist, muß der wache Verstand im Hara und im Dritten Auge die passenden Situationen auswählen, aber dann die Psyche freigeben, damit man ganz in den Augenblick eintauchen kann.

Es ist sehr förderlich, diese vier Bereiche genau unterscheiden zu können:

Der Verstand kann nicht entscheiden – nur die Gefühle.
Der Verstand kann nicht erleben – nur die Sinne.
Der Verstand ist nicht die Identität – die ruht in der Selbstliebe der Seele im Herzchakra.

Das Gefühl ist nicht die Identität – sie ist nur deren Selbstausdruck.
Die Gefühle sind nicht der Verstand – das Gefühl wählt die Richtung und der Verstand sucht den Weg.
Das Gefühle ist nicht das Erleben – die Gefühle sind der Blick auf das, was man selber ist, und das Erleben ist der Blick auf das, was die Welt ist.

Das Zusammenspiel dieser vier Bereiche bestimmt die Art der Bindung, die ein Mensch eingeht – ob sie flexibel, belastbar, belebend, voller Eigenständigkeit und freudevoll ist oder ob sie aufgrund einer unklaren Unterscheidung der vier Bereiche zu Abhängigkeiten, Einsamkeit, Unselbständigkeit, Streßanfälligkeit oder anderen Bindungs- und Beziehungsproblemen führt.

Die Eheschließungs-Formeln in den heutigen Religionen stellen so gut wie alle die Identität der beiden Heiratenden unter den Entschluß, daß sie ewig zusammenbleiben – und manchmal stellen sie auch den Willen der Frau unter den Willen des Mannes. Hier wird die gewählte äußere Form, also der Bereich des Haras und des Dritten Auges, über das Herzchakra gestellt. Diese Form kommt nur in den monotheistischen Religionen vor – die eine Wahrheit des einen Gottes wird auch auf die Beziehungen überragen, in denen es daher auch nur eine Wahrheit und daher nur eine Beziehung geben kann/soll/darf.

In Religionen, die Ausdruck eines magisch-mythologischen Weltbildes sind, in dem es viele verschiedene Gottheiten gibt, erscheint die Ehe hingegen als Entschluß von zwei Menschen, gemeinsam zu leben, weil es das ist, was sie wollen und anstreben –

aber beide bleiben darin weiterhin frei. Das bedeutet nicht, daß man das gemeinsame Leben leichtfertig beendet, sondern nur, daß man jederzeit die Treue zu sich selber an die erste Stelle stellt und dem eigenen Gespür für die Richtigkeit folgt.

- - -

Die größten Probleme finden sich im Sonnengeflecht und im Halschakra – in diesen beiden Traum/Gefühls-Bereichen finden sich auch die Traumata. Aus der Sicht des Chakrensystems ist ein Trauma das Bild eines heftigen Erlebnisses, das soviel Lebenskraft an sich gebunden hat, daß es eine Eigenschwingung entwickelt hat und autonom geworden ist. Dadurch ist es in der Lage, anstelle der Seele die Vorgänge im Gefühls- und Traumbereich zu prägen und zu lenken und dadurch den Selbstausdruck des Menschen bisweilen massiv einzuschränken.

Ein sekundäres Problem eines Traumas ist es, daß es nicht nur die Vorgänge an der Grenze zwischen Herzchakra und Sonnengeflecht/Halschakra, also zwischen Identität und Gefühl stört und daß das Trauma im schlimmsten Fall zu einer Ersatzpersönlichkeit heranwachsen kann, sondern daß das Trauma auch die Vorgänge an den beiden anderen Übergängen stören kann – dann greift das Fühlen, d.h. die Ängste des Traumas in das Denken ein und verzerrt es und blockiert evtl. auch das Erleben.

Als letztes entsteht durch das Trauma auch eine innere Spaltung: man will etwas (der Impuls aus dem Herzchakra), aber hat Angst vor der Erfüllung der Wünsche (der Impuls aus dem Trauma). Daraus ergibt sich dann ein „Ja, aber …"-Wunsch. Solch ein Wunsch hat im Gegensatz zu den hemmungslosen Wünschen des heilen Zustandes, die mit einem Strahlen des Menschen verbunden sind, entweder gar keine Wirkung oder führt auch zu einem „Ja, aber …"-Ergebnis, der ein Spiegelbild des „Ja, aber …"-Wunsches ist. Solch ein Wunsch enthält die Erfüllung des eigentlichen, aus dem Herzen stammenden Wunsches, aber zugleich auch eine Einschränkung, die der Angst in dem Trauma entspricht … und die das Genießen der Erfüllung dieses „Ja, aber …"-Wunsches oft fast unmöglich macht.

- - -

Die wichtigsten bisherigen Erkenntnisse zu der „sinnvollen Haltung im Leben" in diesem Buch lassen sich in zehn Sätzen zusammenfassen, die vor allem auf der Unterscheidung der vier Bereiche beruhen:

1. Der Nährboden ist das Vertrauen in Mutter Erde, die Geborgenheit bei ihr.

2. Aus diesem Vertrauen heraus kann man sich der Weite der Welt öffnen und freudig annehmen, was der Himmel einem sendet.

3. Die Heimat liegt in der Selbstliebe im eigenen Herzen – die eigene Seele ist die innere Sonne.

4. Das Wollen, Wünschen und Fühlen sollte hemmungslos und stets auf auf den größtmöglichen Selbstausdruck und die größtmögliche Selbsterfüllung ausgerichtet sein.

5. Man sollte stets den größtmöglichen Selbstausdruck anstreben und sich an ihm erfreuen, aber vollkommen unabhängig davon bleiben, ob man ihn erreicht oder nicht – dann ist man unabhängig von Erfolg und Mißerfolg, von Erreichen und Scheitern, von Beziehung und Trennung.

6. Man sollte so sicher in sich selber, in der Sonne im eigenen Herzen ruhen und von der eigenen Selbstliebe erfüllt sein, daß nichts im Außen das innere Lächeln erschüttern kann.

7. Die Selbstliebe sollte stets unabhängig von allen Ereignissen vollkommen sein und alles Wollen, Wünschen und Fühlen mit ihrem Licht erwärmen.

8. Man sollte sich aufrichtig zeigen und sein, wie man ist, und dann kreativ nach Wegen suchen, das zu leben, was man ist – dabei sollte man keine faulen Kompromisse eingehen.

9. Man sollte die vier Bereiche der Identität (Herzchakra), des Fühlens Sonnengeflecht und Halschakra), des Denkens (Hara und Drittes Auge) und des Erlebens (Wurzelchakra und Scheitelchakra) möglichst klar unterscheiden können.

10. Man sollte mit dem Wandel fließen und jeden Augenblick mit jeder Faser des eigenen Wesens spüren und erleben und tanzen – aus dem Bewußtsein über das Ganze heraus und im eigenen Herzen ruhend im Hier und Jetzt sein.

XXI Die vier Formen der Bindung

Die sechs Zwischenchakren zwischen den sieben Hauptchakren und auch die jeweils zwei Nebenchakren dieser sechs Zwischenchakren sind die Tore zwischen den sieben Bereichen der sieben Hauptchakren. Sie sind daher sowohl Grenzen als auch Verbindungen und Transformatoren, also Orte der Verwandlung der Dinge, die von dem einen in den anderen Bereich übergehen.

Daher bestimmen die sechs Zwischenchakren zusammen mit ihren jeweils zwei Begleitern auch die Form der Bindungen, die ein Mensch eingeht.

Die sieben Hauptchakren stellen allgemeine Zustände dar:

- das Herzchakra die Identität und den Tiefschlaf,
- das Sonnengeflecht und das Halschakra das Träumen, das Wollen, die Wünsche und das Fühlen,
- das Hara und das Dritte Auge das Wachen und das Organisieren, und
- das Wurzelchakra und das Scheitelchakra schließlich die Ekstase und die Begegnung.

Die Hauptchakren sind Bereiche, die eine bestimmte Menge an Lebenskraft enthalten. Störungen in den sechs äußeren Hauptchakren sind daher auch eine Störung des Energieniveaus, also Ungleichgewichte in der Verteilung der Lebenskraft in den Hauptchakren.

Die Zwischenchakren sind Grenzen und Tore, die den Fluß der Lebenskraft regulieren. Störungen in den sechs Zwischenchakren sind daher auch Störungen der Abgrenzung, der Bindung und der Verwandlung.

Es lohnt sich für das Verständnis der Zwischenchakren, sich einmal die vier Bindungs-Typen anzuschauen, die heute in der Psychologie unterschieden werden – sie sollten eigentlich auch vier mögliche verschiedene Zustände der Zwischenchakren beschreiben.

1. die sichere Bindung

Für Kinder dieses Typs sind die Erwachsenen, also in der Regel die eigenen Eltern der sichere Halt und Bezugspunkt in der Welt. Wenn die Eltern nicht mehr zu sehen sind, weinen sie, damit die Eltern zurückkommen. Kommen die Eltern dann wieder, wollen sie Kontakt zu ihnen, also z.B. auf den Arm genommen werden, woraufhin sie sich schnell wieder beruhigen. Die Eltern sind das „sichere Basislager" dieser Kinder für ihre „Forschungsreisen" in die unbekannte Welt.

Gehen die Eltern fort und sind nicht mehr zu sehen, entsteht Streß in dem Kind, aber wenn sie zurückkehren, wird der Streß auch schnell wieder abgebaut. Kind und Eltern nehmen einander wahr, verstehen die emotionalen Signale des anderen und reagieren recht schnell darauf. Sie verständigen sich z.T. durch Blicke von der Art wie „Ist das sicher, wenn ich das mache?" und „Ja, das ist o.k."

Solche Kinder sind optimistisch und schauen voller Vertrauen und Vorfreude in die Welt. Sie zeigen ihre Gefühle und sie können zum Teil auch die Hilfe und den Rückhalt fremder Menschen annehmen.

Als Erwachsene gehen sie Bindungen ein, die durch Freiheit, Selbstvertrauen, Beständigkeit, Krisenfestigkeit, Achtung vor dem anderen und Mitgefühl geprägt sind. Sie wissen, welche Wirkung ihr Verhalten hat und können auch den anderen recht gut einschätzen. Die eigenen Eltern werden klar gesehen und man kann sich daher auch von ihnen unterscheiden und den eigenen Weg gehen.

Diese Menschen lassen aufgrund ihrer autonomen Bindung bei ihren Kindern ebenfalls sichere Bindungen entstehen.

Erfreulicherweise haben ca. 60-70% der Menschen diese Form der Bindung.

Menschen mit diesem Bindungstyp sind offenbar in der Lage, in sich zu ruhen (Herzchakra), ihre Bedürfnisse auszudrücken (Sonnengeflecht) und sich vertrauensvoll in eine Gemeinschaft zu stellen (Halschakra), einen eigenen Standpunkt zu vertreten (Hara), die anderen wahrzunehmen und wertzuschätzen (Drittes Auge) und schließlich sowohl Nähe zu genießen (Wurzelchakra) als auch in Vertrauen in die Welt und in Verantwortung für die Welt (Scheitelchakra) zu leben.

2. die unsicher-vermeidende Bindung

Diese Kinder scheinen ihre Eltern nicht zu brauchen und beschäftigen sich lieber mit Dingen als mit Menschen. Wenn ihre Eltern fortgehen, ignorieren sie das einfach und tun so, als ob nichts geschehen wäre. Wenn die Eltern zurückkehren, wird dies ebenfalls ignoriert. Manchmal sind sie gegenüber Fremden kontaktfreudiger als gegenüber den eigenen Eltern.

Diese Kinder erleben bei dem Fortgehen der Eltern ebenfalls Streß, aber sie zeigen ihn nicht. Der Streß bleibt (wie u.a. der erhöhte Cortisolspiegel im Blut zeigt) auch nach der Rückkehr der Eltern noch lange weiterbestehen.

Solche Kinder glauben eher an das Schreckliche als an das Gute und sie zweifeln daran, daß ihre Eltern zurückkehren werden. Sie freuen sich nicht auf die Zukunft, sondern glauben, daß das, was sie wollen, nicht erfüllt werden wird. Sie haben kein

Vertrauen darin, daß es in ihrem Leben Liebe gibt oder daß sie gar einen Anspruch auf Liebe hätten. Folglich vermeiden viele von ihnen systematisch jede Bindung.

Die Ursache dieses Bindungstyps ist offenbar das Erlebnis des Verlassenwerdens von den eigenen Eltern über einen längeren Zeitraum hin. Durch dieses Erlebnis sind sie zu dem Schluß gekommen, daß Bindungen unzuverlässig sind und vor allem Schmerz bereiten.

Manche dieser Kinder passen sich extrem an oder entwickeln Zwangsverhalten oder bedrohen andere auf aggressive Weise, um das zu erhalten, was sie haben wollen.

Als Erwachsene entwickeln solche Kinder ein distanziertes Verhältnis zu anderen Menschen und vermeiden Beziehungen. Sie haben in der Regel nur wenig Erinnerungen an die eigenen Kindheit, die sie verdrängen, um nicht den Schmerz des Verlassenseins fühlen zu müssen. Um diese Verdrängung zu erreichen, werden die Eltern idealisiert – das leuchtende Bild von Vater und Mutter soll die Schatten in der eigenen Psyche verbergen.

Diese Erwachsenen wollen unabhängig sein und weisen Hilfe von anderen ab. Sie sind Einzelgänger. Oft können sie weder Wut noch Trauer spüren, da sie diese verdrängt haben, weil sie einfach zu groß sind.

Als Eltern unterstützen diese Menschen ihre Kinder vor allem dann, wenn die Kinder etwas zu erreichen versuchen, aber zu emotionaler Anteilnahme oder zu einem offenen Ohr für die Sorgen ihrer Kinder sind sie kaum in der Lage – das würde zu sehr an ihre eigene verdrängte Wut und ihre eigene Trauer rühren. Stattdessen setzen sie alles auf äußeren Erfolg und üben einen hohen Leistungsdruck auf ihre Kinder aus.

Zu diesem Bindungstyp gehören 10-15% der Menschen.

Menschen mit diesem Bindungstyp haben offenbar einen Teil ihrer Lebenskraft aus ihrem Scheitelchakra zurückgezogen, weil sie nicht mehr an wohltuende Bindungen und Begegnungen glauben. Wenn sie in die Welt blicken, sind sie zudem mehr an Objekten als an Menschen interessiert – eine spezielle Form des Energiestaus im Wurzelchakra.

Sie bauen auf ihren eigenen inneren Halt (zuviel Lebenskraft im Hara) und reduzieren ihr Interesse an anderen (zuwenig Lebenskraft im Dritten Auge).

Schließlich orientieren sie sich vollständig auf die eigenen Bedürfnisse (zuviel Lebenskraft im Sonnengeflecht) und kümmern sich nicht mehr um andere (zuwenig Lebenskraft im Halschakra).

Dieser Bindungstyp hat zuviel Lebenskraft in den drei unteren Chakren und zuwenig Lebenskraft in den drei oberen Chakren. Diese Menschen sehen die Welt letztlich nur noch als Ansammlung von Objekten, mit denen sie tun, was sie wollen. Ihre Verbindung mit anderen Menschen reduziert sich auf eine formalen Ebene – sie greifen gierig nach den Dingen und Menschen (die als Objekt gesehen werden), die sie haben wollen wollen (zuviel Lebenskraft im Wurzelchakra), sie drücken ihren eigenen Standpunkt in egozentrisch-egoistischer Weise durch (zuviel Lebenskraft im Hara) und kümmern sich ausschließlich und rücksichtslos um das, was sie selber wollen (zuviel Lebenskraft im Sonnengeflecht).

Bei Menschen mit diesem Bindungstyp findet man die Süchtigen (zuviel Lebenskraft im Wurzelchakra, zuwenig im Scheitelchakra), die Täter (zuviel Lebenskraft im Hara, zuwenig im Dritten Auge) und die Stars (zuviel Lebenskraft im Sonnengeflecht, zuwenig im Halschakra).

Ihnen ist gemeinsam, daß sie die eigenen ursprünglichen Bedürfnisse und Gefühle verbergen und sich stattdessen eine Ersatzwelt aus Leistung und Macht aufbauen. Sie sehen sich letztlich im Extremfall als das unsterbliche, allmächtige Zentrum der Welt an, für die alles andere nur das Bühnenbild und die Schachfiguren ihres eigenen Spiels sind, über die sie nach Belieben verfügen können.

3. die unsicher-ambivalente Bindung

Das Grundproblem dieser Kinder ist ebenfalls meistens eine lange Trennung von ihren Eltern, doch sie reagieren genau entgegengesetzt wie die Menschen mit der unsicher-vermeidenden Bindung. Wenn die Eltern fortgehen, sind sie völlig verunsichert, weinen, laufen ihnen hinterher und brechen völlig zusammen. Wenn ihre Eltern zurückkehren, klammern sie sich an diese und wollen sie nicht wieder loslassen. Sie können auch fast garnicht den Kontakt zu anderen Menschen annehmen. Der Streßpegel bleibt auch bei ihnen lange Zeit nach der Rückkehr der Eltern noch sehr hoch. Der Streß beginnt schon bei dem geringsten Anzeichen, daß die Eltern gehen könnten – und manchmal beginnt der Streß auch schon einfach deshalb, weil es ja die Möglichkeit geben könnte, daß die Eltern gehen könnten.

Diese Kinder sind überängstlich und geradezu abhängig von ihren Eltern, da die Eltern nicht ausreichend auf die Bedürfnisse des Kindes eingehen. Die Unberechenbarkeit des Verhaltens der Eltern führt dazu, daß die Kinder ständig danach streben, die Bindung zu den Eltern aufrechtzuerhalten – statt in Vertrauen in einer sicheren Bindung zu ruhen.

Da das Kind ständig damit beschäftigt ist, herauszufinden, was die Eltern wohl als nächstes tun werden, kommt es nur wenig oder garnicht dazu, sich auf die Entdeckungsreise in die Welt hinaus zu begeben – die Eltern binden die gesamte Aufmerksamkeit und Kraft des Kindes an sich. Sie haben wenig oder garkeine Hoffnung, daß aus der Welt irgendetwas Gutes zu ihnen kommt. Sie leben bei ihren Eltern wie in der „Fremde".

Im Extrem führt diese Art der Bindung zu zwanghaftem Verhalten, mit der die eigene Angst und Unsicherheit kontrolliert werden soll, oder zu anderen mehr oder weniger absurden Verhaltensweisen, die ein hilfloser Versuch sind, als potentielles Opfer in einer feindlichen Welt zu überleben.

Als Erwachsene werden diese Menschen oft geradezu anfallmäßig von ihren Gefühlen und somit auch von ihren Kindheitserinnerungen überflutet. Sie versuchen in ihren Beziehungen ihre Ängste und ihre Wut dadurch in Schach zu halten, daß sie den Partner idealisieren, wobei ab und zu ihre Wut und ihr hoher Anspruch an den anderen an die Oberfläche durchbrechen kann, woraufhin sie dann den Partner beschimpfen. Sie bleiben in ihrem Verhalten stets von ihrem Partner abhängig, weshalb dieser Bindungstyp bei einem Erwachsenen auch „verstrickter Bindungstyp" genannt wird.

Als Eltern fühlen sie sich selber schwach und unfähig – sie können ihren Kindern nicht die gelassene Sicherheit geben, die ihnen selber gefehlt hat. Dadurch entwickeln sie einen sehr hohen Anspruch sich selber, der sich vor allem auf die Fürsorge für den anderen bezieht – sie können es nicht aushalten, wie ihre Eltern zu sein. Manche vernachlässigen ihre Kinder auch einfach – und wiederholen die Muster ihre Eltern ohne den Versuch eines Änderung dieses Musters. Das Gegenextrem ist das endlose Verwöhnen und Umsorgen der eigenen Kinder.

So wie diese Eltern als Kinder die Rolle des Erwachsenen für ihre Eltern übernommen haben, so können nun die Kinder dieser Menschen der Halt für diese Menschen werden, wenn sie zu Eltern geworden sind. Dadurch wird das Muster „das Kind übernimmt die Elternrolle" in die neue Generation hinein weitergetragen.

Die Ablösung solcher Kinder von ihren Eltern ist ausgesprochen schwierig. Das macht auch die Entwicklung der eigenen Identität recht mühsam.

Zu diesem Bindungstyp gehören ebenfalls ca. 10-15% der Menschen.

Menschen von diesem Bindungstyp haben offenbar einen Teil ihrer Lebenskraft aus ihrem Wurzelchakra zurückgezogen, weil sie nicht mehr an wohltuende Erlebnisse glauben. Sie geben manchmal auch ihre Sexualität auf, obwohl sie eine Sucht nach Nähe haben. Wenn sie in die Welt blicken, sehen sie vor allem den Menschen, von dem sie ihre bisher unerfüllten Wünsche nach einer sicheren Bindung erfüllt haben wollen – hier staut sich ein großer Teil der Lebenskraft im Scheitelchakra.

Sie haben keinen inneren Halt (zuwenig Lebenskraft im Hara) und schauen sich ängstlich und heimlich um, um zu sehen, was wohl auf sie zukommen mag und was die anderen und vor allem ihr Beziehungspartner tut (zuviel Lebenskraft im Dritten Auge).

Schließlich haben sie Hemmungen, einfach das zu tun, was sie gerade tun wollen und was sie gerne tun (zuwenig Lebenskraft im Sonnengeflecht) und versuchen stattdessen, alles, was die anderen und vor allem der Beziehungspartner tatsächlich oder vermeintlich von ihnen wollen, möglichst im Übermaß zu erfüllen (zuviel

269

Lebenskraft im Halschakra).

Dieser Bindungstyp hat zuviel Lebenskraft in den drei oberen Chakren und zuwenig Lebenskraft in den drei unteren Chakren. Diese Menschen haben letztlich Angst vor der Welt und versuchen ihre Beziehung durch Selbstaufgabe, Dienen, Aufopferung, Hinterherlaufen u.ä. zu schützen. Sie sind auf eine extrem emotionsgeladene Weise mit anderen Menschen verbunden und sehen sich selber kaum noch, sondern nur ihre Sehnsucht nach verläßlicher Nähe – sie können nicht mehr ohne den Beziehungspartner leben (zuviel Lebenskraft im Scheitelchakra), sie lieben und verehren und idealisieren und loben den anderen (zuviel Lebenskraft im Dritten Auge) und sie betteln um die Erlaubnis, bei dem Beziehungspartner sein zu dürfen bzw. mit in der Gruppe sein zu dürfen (zuviel Lebenskraft im Halschakra).

Bei Menschen mit diesem Bindungstyp findet man die Asketen (zuwenig Lebenskraft im Wurzelchakra, zuviel im Scheitelchakra), die Opfer (zuwenig Lebenskraft im Hara, zuviel im Dritten Auge) und die Fans (zuwenig Lebenskraft im Sonnengeflecht, zuviel im Halschakra).

Ihnen ist gemeinsam, daß sie die eigenen Bedürfnisse und Gefühle ständig zeigen und ständig um Nähe und Gnade betteln.

4. die desorganisierte Bindung

Dieser Bindungstyp zeichnet sich durch Verhaltensweisen aus, die zunächst ziemlich unverständlich wirken. Sie sitzen vollkommen bewegungslos oder schaukeln („Hospitalismus") und zeigen häufig keinerlei Regungen. Sie wissen nicht, wie sie mit einer Situation umgehen sollen und haben keine halbwegs funktionieren Verhaltensmuster für den Umgang mit Streß entwickeln können. Sie fangen Handlungen an und brechen sie dann mittendrin wieder ab. Sie sind überfordert – wenn die Eltern da sind, wenn sie gehen und wenn sie wiederkommen. Ihr Lebensgefühl ist die Ohnmacht.

Wenn die Eltern gehen, geraten sie innerlich in Panik, aber wenn die Eltern zurückkommen, erstarren sie oder wenden sich ab oder drehen sich im Kreis oder fallen einfach um.

Diese Form der Bindung entsteht durch widersprüchliche Verhaltensweisen der Eltern – das Kind weiß nicht, woran es ist, und es weiß auch nicht, welche Wirkung es von welcher Handlungsmöglichkeit erwarten kann. Das Leben ist chaotisch und unüberschaubar – und auch die eigenen Eltern. Manchmal sind die Eltern fürsorglich, manchmal wird das Kind für lange Zeit verlassen, manchmal wird es mißbraucht, mal versorgen es die Eltern mit allem, zu anderen Zeiten erscheinen die Eltern dem Kind lebensbedrohlich …

Dadurch kann in dem Kind kein in sich schlüssiges und verläßliches Bild von der Welt und von den Regeln in der Welt entstehen. Folglich kann sich in dem Kind auch keine verläßliche Liste von Ursachen und auf sie folgende Wirkungen bilden. Dadurch bleibt das Kind hilflos und desorientiert und daher auch desorganisiert. Was es auch tut, ist falsch. Daher sind diese Kinder dauerhaft im Streß – der Cortisolspiegel kann niemals auf ein Normalmaß heruntersinken.

Diese Kinder haben fast nur „double-bind"-Bindungen erlebt: das was hilft, verletzt entweder gleichzeitig oder bei einer anderen Gelegenheit. Das Kind weiß nie, was als nächstes kommt und was es mit einer ausreichend großen Wahrscheinlichkeit erwarten kann.

Durch den Mangel an einem inneren, verläßlichen Weltbild kommt es bei diesem Bindungstyp überdurchschnittlich häufig zu Kontrollverlust, Überreaktionen, Mangel an einer Reaktion und zu einer unberechenbarer Impulsivität. Oft sind sie auch unaufmerksam und hyperaktiv – in ihnen fehlt der konzentrierende, korrigierende und lenkende Einfluß eines sicheren Weltbildes.

Die Eltern sind fast immer schwer traumatisiert und reagieren nicht auf die Wünsche oder die Ängste ihrer Kinder – stattdessen erstarren sie selber oder geraten durch die kleinsten Regungen ihrer Kinder in Panik.

Als Erwachsene suchen diese Menschen Halt in ihren eigenen Kindern und geben ihnen die Elternrolle oder bleiben unabhängig davon immer selber bedürftige Kinder.

Dieser Bindungstyp tritt bei Jungen/Männern deutlich häufiger auf als bei Mädchen/Frauen. Offenbar können Mädchen widersprüchliches Verhalten bei ihren Eltern besser verarbeiten als Jungen – möglicherweise fällt es Mädchen leichter, das Muster hinter dem chaotischen Verhalten ihrer Eltern zu erkennen als Jungen. Das würde der Beobachtung entsprechen, daß Frauen im Schnitt besser komplexe Vorgänge erfassen können als Männer, während Männer hingegen besser sachliche Kausal-Ketten verstehen.

Zu diesem Bindungstyp gehören 5-10% der Menschen.

Bei dem sicheren Bindungstyp ist die Lebenskraft in etwa gleichmäßig auf die sieben Chakren verteilt.

Der unsicher-vermeidende Bindungstyp leitet alle Lebenskraft in die drei unteren Chakren und versucht durch Sucht (Wurzelchakra), Härte (Hara) und Narzißmus (Sonnengeflecht) zu überleben – er ist der Süchtige, der Täter und der „Star".

Der unsicher-ambivalente Bindungstyp leitet alle Lebenskraft in die drei oberen Chakren und versucht durch Askese (Scheitelchakra), Anpassung (Drittes Auge) und Selbstaufgabe (Halschakra) zu überleben – er ist der Asket, das Opfer und der „Fan".

Bei dem desorganisierten Bindungstyp haben sich gar keine Formen und gar keine beständige Verteilung der Lebenskraft auf die sieben Chakren herausbilden können. Die Lebenskraft bewegt sich in ihrem System eher unkoordiniert und unvorhersehbar und befindet sich häufig in einer extremen Verteilung – mal in den unteren Chakren, mal in den drei oberen Chakren, und manchmal gibt das Herzchakra ganz die Steuerung des Systems auf. Daher wechselt das Verhalten auf unvorhersehbare Weise und dreht sich in Ermangelung von verläßlichen Konzepten über die Welt vor allem um sich selber und um die eigene Ratlosigkeit und Hilflosigkeit. Manchmal geben diese Menschen jegliche Bindung auf oder sie unterscheiden nicht zwischen ihnen bekannten und ihnen unbekannten Menschen. Aufgrund des Mangels an einem verläßlichen Bild über die Welt passieren ihnen viele Unfälle.

- - -

Nach dieser kurzen Beschreibung der vier Bindungstypen läßt sich nun untersuchen, in welcher Weise diese mit den „Toren" der sechs Zwischenchakren zwischen den sieben Hauptchakren in Verbindung stehen.

Bei dem unsicher-vermeidenden Bindungstyp befindet sich der Großteil der Lebenskraft in den drei unteren Chakren, wodurch er zum Süchtigen (Wurzelchakra), zum Täter (Hara) und zum „Star" (Sonnengeflecht) wird. Die Zwischenchakra-Tore lassen offenbar nur den Fluß der Lebenskraft von oben nach unten hin zu.

Die sechs Zwischenchakra-Tore scheinen daher nicht nur offen oder verschlossen zu sein, sondern die Funktion von Ventilen zu haben, die den Energiefluß nur in einer Richtung zulassen können.

Bei dem unsicher-ambivalenten Bindungstyp befindet sich der Großteil der Lebenskraft in den drei oberen Chakren, wodurch er zum Asket (Scheitelchakra), zum Opfer (Drittes Auge) und zum „Fan" (Halschakra) wird. Die Zwischenchakra-Tore lassen offenbar nur den Fluß der Lebenskraft von unten nach oben hin zu.

Bei dem desorganisierten Bindungstyp springt ein Großteil der Lebenskraft zwischen den drei unteren und den drei oberen Chakren hin und her oder hat in seiner Bewegung gar kein Muster und System. Dadurch werden diese Menschen auf unberechenbare Weise impulsiv (Sonnengeflecht/Halschakra), verhalten sich ständig wieder anders (Hara/Drittes Auge) und sind extrem sprunghaft im Kontakt (Wurzelchakra/Scheitelchakra). Die sechs Zwischenchakra-Tore können aufgrund eines fehlenden Gesamt-Konzeptes ihre regulierende Funktion nicht erfüllen.

Es stellt sich nun natürlich die Frage, welche Aufgabe die sechs Zwischenchakren in dem weitgehend gesunden Chakrensystem eines Menschen mit sicherer Bindung erfüllen und in welchem Zustand sie sich dann befinden.

Bei dem sicheren Bindungstyp sorgen die Zwischenchakren offenbar dafür, daß sich in den drei oberen und in den drei unteren Chakren in etwa gleichviel Lebenskraft befindet. Wenn die Annahme stimmt, das die sechs Zwischenchakren das regulierende Element in dem Chakrensystem sind, dann können sie wie Ventile wirken, deren Richtung man drehen kann – sie wären dann wie Lebenskraft-Pumpen, die die Lebenskraft nach beiden Richtungen hin fließen lassen können.

Sowohl bei dem unsicher-vermeidenden Bindungstyp (Süchtiger/Täter/Star) als auch bei dem unsicher-ambivalenten Bindungstyp (Asket/Opfer/Fan) ist die Ausrichtung des Lebenskraftflusses durch die Zwischenchakren starr und einseitig. Daher versucht man ein Problem zu lösen, in dem man noch mehr von demselben macht: der Süchtige will noch mehr, der Asket verzichtet auf noch mehr; der Täter will noch mehr Macht, das Opfer paßt sich noch mehr an; der Star macht sich noch größer, der Fan macht sich noch kleiner.

Bei dem desorganisierten Bindungstyp haben die Zwischenchakren keinerlei Plan und agieren und reagieren auf unberechenbare Weise.

Bei dem sicheren Bindungstyp besitzen die Zwischenchakren offenbar die Fähigkeit, den Zustand des Gesamtsystems, d.h. die Menge an Lebenskraft in den sieben Hauptchakren zu erfassen. Dafür reicht es im Grunde genommen, daß sie in der Lage sind, den Energiezustand in dem Chakra über ihnen mit dem Energiezustand in dem Chakra unter ihnen zu vergleichen. Wenn die Zwischenchakren stets danach streben, das Lebenskraft-Niveau zwischen den beiden Chakren auszugleichen, zwischen denen sie ein Tor, ein Ventil und eine Pumpe sind, wird sich nach und nach das Lebenskraft-Niveau in allen sieben Chakren einander angleichen.

In diesem „Pumpen-System" hat der Wunschbaum unter dem Brustbein zusammen mit dem Thymuschakra über dem Brustbein eine zentrale Funktion. Dies liegt daran, daß bei einer systematischen Störung entweder in den drei unteren Chakren oder in den drei oberen Chakren zuviel Lebenskraft ist – was bedeutet, daß sich bei Störungen nur an zwei Stellen ein Unterschied im Lebenskraft-Niveau befindet: zum einen im Wunschbaum zwischen dem Herzchakra und dem sich an das dieses Chakra nach unten hin anschließende Sonnengeflecht, und zum anderen im Thymuschakra zwischen dem Herzchakra und dem sich an dieses Chakra nach oben hin anschließende Halschakra.

Bei Störungen, die ein dauerhaftes, aber immer gleiches Ungleichgewicht zeigen, also bei dem unsicher-vermeidenden Bindungstyp (Süchtiger/Täter/Star) und bei dem unsicher-ambivalenten Bindungstyp (Asket/Opfer/Fan) sind der Wunschbaum und das Thymuschakra die beiden Punkte, an denen das System geheilt werden kann.

Beim unsicher-vermeidenden Bindungstyp (Süchtiger/Täter/Star), der fast die ganze Lebenskraft in die drei unteren Chakren pumpt, sollte der Wunschbaum das aktivste Zwischenchakra sein. Am Wunschbaum müßte nach dem hier beschriebenen Modell ein großer Handlungs-Druck bestehen, während am Thymuschakra ein großer Mangel und somit eine große Sehnsucht zu erwarten wäre. Der Wunschbaum müßte sich zu einem dicken, hohen, harten Damm entwickelt haben, der alle Lebenskraft unter ihm festhält; das Thymuschakra hingegen sollte schwach sein und offenstehende Tore haben – das stimmt mit meinen bisherigen Beobachtungen bei verschiedenen Ratsuchenden überein.

Bei dem unsicher-ambivalenten Bindungstyp (Asket/Opfer/Fan), bei dem sich fast die ganze Lebenskraft in den drei oberen Chakren befindet, sollte das Thymuschakra das aktivste Zwischenchakra sein. Am Thymuschakra müßte nach dem hier beschriebenen Modell ein großer Handlungs-Druck bestehen, während am Wunschbaum ein großer Mangel und somit eine große Sehnsucht zu erwarten wäre. Das Thymuschakra müßte sich zu einem dicken, hohen, harten Damm entwickelt haben, der alle Lebenskraft über ihm festhält; der Wunschbaum hingegen sollte schwach sein und offenstehende Tore haben – eine Frau mit diesem Bindungstyp hat das so beschrieben, daß sich über ihrem Brustraum eine dicke Eisenplatte befindet und daß der Bereich direkt unter ihrem Brustraum wie Pudding ist.

Bei dem desorganisierten Bindungstyp dürfen hier kaum systematische Bewegungen und Zustände aufzufinden sein.

Der Wunschbaum und das Thymuschakra übertragen beide die eigene Individualität im Herzchakra in konkrete Wünsche – der Wunschbaum idealerweise in den ungehinderten körperlichen Selbstausdruck im Sonnengeflecht und das Thymuschakra in den ungehinderten sozialen Selbstausdruck im Halschakra. Das Wünschen in beiden Chakren sollte hemmungslos sein, um das Wesen der eigenen Individualität möglichst unverfälscht ausdrücken zu können.

Bei einer Bindungsstörung ist dies offenbar nicht mehr möglich – das System beschließt dann offenbar, entweder alle Lebenskraft in die drei unteren Chakren (Angriffs-Reflex) oder in die drei oberen Chakren zu lenken (Flucht-Reflex).

Die Möglichkeit einer einseitigen Konzentration der Lebenskraft ist zunächst einmal eine sinnvolle Einrichtung, da es bei Gefahr notwendig ist, eine Entscheidung darüber zu treffen, mit welchem Verhalten man am wahrscheinlichsten überleben kann:

> Soll ich mich groß machen, brüllen und den anderen einschüchtern (Lebenskraft in das Sonnengeflecht), meine Beine fest in den Boden stemmen (Lebenskraft in das Hara) und den Gegner packen (Lebenskraft in das

Wurzelchakra)?
Dies ist die Taktik des unsicher-vermeidenden Bindungstyps.

Oder soll mich kleinmachen, mucksmäuschenstill sein und mich verstecken (Lebenskraft in das Halschakra), nach dem besten Fluchtweg suchen (Lebenskraft in das Dritte Auge) und möglichst schnell fliehen (Lebenskraft in das Scheitelchakra)?
Dies ist die Taktik des unsicher-ambivalenten Bindungstyps.

Der desorganisierte Bindungstyp steht nur da und schreit und hüpft auf der Stelle und weiß überhaupt nicht, was er tun soll.

Das Problem der beiden ersten Problembewältigungs-Methoden ist offenbar nicht, daß diese beiden Möglichkeiten (Angriff und Flucht) existieren, sondern daß das System auf einer dieser beiden Verhaltensmöglichkeiten einrasten kann und dann nach dem Ende der Gefahrensituation nicht wieder zum Ausgleich zurückkehrt.

Die dritte Problembewältigungs-Methode kann man weitgehend als einen unkontrollierten Wechsel zwischen den beiden Methoden des Angriffs (Süchtiger/Täter/ Star) und der Flucht (Asket/Opfer/Fan) auffassen.

Ein solches Einrasten auf einer extremen Verhaltensweise nach dem Ende der Gefahrensituation ist das wesentliche Merkmal eines Traumas – das Chakrensystem hat dann seine Flexibilität verloren und kann daher nicht mehr angemessen und effektiv auf neue Situationen reagieren.

Wenn in einem Menschen ein Trauma entstanden ist, gibt es sechs mögliche Grundtypen:

- die Lebenskraft wird in den drei unteren Chakren konzentriert, d.h. der Wunschbaum pumpt alle Lebenskraft nach unten:
      1. die Lebenskraft wird im Wurzelchakra konzentriert: <u>Süchtiger</u>
      2. die Lebenskraft wird im Hara konzentriert: <u>Täter</u>
      3. die Lebenskraft wird im Sonnengeflecht konzentriert: <u>Star</u>

- die Lebenskraft wird in den drei oberen Chakren konzentriert, d.h. das Thymuschakra pumpt alle Lebenskraft nach oben:
      4. die Lebenskraft wird im Scheitelchakra konzentriert: <u>Asket</u>
      5. die Lebenskraft wird im Dritten Auge konzentriert: <u>Opfer</u>
      6. die Lebenskraft wird im Halschakra konzentriert: <u>Fan</u>

Der Wunschbaum und das Thymuschakra übertragen die Identität in dem Tiefschlaf-Bereich im Herzchakra in die Wünsche in dem Traum-Bereich im Sonnengeflecht und im Halschakra. Bei der Entstehung eines Traumas entsteht im Traumbereich, also im Unterbewußtsein ein so starkes Bild von einer Gefahr, daß dieses Bild anschließend dauerhaft die Lenkung der Lebenskraft zu den drei oberen oder zu den drei unteren Chakren prägt.

Dieses Trauma-Bild sollte sich daher entweder in dem Wunschbaum oder dem Thymuschakra befinden oder in deren unmittelbarer Nähe im Sonnengeflecht-Bereich oder im Halschakra-Bereich. Es muß eine sehr direkte Verbindung dieses Traumabildes zu einem dieser beiden Zwischenchakren bestehen, da das Traumabild sonst nicht so massiv auf dieses Zwischenchakra einwirken könnte.

Da das Traumabild ursprünglich die Wahrnehmung der Gefahrensituation gewesen ist, die dann das Pumpen der Lebenskraft nach unten (Angriff) oder nach oben (Flucht) in Gang gesetzt hat, ist offensichtlich, daß das Traumabild eng mit einem dieser beiden Zwischenchakren am Rippennereich verbunden sein muß.

Ein Trauma ist vor allem Lebenskraft, die sich in einem stark emotional aufgeladenen Bild befindet. Ein derartiges, emotional aufgeladenes Bild kann sich nur im Sonnengeflecht oder im Halschakra befinden, da dies die beiden Chakren der Emotionen sind.

Der Wunschbaum und das Thymuschakra sind zunächst einmal die Wunscherschaffungs-Chakren. Wenn jedoch eine Gefahrensituation den Wunsch zu überleben über alle anderen Wünsche und Motivationen stellt und dieses Gefahrenbild sich nach dem Ende der Gefahrensituation nicht wieder auflöst, dann wird dieses Gefahrenbild zu einem Traumabild, das ab diesem unverarbeiteten Erlebnis alle Wünsche prägt, die ab diesem Zeitpunkt in den beiden Wunscherschaffungs-Chakren entstehen.

Wenn ein Traumabild den Wunschbaum oder das Thymuschakra prägt, geht der Realitätsbezug zumindestens teilweise verloren, weil man dann in dem alten Gefahrenbild lebt und somit aus der Vergangenheit heraus auf die Gegenwart reagiert. Dadurch werden die eigenen Handlungen ziemlich uneffektiv.

Man kann diesen Betrachtungen zufolge ein Trauma als das auf eine Pump-Richtung eingerastete Wunschbaum-Zwischenchakra bzw. Thymus-Zwischenchakra beschreiben.

Die Heilung eines Traumas besteht aus der Sicht des Chakrensystems somit darin, diesen beiden Zwischenchakren wieder ihre Flexibilität zurückzugeben.

Aus der Traumatherapie ist bekannt, daß die Auflösung eines Traumas zum einen den direkten Kontakt mit dem Trauma erfordert (man kann nichts verändern, was man nicht berührt), und daß man dabei den Kopf „über Wasser behalten" muß (wenn der Regisseur in das Traumabild „abgetaucht" ist, kann er keine Veränderung mehr einleiten).

Es stellt sich somit die Frage, wo in dem Chakrensystem der Regisseur sitzt und wie von den Chakren aus betrachtet ein Kontakt zu dem Traumabild aussieht.

Das Zentrum ist die Seele im Herzchakra, aber sie ist nicht der Regisseur – sie ist der „Drehbuchautor". Die bewußte Wahrnehmug der eigenen Situation ist an das Wachbewußtsein gebunden, das sich im Hara und im Dritten Auge befindet. Der Kontakt liegt hingegen im Wurzelchakra und im Scheitelchakra.

Es sieht daher so aus, als hätte ein Trauma ein bestimmte Systematik innerhalb des Chakrensystems:

<table>
<tr><td colspan="4" align="center">**ein Trauma im Chakrensystem**</td></tr>
<tr><td align="center">*Zentrum*</td><td align="center">*Gefühle:*
u.a. das Traumabild</td><td align="center">*Bewußtsein*</td><td align="center">*Kontakt*</td></tr>
<tr><td rowspan="2">Herzchakra</td><td>Halschakra</td><td>Drittes Auge</td><td>Scheitelchakra</td></tr>
<tr><td>Sonnengeflecht</td><td>Hara</td><td>Wurzelchakra</td></tr>
</table>

Offenbar muß bei einem Trauma im Halschakra das Wachbewußtsein im Dritten Auge die Initiative ergreifen und zusammen mit dem Scheitelchakra das Traumabild im Halschakra berühren, um den Anschluß an die Seele im Herzchakra wieder-zuerlangen. Dann kann sich das Thymuschakra wieder entspannen und die Lebens-kraft wieder frei fließen lassen.

In gleicher Weise muß bei einem Trauma im Sonnengeflecht das Wachbewußtsein im Hara die Initiative ergreifen und zusammen mit dem Wurzelchakra das Traumabild im Sonnengeflecht berühren, um den Anschluß an die Seele im Herzchakra wieder-zuerlangen. Dann kann sich der Wunschbaum wieder entspannen und die Lebenskraft wieder frei fließen lassen.

Das freie Fließen der Lebenskraft ist das markanteste Phänomen bei einer Trauma-heilung. Das Freiwerden der Lebenskraft und das „Öffnen der Tore des Wunsch-baumes und des Thymuschakras" wird als Zittern im ganzen Körper erlebt und evtl. auch als Weinen oder Schreien. Das erneute Fließen der Lebenskraft kann als Hitze im eigenen Körper wahrgenommen werden – dies ist dieselbe Hitze, die man auch beim Fließen der Kundalini (Lebenskraft) erlebt.

Der freie Fluß der Lebenskraft im eigenen Körper wird auch als „erwachte Kun-dalini" beschrieben. Um die Kundalini zu erwecken, konzentriert man sich auf eines der drei unteren Chakren und benutzt Atemübungen, Imaginationen, Yoga-Übungen u.ä. als bewußte Lebenskraft-Pumpen, um den Fluß der Lebenskraft wieder in Gang zu setzten.

Wenn die Lebenskraft durch dieses bewußte Pumpen der Lebenskraft wieder zu fließen beginnt, erreicht sie auch die evtl. Traumabilder im Sonnengeflecht und im Halschakra. Dadurch werden die Traumabilder dann wieder bewußt – zuvor treten allerdings erst einmal die Ängste und Schmerzen, die Panik und die Verzweiflung auf, die mit der Entstehung des Traumas verbunden gewesen sind. Da dieser Vorgang ziemlich heftig ist, ist Kundaliniyoga das „hardcore"-Yoga.

Da das Kundalini-Yoga die gründlichste (aber auch die heftigste) Form der Bewußtwerdung und Heilung von Chakren ist, beginnt die Ausbildung der tibetischen Yogis mit dem Kundalini-Yoga, das in Tibet „Tummo" genannt wird.

Wenn die Kundalini geweckt wird und aufzusteigen beginnt, ohne daß man darauf vorbereitet ist und ein Trauma hat, von dem man noch nichts gewußt hat, kann der Schmerz im Sonnengeflecht/Wunschbaum oder im Halschakra/Thymuschakra bei der Bewußtwerdung dieses Traumas so heftig werden, daß man ohnmächtig wird – das ist dann allerdings der Extremfall.

Der Schmerz scheint stets im Sonnengeflecht oder im Halschakra zu sitzen, also dort, wo man auch das Traumabild vermuten sollte – zumindestens weisen meine eigenen Erfahrungen und die der Menschen, von denen ich ähnliche Erlebnisse erzählt bekommen habe, darauf hin. Es wird auch in verschiedenen spirituellen Schriften wie z.B. jüdischen Sepher Yezirah über die heftigen Schmerzen, die man in der intensiven Meditation vor allem im Halschakra erleben kann, berichtet.

Da Mystiker, Yogis und ähnliche Menschen eher zu dem asketischen Typus des unsicher-ambivalenten Bindungstyps gehören, die den größten Teil ihrer Lebenskraft in die oberen drei Chakren gesandt haben, kann man deren Traumabild (sofern eines vorhanden sein sollte), im Halschakra vermuten – weshalb in den spirituellen Schriften eher über die Schmerzen im Halschakra als über die Schmerzen im Sonnengeflecht berichtet wird.

Wenn im Sonnengeflecht oder im Halschakra ein Traumabild liegt, versperrt es der Seele den Blick nach außen in die Welt und es versperrt genauso den Blick des Wachbewußtseins im Dritten Auge und im Hara auf die Seele im Herzchakra – zumindestens wird die Sichtbarkeit beeinträchtigt. Das Traumabild verhindert außerdem zumindestens teilweise, daß die Impulse aus dem Herzchakra unverändert nach außen bis in die eigenen Handlungen gelangen. Das bedeutet, daß man recht wahrscheinlich ein gestörtes Selbstbild hat und daß man möglicherweise zumindestens teilweise auch seine Eigenständigkeit und sein Selbstwertgefühl verloren hat.

Ein Traumabild im Sonnengeflecht scheint das Tor des Wunschbaumes zu verschließen und alle Lebenskraft in den unteren Chakren zu halten, sodaß der Betreffende ständig im Kampf-Modus bleibt.

Ein Traumabild im Halschakra scheint hingegen das Tor des Thymuschakras zu verschließen und alle Lebenskraft in den oberen Chakren zu halten, sodaß der Betreffende ständig im Flucht-Modus bleibt.

Für diese Zuordnung der Traumabilder zu den beiden Traumbewußtseins-Chakren spricht zum einen, daß das Angstbild alle Lebenskraft zu sich zieht, da es den

Betreffenden ja mit aller Kraft zum Kampf bzw. zur Flucht drängen will. Das Kampf-Traumabild im Sonnengeflecht zieht die Lebenskraft in die drei unteren Chakren und verschließt dann den Wunschbaum; das Flucht-Traumabild im Halschakra zieht die Lebenskraft hingegen in die drei oberen Chakren und verschließt dann das Thymus-chakra.

Die Betrachtungen in diesem Kapitel haben eine Landkarte der Psyche und der Lebenskraft ergeben, die es ermöglicht, Atemübungen („Pranayama") und ähnliche Methoden der Lenkung der Lebenskraft sowie Hatha-Yoga und andere Methoden der Wiederherstellung der Elastizität des Körpers und auch des Lebenskraftkörpers dazu zu benutzen, um Traumata zu heilen.

XXII Die Zwischenchakren und die astrologischen Aspekte

Die Betrachtung der möglichen Störungen der Chakren ist zum Verständnis des Charakters, der Struktur, der Dynamik und der Heilungsmöglichkeiten der Chakren notwendig. Für die Heilung ist jedoch auch das Verständnis des heilen Zustandes selber sehr förderlich.

Die Zwischenchakren haben mehrere Funktionen, die in den bisherigen Betrachtungen deutlich geworden sind:

- Sie sind Grenzlinien zwischen zwei Chakren-Bereichen;
- sie sind die Verbindung zwischen zwei Chakrenbereichen;
- sie sind Tore zwischen diesen beiden Bereichen – sie können ganz offen, aber auch ganz verschlossen sein – der gesunde Zustand ist vermutlich ein Wechsel zwischen beidem;
- sie sind Lebenskraft-Ventile zwischen diesen beiden Bereichen;
- sie sind Lebenskraft-Pumpen zwischen diesen beiden Bereichen.

An dem Übergang von einem Bereich zu einem anderen finden sich Horoskope – insbesondere dann, wenn die beiden Bereiche grundlegend verschiedene Ebenen sind. Die beiden klassischen Beispiele sind die Geburt eines Menschen und die Gründung eines Unternehmens oder einer Gemeinschaft wie z.B. eines Staates.

Man kann daher zumindestens vermuten, daß auch die Übergänge von einem Chakrenbereich zu einem anderen astrologisch geprägt werden – insbesondere der Übergang von dem Herzchakra zu dem Sonnengeflecht bzw. zu dem Halschakra, da hier der Übergang besonderes groß ist, da er von dem Bereich der Seele zu dem Bereich der Psyche führt.

Es wäre denkbar, daß die Vorgänge an diesen beiden Nebenchakren mit den astrologischen Transiten in Verbindung stehen – aber das ist zunächst einmal nur eine Vermutung.

Es gibt in der Astrologie ein Element, auf das die oben beschriebenen Eigenschaften der Zwischenchakren, also „Grenze, Tor, Verbindung, Ventil, Pumpe" zutreffen: die Aspekte. Sie verbinden und trennen zwei Planeten und sie beschreiben die Vorgänge zwischen ihnen. Man kann daher einmal den Charakter der acht wichtigsten Aspekte auf die Zwischenchakren übertragen und schauen, ob sich dadurch eine Beschreibung der Eigenschaften, die der heile Zustand der Zwischenchakren haben sollte, ergibt.

Die Konjunktion (0° Abstand) ist wie eine Ehe: Beide Planeten sind nicht unterscheidbar und handeln stets auf dieselbe Weise gemeinsam.

Auf die Zwischenchakren übertragen würde dies bedeuten, daß sie wissen, daß sie beide Teil eines Ganzen sind, daß sie aufeinander angewiesen sind und daß sie gemeinsam mehr erreichen können als alleine.

Das Trigon (120° Abstand) ist wie eine Freundschaft: Beide Planeten haben verschiedene, aber ähnliche Eigenschaften, und sie unterstützen sich jederzeit gegenseitig.
    Auf die Zwischenchakren übertragen würde dies bedeuten, daß sie die beiden Chakrenbereiche, zwischen denen sie sich befinden, als verschiedene „Organe" erkennen, aber wissen, daß das Zusammenwirken zwischen ihnen beide effektiver macht.

Das Sextil (60° Abstand) ist wie eine Bekanntschaft: Man kennt sich und wenn man den Rat oder die Hilfe des anderen braucht, ihm etwas schenken oder ihn etwas fragen will usw., hat man seine Telefonnummer und kann ihn anrufen.
    Auf die Zwischenchakren übertragen würde dies bedeuten, daß die Chakrenbereiche ihre eigenen Aufgaben haben, aber daß sie bei Bedarf eine zeitlang eine themenbezogene Zusammenarbeit eingehen können.

Das Halbsextil (30° Abstand) ist wie eine Begegnung: Man trifft sich ab und zu zufällig oder hört über Dritte voneinander und regt sich dabei gegenseitig an.
    Auf die Zwischenchakren übertragen würde dies bedeuten, daß die Bereiche der Chakren manchmal Impulse und Anregungen an die ihnen benachbarten Chakren-Bereiche abgeben.

Die Opposition (180° Abstand) ist wie eine Schaukel: Beide streben etwas Entgegengesetztes an, aber sie ergänzen sich darin gegenseitig. (Die sechs Tierkreiszeichenpaare habe die folgenden Polaritäten: Ich – Du; Aufnahme – Ausscheidung: Vielfalt – Ausrichtung; innen – außen; Ich – Wir; das Detail – das Ganze.)
    Auf die Zwischenchakren übertragen würde dies bedeuten, daß jedes Zwischenchakra mit seinem Gegenpol in Verbindung und Resonanz steht und mit ihm als Gegensatz-Ergänzung zusammenwirkt: der Wunschbaum mit dem Thymuschakra, das Nabelchakra mit dem Kehldeckelchakra, und das Schamhaarchakra mit dem Stirnchakra.

Das Quadrat (90° Abstand) ist wie eine Zeltstange: Sie trennt zwei Dinge, damit ein Raum und Bewegungsfreiheit in ihm entsteht.

Auf die Zwischenchakren übertragen würde dies bedeuten, daß sich zwei benachbarte Chakren-Bereiche unterscheiden können, daß sie sich gegeneinander abgrenzen und daß sie wissen, wer wofür zuständig ist.

Das Quincunx (150° Abstand) ist wie das Pflegen: Ständig geschieht etwas Neues und wird in das bereits bestehende System eingefügt, das sich dadurch mehr oder weniger stark verändert.
   Auf die Zwischenchakren übertragen würde dies bedeuten, daß jeder Bereich die Impulse, die aus den beiden benachbarten Chakren-Bereichen durch das Zwischentor zu ihnen kommen, prüft und bewertet und sie dann abwehrt oder integriert. Dies ist ein endloser Austauschvorgang zwischen den beiden benachbarten Chakren-Bereichen.

Die Aspektlosigkeit, d.h. die Isolation (-°) ist wie ein Solo: Wenn ein Planet keine Aspekte zu den anderen Planeten hat, wirkt er stets alleine ohne den direkten Einfluß der anderen Planeten.
   Auf die Zwischenchakren übertragen würde dies bedeuten, daß jedes Chakra in der Lage sein sollte, die eigenen Belange auch selber zu erledigen.

Diese acht Eigenschaften führen zu einer Chakrakterisierung des heilen Zustandes der Zwischenchakren, der von acht Vorgängen geprägt ist: von Eigenständigkeit (Aspektlosigkeit), von dem Wissen über die Einheit des Systems (Konjunktion), von dem Willen zum Zusammenwirken (Trigon), von der Bereitschaft zu helfen und Hilfe anzunehmen (Sextil), von dem Aufnehmen von Anregungen von außen (Halbsextil), von der Trennung der Bereiche (Quadrat), von dem Wissen über die Zusammengehörigkeit mit dem eigenen Gegenpol (Opposition) und von der ständigen Verarbeitung von allem, was geschieht (Quincunx) geprägt.
   Wenn die Zwischenchakren diese acht Eigenschaften der astrologischen Aspekte hätten, wären sie Übergänge in einem organischen Gesamtsystem, in dem alle Teile verschieden sind, aber zusammenwirken, und in dem die Zwischenchakren den Austausch zwischen diesen Bereichen klar, situationsbezogen und auf das Gesamtwohl ausgerichtet regulieren. Es wäre also ein „elastisches System".

Auch die Formen der möglichen Störung lassen sich mithilfe der astrologischen Aspekte beschreiben:

Wenn Angst ein System prägt, zieht sich das System zusammen und macht sich hart und klein. Dies ist die Trauma-Form des Quadrates (90°), das im gesunden Zustand die Unterscheidung, das Erschaffen von Raum und die Freiheit ist.

Wenn Angst ein System prägt, endet der lebendige Rhythmus und man hält den Atem an. Dies ist die Trauma-Form der Opposition (180°), die im gesunden Zustand die Gegensatz-Ergänzung, das Schwingen zwischen zwei Polen und der ständige Wandel ist.

Wenn Angst ein System prägt, hört man auf, sich zu bewegen und isoliert sich von der Umgebung. Dies ist die Trauma-Form des Quincunxes (150°), das im gesunden Zustand die ständige Verbundenheit mit der Welt, der Austausch mit und die Liebe zu ihr ist.

Dieser Beschreibung zufolge müßte eine Störung eines Zwischenchakras also durch Härte (Quadrat), Reglosigkeit (Opposition) und Isolation (Quincunx) gekennzeichnet sein. Diese drei Qualitäten sind typisch für jedes Trauma: Das Trauma prägt geradezu zwingend das eigene Verhalten (Härte), er macht fast völlig unfähig, neue Verhaltensweisen auszuprobieren (Reglosigkeit), und es führt zu dem Verlust des Realitätskontaktes und verhindert dadurch, das man das nutzt und erlebt, was da ist (Isolation).

Auch das Trauma-Bild selber hat diese drei Eigenschaften: Es ist wie eine harte Konservendose, die die unter hohem Druck stehende Lebenskraft in sich verschlossen hält (Härte) und von jedem äußeren Zugriff fernhält (Isolation) und die die Handlungen des betreffenden Menschen stark einschränkt (Reglosigkeit).

Zu der Heilung eines Traumas und daher sehr wahrscheinlich auch zu der Heilung eines Zwischenchakras gehören somit die Wiederherstellung der Freiheit und des eigenen, selbstbestimmten Raumes (Quadrat), die Wiederherstellung der Beweglichkeit und des schwingenden Rhythmus (Opposition) und die Wiederherstellung des Kontaktes zur Welt (Quincunx).

Diese Betrachtungen mithilfe der astrologischen Aspekte gelten natürlich nicht nur für die Zwischenchakren bzw. für das Chakrensystem, sondern für alle lebendigen Systeme.

Man kann noch eine Überlegung zu dem heilen Zustand der Zwischenchakren anstellen: Alle Systeme drängen danach, den einfachsten, mühelosesten und effektivsten Zustand einzunehmen, in dem am wenigsten Energie für den erwünschten Zustand verbraucht wird.

Man kann daher einen heilen Zustand daran erkennen, daß er stabil ist und sich selber aufrechterhält, weil es von ihm ausgehend keine Verbesserung (niedrigeres Energieniveau) gibt. Allerdings ist auch ein traumatischer Zustand ein stabiler Zustand – ihm fehlt allerdings der Bezug zur Gegenwart, da er ganz auf ein früheres Erlebnis fixiert ist und dadurch ein krampfhafter Zustand ist. Der Realitätsbezug

(Quincunx) ist also auch ein notwendiger Aspekt des heilen Zustandes.

Man kann ein Trauma auch als einen Zustand beschreiben, der zwar nicht den günstigsten Energiezustand darstellt, aber der durch einen hohe „Mauer" von dem gesunden Zustand, der einen deutlich günstigeren Energiezustand darstellt, getrennt ist. Diese „Mauer" um das Trauma, die bei einer Heilung aufgelöst werden muß, besteht aus der Angst, die der betreffende Mensch bei dem Erlebnis hatte, das sein Trauma ausgelöst hat. Diese „Mauer" ist sozusagen „eingefrorene Angst".

Diese Angst muß bei der Trauma-Heilung aufgetaut werden, d.h. es muß der Kontakt zu ihr hergestellt werden und sie muß gefühlt werden – wobei die dabei freiwerdende Lebenskraft in ein Bild geleitet werden sollte, daß die Bewältigung der Situation beschreibt, in der das Trauma entstanden ist (z.B. das Vertreiben einer bedrohenden Personen zusammen mit den eigenen Freunden).

Diese „Mauer" führt dazu, daß in der Regel Energie notwendig ist, um einen verkrampften, traumatischen Zustand aufzulösen und dadurch wieder in einen besseren, heilen Zustand zu gelangen.

Diese Suche nach besseren Möglichkeiten ist ebenfalls ein Aspekt der Tätigkeit der Zwischenchakren – wobei dieser Erkenntnisvorgang natürlich letztlich nur von dem Wachbewußtsein (Hara und Drittes Auge) ausgehen kann, das sich dann um die Zustände an den Zwischenchakren kümmert und sie evtl. verändert.

XXIII   Die Behandlung der Chakren

Die Behandlungsmöglichkeiten der Chakren sind sehr vielfältig, weil sie auf fast alles einwirken und weil fast alles auf sie wirkt. Man kann die Chakren als die Organe der Psyche ansehen – und die Psyche hat einen prägenden Einfluß auf alle körperlichen Vorgänge.

Die folgenden Beschreibungen sollen nur eine Übersicht über die Methoden geben – ihre vollständige Beschreibung würde sehr umfangreich werden.

1.   Lebenskraft-Ansätze

Die Chakren sind Wirbel in der Lebenskraft. Daher ist das bewußte Bewegen der Lebenskraft eine naheliegende Methode, auf die Chakren Einfluß zu nehmen.

Die einfachste Methode ist es, Licht in den Chakren zu imaginieren.

Im Pranayama wird die Lebenskraft mithilfe der Vorstellung, den Atem an die betreffende Körperstelle zu lenken, in den Chakren angereichert.

Mann kann die Lebenskraft auch durch Reiki u.ä. Methode in ein Chakra lenken.

Man kann sich auch tagsüber an einem geschützten Ort mit nach vorne hin erhobenen Armen und der Sonne zugewandten Handflächen hinstellen und sich vorstellen, wie das Sonnenlicht durch die Handflächen in den Körper fließt. Das leise Singen eines Vokals, von dem man sich vorstellt, daß er in den Handflächen vibriert, fördert dieses „Licht-Trinken" sehr deutlich. Dasselbe kann man auch nachts mit dem Mond durchführen.

Das Kundalini-Yoga, bei dem die Konvektions-Strömung der Lebenskraft im Körper angeregt wird, ist eine sehr gründliche Methode, die Chakren zu erwecken. Das wird in der Regel durch die Konzentration auf das Wurzelchakra oder das Sonnengeflecht und die gleichzeitige Imagination von Feuer in diesem Chakra erreicht.

Man kann diese Meditation auch dadurch ergänzen, das man in der eigenen Vorstellung einen Lichtstrahl von seinem Wurzelchakra in das Zentrum der Erde sendet und dort darum bittet, daß der eigene Drache (Kundalini) aufsteigt und den eigenen Körper erfüllt.

2. psychische Ansätze

Mann kann Traumreisen in die eigenen Chakren unternehmen und anhand der dabei auftauchenden inneren Bilder und Worte den Zustand der eigenen Chakren erkennen und auch den einen oder anderen Schritt zur ihrer Heilung durchführen.

Die Lebenskraft-Methoden führen fast immer dazu, daß man auch die Gefühle und Vorstellungen findet, die sich in einem Chakra befinden und dessen Funktion behindern. Umgekehrt führt das Auflösen von Gefühlen und falschen Vorstellungen auch dazu, daß die Lebenskraft in einem Chakra wieder freier fließen kann.

Die drei grundlegenden Abweichungen vom heilen Zustand in den Chakren sind:

- Die Nähe und Geborgenheit in dem äußeren Chakrenpaar (Wurzelchakra und Scheitelchakra) kann in die beiden Pole „Sucht" (alle Lebenskraft im Wurzelchakra) und „Askese" (alle Lebenskraft im Scheitelchakra) auseinanderbrechen.

- Die Klarheit und Stärke in dem mittleren Chakrenpaar (Hara und Drittes Auge) kann in die beiden Pole „Täter" (alle Lebenskraft im Hara) und „Opfer" (alle Lebenskraft im Dritten Auge) auseinanderbrechen.

- Die Eigenständigkeit und das Selbstwertgefühl in dem inneren Chakrenpaar (Sonnengeflecht und Halschakra) kann in die beiden Pole „Star" (alle Lebenskraft im Sonnengeflecht) und „Fan" (alle Lebenskraft im Halschakra) auseinanderbrechen.

Die Heilung besteht darin, diese beiden Polaritäten im eigenen Leben zu erkennen und wieder aufzulösen.

Ein weitverbreiteter Irrtum ist auch die Vermischung von Selbstliebe und Liebe zu einem anderen Menschen, was zu einer Identifizierung mit dem anderen führen kann – der andere wird dann sozusagen zu der eigenen Mitte.

3. körperliche Ansätze

Hatha-Yoga, Sport, Zeit in der Natur verbringen, eine veränderte Ernährung, das Verstehen und Heilen von Krankheiten und ähnliches mehr kann ebenfalls die Chakren beleben.

Auch hier gilt, daß dies den Zustand der Psyche und der Lebenskraft verändern kann – so wie auch Änderungen in der Lebenskraft und in der Psyche die körperliche Haltung und die körperliche Gesundheit beeinflussen.

4. soziale Ansätze

Veränderungen in Beziehungen, Umzüge und andere Veränderungen der Lebensumstände können ebenfalls Einfluß auf die Chakren nehmen – alle Lebensumstände sind miteinander und daher auch mit den Chakren verwoben.

Bei dem Heilen der Beziehungen eines Menschen und somit auch des Zustandes seiner Chakren kann manchmal das Bild der vier polarisieren inneren Männer- und Frauenbilder eine große Hilfe sein.

5. sozial-magische Ansätze

Eine allgemein sozial-magische Methode sind die Familienaufstellungen, die über die Heilung der „Familientradition" auch den Zustand der Chakren heilen kann.

Eine spezielle sozial-magische Form der Beeinflussung der Chakren ist das Rauben von Lebenskraft von anderen Menschen bzw. das Abgeben von Lebenskraft an andere Menschen. Da kann ganz bewußt geschehen oder unbewußt aus Liebe zu einem Menschen, durch eine dominante Art zu sprechen, durch das Manipulieren des Verhaltens anderer Menschen und natürlich auch durch Kenntnisse und Übung in der Magie. Die Heilung ist in diesen Fällen die Trennung der Lebenskraftschnur zwischen diesen beiden Menschen.

6. magisch-spirituelle Ansätze

Das Erkennen der eigenen Seele durch Meditationen, Traumreisen, Anrufungen und ähnlichen Methoden ist oft ein wesentlicher Schritt bei Heilungen. Da die Seele im Herzchakra das Zentrum des gesamten Chakrensystems ist, wird es kaum eine Heilung aller Chakren geben, bei der der Betreffende nicht auch seiner Seele begegnet.

Eine einfache, aber wirkungsvolle Meditation ist die Vorstellung, daß sich die eigene Seele vom Herzchakra aus in alle Chakren und Körperteile hinein ausdehnt. Diese Imagination ist eine Ausweitung der Herzmeditation, die u.a. dazu dient, den Kontakt zu der eigenen Seele herzustellen.

Die Meditation über den inneren Mann und die innere Frau sowie die Imagination ihrer Vereinigung in allen sieben Hauptchakren ist eine wirkungsvollsten Methoden, um zu einer inneren Harmonie zurückzufinden.

Invokationen von Gottheiten, also das Anrufen einer Gottheit, das Imaginieren ihrer

Gestalt und dann die Identifizierung mit dieser Gottheit können ebenfalls eine machtvolle Heilungsmethode sein, die auch auf die Chakren wirkt.

Bei der Heilung der Psyche und somit auch der Chakren ist insbesondere die Anrufung der Muttergöttin, die Traumreise zu ihr oder eine andere Methode der Herstellungen eines lebendigen Kontaktes zu ihr eine sehr große Hilfe, da das Wiederfinden des Urvertrauens das beste Fundament für jede Heilung ist.

XXIV Die heile Haltung

Aus den Betrachtungen der Chakren und Nebenchakren ergibt sich auch ein Bild des heilen, ungestörten Zustandes der Lebenskraft im Menschen und somit auch der heilen, ungestörten Grundhaltung der Psyche.

Dies entspricht dem heilen Zustand des Körpers, bei dem der Kreislauf, das Gehirn, die Verdauung usw. alle störungsfrei und auf das Wohl des gesamten Körpers ausgerichtet funktionieren.

1. Das Strahlen der Seele

Das Grundprinzip der „heilen Haltung" ist einfach: Das Licht der Seele strahlt ungestört durch die Psyche nach außen in jede Haltung und Handlung.

Das Chakrensystem zeigt jedoch, daß das Licht der Seele nicht einfach nach außen strahlt und dort draußen noch immer dasselbe Licht ist wie im Herzchakra, sondern daß das Licht auf dem Weg von der Seele in die Tat dreimal verwandelt wird.

2. Das Herzchakra

Im Herzchakra ist das Licht der Seele einfach Selbstliebe, Selbstgewißheit und ein vollkommen sicheres und in sich selber ruhendes „Ich bin."

Im Herzchakra ist zudem das männliche und das weibliche Spiegelbild der Seele – der heile, unverzerrte innere Mann und die heile, unverzerrte innere Frau. In der Seele liegt die Identität eines Menschen und ihren beiden Spiegelbildern ihr erster Selbstausdruck. Die Selbstliebe der Seele wird zwischen ihren beiden Spiegelbildern, also zwischen dem inneren Mann und der inneren Frau, zur Liebe zwischen diesen beiden. Diese Liebe ist das, was die Seele in ihrer Inkarnation ausdrücken will.

Diese Identität liegt in dem Bereich der Psyche, der sich im Tiefschlaf befindet. Er kann u.a. in der Meditation erlebt werden.

Der innerste Kreis ist das Licht der Identität der Seele im Herzchakra.

3. Sushumna, Ida und Pingala

Das Bild der Seele prägt den zentralen, senkrechten Lebenskraftstrahl im Lebenskraftkörper: die Sushumna. Das unverzerrte innere Männer- und Frauenbild prägt die beiden äußeren senkrechten Strahlen im Lebenskraftkörper: Ida und Pingala. Diese drei Strahlen sind die Wurzel des „Strahlens" eines Menschen. In ihnen will sich das ausdrücken, was ein Mensch ist. Auf diesen drei Wegen will die Eichel zur Eiche werden.

4. Wunschbaum und Sonnengeflecht

Am Wunschbaum unter dem Rippenbogen wird das Licht der Seele zu dem Wollen, Wünschen und Fühlen im Sonnengeflecht. Das Sonnengeflecht ist eines der beiden Traumchakren, in dem das Strahlen fest in der Seele verankert ist und ihr Wesen ausdrückt und es mithilfe der Begegnung mit der Welt in Handlungs- und Erlebniswünschen konkretisiert. Daher sind die Wunschträume nicht mehr so zeitlos wie die eigene Identität im Herzchakra, sondern entwickeln sich anhand der eigenen Erlebnisse langsam weiter.

Diese Form des Strahlens ist hemmungslos und strebt stets den größtmöglichen Selbstausdruck an. Diese Hemmungslosigkeit ist die Entsprechung zu der Selbstsicherheit im Herzchakra, wenn diese in den Bereich des Traumes im Sonnengeflecht kommt.

Das Sonnengeflecht enthält die Wünsche für den eigenen Körper, für das, wo man sein will, wie man dort sein will und was man dort erleben will.

Links und rechts neben dem Tor des Wunschbaumes zwischen dem Bereich des Herzchakras und dem Bereich des Sonnengeflechts, durch die die Sushumna mit dem Bild der eigenen Seele in den Bereich der Wünsche strahlt, gelangen auch Ida und Pingala in diese beiden Bereich und werden dort zu dem Wunsch, die Liebe zu einem anderen Menschen zu erleben und sich selber in dieser Liebe zu erleben.

Man wählt, mit wem man die eigene Liebe erleben will.

5. Thymuschakra und Halschakra

Das Thymuschakra oberhalb der Rippen verwandelt die Identität im Herzchakra zu dem Wunsch, sich anderen mithilfe des Halschakras genau so zu zeigen, wie man wirklich ist. Das Sonnengeflecht enthält die Körper-Wünsche, das Halschakra die

Gemeinschafts-Wünsche.

Das Herzchakra sendet nach unten hin die Impulse, was man in und mit seinem Körper tun will; nach oben hin sendet es die Impulse, was man in einer Gemeinschaft und in der Welt tun will.

Die beiden Bilder des inneren Mannes und der inneren Frau strahlen neben dem zentralen Tor des Thymuschakras durch die beiden Tore der Achsel-Nebenchakren nach oben und werden zu dem Wunsch nach der Gemeinschaft mit einem anderen Menschen, in der man sich gegenseitig erlebt und liebt.

Man wählt, wen man in Liebe erleben will.

6. die erste Verwandlung des Lichtes der Seele

Die Verwandlung der in sich ruhenden und von Selbstliebe erfüllten Identität im Herzchakra in Wünsche ist die erste Konkretisierung des Lichtes der Seele: das Licht der Seele wird zu dem Strahlen des Selbstausdrucks im eigenen Körper im Sonnengeflecht und zu dem Strahlen des Selbstausdrucks einer Gemeinschaft im Halschakra.

Nun hat das Licht im Bereich des Tiefschlafs aus sich heraus das Strahlen im Bereich der Träume entstehen lassen und sich in ihm ausgedrückt und es um sich her erschaffen.

Der innerste Kreis ist das Licht der Identität der Seele im Herzchakra.

Um ihn herum liegt der zweite Kreis des Strahlens der Wünsche im Sonnengeflecht und im Halschakra.

7. Nabelchakra und Hara

Im Nabelchakra werden die hemmungslosen Wünsche nach körperlichem Selbstausdruck zu der Haltung im Hara verwandelt, zu einem festen Stand in der Welt, zu der konkreten Prägung der Situation, in der man sich befindet. Man weiß, was man will, man sieht die Umstände und man gestaltet sie so, daß eine möglichst angenehme und begeisternde Situation entsteht – man organisiert das eigene Leben so, wie es einem am besten gefällt. Die Identität gelangt hier aus dem Traumbereich des Wollens und Fühlens in den wachen Bereich des Denkens und Entscheidens.

Die Bilder des inneren Mannes und der inneren Frau gelangen durch die beiden seitlichen Chakren neben dem Nabelchakra in den bewußten Bereich des Haras und werden nun zu einer Haltung gegenüber dem oder der Geliebten.

Man wählt, wie man die eigene Liebe erleben will.

8. Kehldeckelchakra und Drittes Auge

Im Kehldeckelchakra werden die hemmungslosen Wünsche des Halschakras zu Gesprächen in der eigenen Gemeinschaft, zu Plänen, zum Organisieren – dies geschieht im Dritten Auge.

Durch die beiden Chakren neben dem Kehldeckelchakra gelangen Ida und Pingala in den Bereich des Wachbewußtseins und werden dort zu einem konkreten, gemeinsamen Lebensentwurf – zu zweit oder auch als Teil einer größeren Gemeinschaft und als Teil der Menschen auf der Erde insgesamt.

Dieser Bereich ist sehr beweglich und verwandelt sich oft – er ruht fest in den eigenen Wünschen, aber er nimmt alles, was er in der Welt sieht. als eine Möglichkeit auf, es für sich zu nutzen und sich darin auszudrücken.

Man wählt, wie man die Liebe zwischen sich und einem anderen erleben will.

9. die zweite Verwandlung des Lichtes der Seele

Aus dem Licht der Seele im Herzchakra wurde im ersten Schritt das Strahlen der Wünsche im Sonnengeflecht und im Halschakra und im einem zweiten Schritt das Leuchten der klaren Entscheidungen im Hara und im Dritten Auge. Dabei hat sich die Identität im Herzchakra zunächst zu den Wünschen des hemmungslosen Selbstausdrucks im Sonnengeflecht und im Halschakra verwandelt und dann in die bewußten, klaren Entscheidungen im Hara und im Dritten Auge.

Nun hat das Licht im Bereich des Tiefschlafs in einem ersten Schritt aus sich heraus das Strahlen im Bereich der Träume entstehen lassen und sich in ihm ausgedrückt und es um sich her erschaffen. Dann hat das Licht der Seele in einem zweiten Schritt aus diesem Selbstverwirklichungs-Strahlen im Traumbereich heraus den Bereich des Wachbewußtseins erschaffen, in dem nun das Leuchten der Klarheit, der Entscheidungen und der Kreativität entsteht, das das eigene Leben und die Welt nach den eigenen Vorstellungen gestaltet.

Der innerste Kreis ist das Licht der Identität der Seele im Herzchakra.

Um ihn herum liegt der zweite Kreis des Strahlens der Wünsche im Sonnengeflecht und im Halschakra.

Um ihn herum liegt der dritte Kreis des Leuchtens der klaren Entscheidungen und der Lebensgestaltung des Haras und des Dritten Auges.

10. Schamhaarchakra und Wurzelchakra

Im Schamhaarchakra werden die Erkenntnisse der Möglichkeiten und die Entscheidung für die beste Möglichkeit im Hara zu den Kontakten im Wurzelchakra. Man berührt die Welt mit seinem Körper, man erlebt die Welt mit seinen Sinnen und man vereint sich mit dem oder der Geliebten.

Hier werden die beiden Spiegelbilder der eigenen Seele, die als der innere Mann und die innere Frau durch die beiden Nebenchakren links und rechts des Schamhaarchakras durch die Strahlen von Ida und Pingala bis in den Bereich des Wurzelchakras gelangt sind, in der Vereinigung mit einem anderen Menschen wieder vereint.

Man wählt, daß man jetzt mit diesem Menschen die eigene Liebe erleben will.

11. Stirnchakra und Scheitelchakra

Im Stirnchakra wird die Bewußtheit über die Vorgänge in den eigenen Begegnungen, in der eigenen Gemeinschaft und in der Welt als Ganzes, die sich im Dritten Auge befindet, zu dem Berühren der Welt als Ganzes, zu dem Erlebnis, ein Teil dieser Welt zu sein. Dieses Bewußtsein, dieses ekstatische Erlebnis befindet sich im Scheitelchakra.

Das Bild der inneren Frau und des inneren Mannes sind durch die Strahlen von Ida und Pingala durch die Schläfen-Nebenchakren links und rechts neben dem Stirnchakra am Haaransatz bis in den Bereich des Scheitelchakras gelangt und werden dort zu einer Liebe zu den Menschen insgesamt und zu der Welt geweitet.

Man wählt, daß man jetzt die umfassendste Form der eigenen Liebe erleben will.

12. die dritte Verwandlung des Lichtes der Seele

Aus der Identität der eigenen Seele im Herzchakra ist in einem ersten Schritt das in der eigenen Identität verankerte, hemmungslose Wollen, Wünschen und Fühlen im Sonnengeflecht und im Halschakra geworden. In einem zweiten Schritt wird dies Fühlen zu dem klaren Entscheiden, Denken und Organisieren des eigenen Lebens im Hara und im Dritten Auge. In einem dritten Schritt wird dieses bewußte Gestalten zu dem Erleben des eigenen Körpers und der Welt im Wurzelchakra und im Scheitelchakra.

Dabei wird aus dem in sich ruhenden Tiefschlaf-Bewußtsein der Identität im Herzchakra erst das hemmungslose Fühlen des Traumbewußtseins im Sonnengeflecht und im Halschakra, dann die vollkommen klare Lebensgestaltung durch das Wachbewußtsein im Hara und im Dritten Auge, und schließlich das ekstatische Erleben des Begeisterungs-Bewußtseins im Wurzelchakra und im Scheitelchakra.

Die Identität des Herzchakras ist zeitlos. Das Fühlen im Sonnengeflecht und im Halschakra ändert sich nur langsam, da es vor allem der Selbstausdruck der Identität ist. Das Denken und Entscheiden im Hara und im Dritten Auge ändert sich schnell, da es ständig die gesamte Welt für den eigenen Selbstausdruck nutzt. Das Erleben im Wurzelchakra und im Scheitelchakra sind ständig im Hier und jetzt, denn woanders kann man sich selber und die Welt nicht erleben.

Der innerste Kreis ist das Licht der Identität der Seele im Herzchakra.

Um ihn herum liegt der zweite Kreis des Strahlens der Wünsche im Sonnengeflecht und im Halschakra.

Um ihn herum liegt der dritte Kreis des Leuchtens der klaren Entscheidungen und der Lebensgestaltung des Haras und des Dritten Auges.

Um in herum liegt der vierte Kreis des Glühens des intensiven Erlebens der Welt im Hier und Jetzt des Wurzelchakras und des Scheitelchakras.

13. Arm- und Beinnebenchakren

Die Nebenchakren in den Armen und den Beinen folgen denselben drei Schritten. In den Schulter- und Hüftgelenken wird die Identität im Herzchakra zu den Wünschen der Handlung in den Oberarmen und zu den Wünschen der Bewegung in den Oberschenkeln.

In den Ellbogen und in den Knien werden die Wünsche zu den bewußten Taten in den Unterarmen und zu der bewußten Wahl eines Ortes in den Waden.

In den Hand- und Fußgelenken wird die bewußte Wahl zum Kontakt mit einem Menschen oder einem Gegenstand in den Händen und zu einer Berührung mit der Erde in den Füßen.

14. Reaktionen

Die Erlebnisse im Wurzelchakra und im Scheitelchakra werden zu einem Teil der Entscheidungen im Hara und im Dritten Auge. Diese neuen Entscheidungen beeinflussen die Ausrichtung der eigenen Wünsche im Sonnengeflecht und im Halschakra. Diese veränderten Wünsche verändern das Selbst-Erleben der Seele in der Welt im

Herzchakra.

Damit dieser Vorgang ständig weiter fließen kann, muß die Identität unabhängig vom Fühlen bleiben, muß das Fühlen unabhängig von dem Denken ungehemmter Selbstausdruck bleiben, muß das Denken unabhängig von den Erlebnissen stets nach dem Besten streben, muß das Erleben stets bereit für neues Erleben bleiben.

15. Die Gezeiten

In dem Chakrensystem gibt es einen Grundrhythmus: Selbstausdruck und Selbsterkenntnis.

Die Seele drückt mithilfe der drei Strahlen der Sushumna, von Ida und Pingala vom Herzchakra zum Wurzelchakra und zum Scheitelchakra hin das aus, was sie ist. Dadurch erlebt sie sich in der Welt und wird vom Wurzelchakra und vom Scheitelchakra aus zum Herzchakra hin mit Selbsterkenntnis und Welterkenntnis bereichert – und kann dann eine neue, größere Version des Selbstausdrucks beginnen, die der Seele eine noch größere Selbsterkenntnis und Welterkenntnis ermöglicht.

Die Kraft, die diesen Rhythmus in Gang hält, ist die Freiheit und die Liebe: Die Freiheit führt zu Selbstausdruck und die Liebe zur Begegnung mit der Welt.

Dieser Rhythmus ist die Essenz von vielen religiösen und philosophischen Systemen. Am anschaulichsten ist er in der Kabbala als der „Blitzstrahl der Schöpfung" und als die „Schlange der Weisheit" dargestellt worden.

Ein Embryo befindet sich zunächst ständig im Tiefschlaf-Zustand des Herzchakras, dann kommt das Traumbewußtsein des Sonnengeflechts und des Halschakras hinzu, dann das Wachbewußtsein des Haras und des Dritten Auges und kurz vor der Geburt schließlich das Ekstasebewußtsein des Wurzelchakras und des Scheitelchakras. Beim Tod lösen sich diese Bewußtseinsformen in umgekehrter Reihenfolge wieder in den Tiefschlaf-Zustand der Seele im Herzchakra hinein auf.

Beim Verlieben entfaltet sich die Selbstliebe der Seele nach außen hin bis zur Vereinigung mit einem geliebten Menschen und bis zu Weltliebe. Im Tantra-Yoga wird erst alle Lebenskraft in der inneren Frau und in dem inneren Mann gesammelt und dann von diesen beiden aus durch die Vereinigung des inneren Mannes mit der inneren Frau wieder in die Seele im Herzchakra zurückgeführt.

Dieser Rhythmus der Lebenskraft im menschlichen Körper ist Geburt und Tod, Verlieben und Selbstbesinnung, Gestalten der Welt und Loslassen der Welt. Aufwachen und Einschlafen, Einatmen und Ausatmen. Dieses Rhythmus ist das Leben.

- - -

Das Grundprinzip der „heilen Haltung" ist einfach: Das Licht der Seele strahlt ungestört durch die Psyche als strahlende Gefühle, dann als leuchtende Klarheit und schließlich als glühende Ekstase nach außen in jede Haltung und Handlung.